法人の
不良債権処理と
税務の対応

税理士 **内山 裕**

清文社

はしがき

　我が国は、これまで、不良債権の総額200兆円ともいわれた1990年前半のバブル経済の崩壊、2008年のリーマン・ブラザーズが経営破綻したことに端を発した世界的な金融危機リーマンショックを経験し、その中で金融機関をはじめ各企業は国内のみならず、国際的な信用回復等のために積極的に不良債権の処理に取り組んできました。

　そして、現在、2019年末に発生した新型コロナウイルス感染症は終息せず、また2022年に生じたウクライナ戦争に起因する新たな経済危機に直面しています。

　こうした経済リスクに伴う不良債権の発生は、企業の収益を直接圧迫するだけではなく、その管理にも膨大なランニングコストを要することとなり、その割合が増加するにつれ企業の財務内容に対する信用の低下を招き、企業の業績に大きな影響を与えることになります。

　企業がリスク管理を徹底することにより、不良債権の発生を未然に防ぐことは重要ですが、不良債権を抱えた場合には、早急に企業における財務内容の健全化を図り、対外的な信用を回復させるためにも不良債権に対する適法、適切な処理が求められます。

　企業が日常の経済活動の中で有する売掛金や貸付金等の金銭債権が、債務者の経営破綻等によって不良債権化する場合や、経営危機に陥った子会社や関連会社、取引先等が倒産の危機等に陥った場合には、親会社等としてこれら子会社等に支援の手を差し伸べなければならない（あるいは整理を行う）場合があります。

　一般に、債権者における不良債権等への直接的な対応として、債務者の経営破綻等により不良債権が発生した場合には、①債権の貸倒れ（貸倒損失の計上）、②債権の譲渡、債権の現物出資（譲渡損益の計上）の処理が行われます。また、親会社等による支援等が生じた場合には、①債権の放棄等（支援損、整理損等の計上）、②復旧支援のための債務免

除等（支援損等の計上）の処理が考えられます。

　上記のいずれの方法によるかは、必ずしも債権者側が選択できるものではありませんが、一つの方法に固執することなく、債務者の状況等はもちろんのこと、債権者の状況等をも考慮し総合的に判断する必要があります。

　本書は、それら債権者における不良債権等の対応に伴う税務処理及び留意すべき事項、そして債務者における再生計画等を考慮した債務免除益等への特例等について解説しています。

　また、不良債権に対する処理の仕方として、貸倒れに至らない段階で過渡的にその貸倒リスクに対する手当として個別評価金銭債権に対する貸倒引当金の設定（法法52、措法57の9）、すなわち「間接償却」の方法がありますが、現行の法人税法では無税により設定可能な法人は、中小法人、銀行、保険会社等といった特定の法人に限定されていることから、本書では債権の直接的処理である「貸倒損失の計上」、「債権の譲渡等」及び「子会社等に対する支援損の計上」に特化した処理について解説することとしました。

　我が国では、従来、一般消費者においては売買代金の決済をその場で現金で行う比率が高かったと思われますが、最近、特にコロナ禍を機に決済のトレンドが変わってきています。

　電子商取引（EC）の利用が増えたこともありますが、店舗でも代金の支払いの際に代金決済をその場で直接現金で行わず非接触により支払う、いわゆるスマホ決済等のニーズが高まってきており、企業間の取引においても多種多様な決済代行サービスが増加してきています。

　こうしたサービスでは、いずれの場合も売買取引等を行った当事者の間に第三の事業者が介在しており、その権利関係は複雑化してきています。

現在、売掛債権については、その債権の特殊性を考慮し、他の貸付金その他これに準ずる債権とは区別し、法人税基本通達（9-6-3）で別途貸倒処理の取扱いについて明らかにしていますが、2020年の民法改正（短期消滅時効の廃止）や、前述のような経済実態等の変化を踏まえた新たな課税当局による取扱いの明確化が望まれるなど課題が残されています。

　本書が、企業の経理担当者、あるいは税務に携わっておられる方々の不良債権処理、そして子会社等の再生、再建のためのガイドブックとして、その一助となれば幸いです。
　終わりに、本書の出版に当たって、貴重な意見交換をさせて頂いた同僚の安藤嘉英氏、髙宮洋一氏に対して、心より感謝を申し上げます。

　2022年7月

税理士　内山　裕

目　次

第2章 貸倒損失の計上

2 金銭債権が法律上存在している場合

第3章　不良債権の譲渡等

I　債権譲渡と債権の現物出資（DES）

1　債権譲渡

第4章 子会社等の整理・再建のための債権放棄等

第 **5** 章 不良債権等の処理とグループ法人税制

第**6**章　**役員又は使用人等に対する債権放棄等**

第 1 章

総　　説

I 債権者における 不良債権等への対応

　企業が日常の経済活動の中で、その有する売掛金、貸付金等金銭債権が、債務者の経営破綻等により不良債権化する場合や、経営危機に陥った子会社や関連会社、取引先等の倒産の危機等に際し、親会社等としてこれら子会社等に支援の手を差しのべなければならない（あるいは整理を行う）場合があります。

　そのような場合には、会計上、次のような処理が行われるものと考えられます。

1 債務者の経営破綻等により不良債権が発生した場合

　一般的に、不良債権とは経営が破綻した企業に対する売掛金、貸付金など金銭債権の回収が不可能又は困難な金銭債権をいい、その発生原因等は概ね次のようなケースが考えられます。

① 債務者について法的な倒産手続が適用され、客観的に経営破綻が明らかな場合

② 法的な倒産手続までには至っていないが、実質的に経済的に破綻している場合

③ 経営破綻の状態には至っていないが、債務の弁済に重大な影響を与える可能性の高い問題が発生している場合、又は発生することが見込まれる場合

　企業として、第一に不良債権の発生を未然に防ぐことが重要ですが、発生した場合等においては、早期に企業における財務内容の健全化を図

り、対外的な信用を確保するためにも不良債権に対する適法、適切な処理が求められます。

その対応策として次のような処理の仕方が考えられます。

（注）法人税法上は、取立不能のおそれが生じた段階で、間接的に個別評価による貸倒引当金を計上する方法がありますが、本書では、不良債権等について直接処理する方法等に限定し解説しています。

① 債権の貸倒れ（貸倒損失の計上）

債務者の法的手続等により債権の全部又は一部の切捨て等が行われた場合、あるいは事実上回収不能となった場合等において、いわゆる「貸倒れ」処理をする。

② 債権の譲渡等（譲渡損（益）の計上）

第三者等への債権譲渡、あるいは債務者会社への債権の現物出資等を行う。

2 親会社等における支援等の必要性が生じた場合

親会社等における経済合理性、社会的責任の行使等のため、子会社等に対して次のような処理を行わざるを得ない場合があります。

① 債権の放棄等（支援損（整理損）等の計上）

子会社等の整理、あるいは経営権の譲渡等のための損失負担等、あるいは子会社等の再建のための債権放棄等を行う。

② 復旧支援のための債務免除等（支援損等の計上）

災害を受けた得意先等の取引先に対してその復旧を支援することを目的に、売掛金、貸付金の全部、あるいは一部の免除等を行う。

II 対応する税務処理と留意すべき事項

　それぞれの処理に対応する法人税法上の取扱い（法令、取扱通達）は、【図Ⅰ-1】のようになります。

　いずれの場合においても、当然、債権者たる、あるいは親会社等たる法人はタックスプランニング上、その効果を最大限に生かすためには、生じるであろう「損失等」については、税務上、「貸倒損失」、「譲渡損」又は「寄附金に該当しない単純損失」として損金の額に算入される、いわゆる「無税処理」を意識するものと考えます。

　また、積極的に「寄附金処理」、あるいは税務上「損金の額に算入しない処理（加算・留保）」を行う、いわゆる「有税処理」を受け入れる場合もあると考えます。

　税務上、その処理に当たっては特に次の点について留意すべきであると考えます。

（注）不良債権等の処理に当たっては、単に債権者等における無税あるいは有税処理のみならず、債務者等における免除益、受贈益等に対する課税関係についても留意し、その処理方法について検討することが必要です。債権者等における税務処理と対応する債務者等における税務処理の関係を示すとおおむね6頁の【図Ⅰ-2】のようになるものと考えます。

■図Ⅰ-1　不良債権等の処理と対応する税務処理

【無税処理】

Ⅰ　債務者の経営破綻等

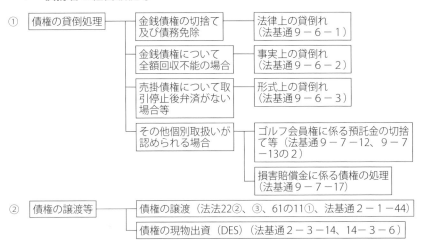

① 債権の貸倒処理 ── 金銭債権の切捨て及び債務免除 ── 法律上の貸倒れ（法基通９－６－１）

金銭債権について全額回収不能の場合 ── 事実上の貸倒れ（法基通９－６－２）

売掛債権について取引停止後弁済がない場合等 ── 形式上の貸倒れ（法基通９－６－３）

その他個別取扱いが認められる場合 ── ゴルフ会員権に係る預託金の切捨て等（法基通９－７－12、９－７－13の２）

損害賠償金に係る債権の処理（法基通９－７－17）

② 債権の譲渡等 ── 債権の譲渡（法法22②、③、61の11①、法基通２－１－44）

債権の現物出資（DES）（法基通２－３－14、14－３－６）

Ⅱ　親会社等における必要性

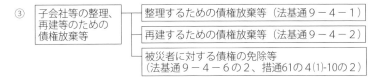

③ 子会社等の整理、再建等のための債権放棄等 ── 整理するための債権放棄等（法基通９－４－１）

再建するための債権放棄等（法基通９－４－２）

被災者に対する債権の免除等（法基通９－４－６の２、措通61の４(1)-10の２）

【有税処理】

① 寄附金として処理 ── 通常の寄附金課税（法法37①）

寄附金課税の特例措置（グループ法人税制）（法法37②、25の２）

② 損失否認として処理 ── 税務上の利益積立金

役員等に対する給与

※ ─ 有税処理：所得金額の増、欠損金額の減、寄附金の額あるいは役員に対する給与となる　等

─ 無税処理：有税処理以外

■図1- 2　債権処理における債権者及び債務者の税務処理

	処理内容	債権者等		債務者
		無税処理	有税処理	
① 債権の貸倒れ （貸倒損失の計上）	ⅰ　法的に債権消滅	貸倒損失として損金算入	寄附金の額[*2、4]	債務免除益の計上[*1、2]
	ⅱ　法的に債権存在	貸倒損失として損金算入	損金不算入 （加算・留保）	特段の処理不要
② 債権の譲渡（譲渡損益の計上等）	ⅰ　債務者以外への債権の譲渡	譲渡損益として計上[*2]	譲渡損益の否認（加算（減算）・留保） あるいは 寄附金の額[*2]	特段の処理不要
	ⅱ　債務者に対する債権の現物出資（DES） イ　適格現物出資	（債権の簿価譲渡） 特段の処理不要	（非適格の場合） 譲渡損益の計上 寄附金の額[*2]	債権の簿価譲受け 特段の処理不要[*1、3] あるいは（非適格の場合） 受贈益の計上[*2]
	ロ　非適格現物出資	譲渡損益の計上[*2、5]	（合理的な再建計画に基づかない場合） 寄附金の額[*2]	債務消滅益の計上[*1] あるいは （合理的再建計画に基づかない場合） 受贈益の計上[*2]
③ 子会社等への支援損等の計上	債務免除等支援の実施	支援損等として損金算入[*2]	寄附金の額[*2]	債務免除益あるいは受贈益の計上[*1、2]

＊1　会社更生法等による債務免除等があった場合には、欠損金額の控除等について特例がある。

＊2　完全支配関係のある法人間の行為については、グループ法人税制の適用がある。

＊3　金銭債権をその債権金額に満たない価額で取得しているような場合には、適格現物出資でも債務の消滅益が生ずる。

＊4　子会社等の整理・再建費用として法基通9－4－1、9－4－2の適用がある場合には、寄附金課税はない。

＊5　会社更生法等による金銭債権の現物出資により生じた譲渡損は「貸倒損失」として取り扱われる。

1 債権の貸倒処理

　図表１-１の「Ⅰ　債務者の経営破綻等」のうち「①債権の貸倒処理」について確認していきます。

① 「法律上の貸倒れ」は、損金経理を要さない。したがって、申告調整により減算できます。

　　また、法律上、債権が消滅することから、否認された場合には、原則として、「寄附金課税」の対象となります。

　　ただし、完全支配関係にある法人間においては、グループ法人税制の適用があります。

② 「事実上の貸倒れ」は、法人の意思を明らかにするため、損金経理が必要と解されており、その金銭債権の「全額回収不能」の状態を要件としています。また、否認された場合には、「寄附金課税」は行われませんが、損金算入の時期については注意を要します。

③ 「形式上の貸倒れ」は、売掛債権に限定され、備忘価額（１円以上）を控除した残額を対象としなければなりません。

2 債権の譲渡等

　図表１-１の「Ⅰ　債務者の経営破綻等」のうち「②債権の譲渡等」について確認していきます。

① 債権の譲渡について、まず、次のイ、ロに関する判断が重要になることから、特に関係会社等への譲渡には注意を要します。

　イ　譲渡の事実の有無

　ロ　譲渡価額は適正か

　　次に、譲渡先が完全支配関係にある法人の場合には、グループ法人税制の適用を受けることから、次のハ、ニに関するの税務上の取扱いに注意する必要があります。

　　ハ　譲渡損益の繰延べ

　　ニ　低額譲渡等が行われた場合の寄付金課税、受贈益の益金不算入
　　　等

②　債権の現物出資、いわゆるデット・エクイティ・スワップ（DES）
　について、次のイ〜ハに関する税務上の取扱いに注意を要します。

　　イ　適格現物出資と非適格現物出資による取扱いの違い

　　ロ　合理的な再建計画の有無

　　ハ　債務者の債務消滅益課税への対応

　　また、現金振替型いわゆる疑似DESの場合には、結果的にはその
　税務処理は適格現物出資をした場合と同様になることから、その処
　理の正当性等について注意を要します。

3 子会社等の整理、再建等のための債権放棄等

　図表1-1の「Ⅱ　親会社等における必要性」について確認していき
ます。

①　子会社等の整理等のための債権放棄等については、その債権放棄
　等による損失の額と債権放棄等をしなければ今後被ることが社会通
　念上明らかであるとする損失の額との比較において、債権放棄等の
　相当性を判断することとされています。

②　子会社等の再建等のための債権放棄等については、次の要件に合
　致する必要があります。

　　イ　「倒産の危機」に陥ってる子会社等に対するもの

　　ロ　「合理的な再建計画」に基づくもの

③　被災者に対する債権の全部又は一部の免除等は、災害を受けた得
　意先等である取引先に対してその復旧を支援することを目的として
　行うものであり寄附金には該当しないものであること、また新型コ
　ロナの影響を受けた取引先支援についても同様に取り扱われること

が明らかにされています。

④　債権放棄等により支援することについて、必要性及び相当性等が認められないときは、寄附金課税の対象となります（ただし、完全支配関係にある法人間においては、グループ法人税制の適用があります）。

4 不良債権等の処理とグループ法人税制

　平成22年度税制改正において、グループを構成する法人が一体的に活動を行っている実態を踏まえ、いわゆる「グループ法人税制」と総称される改正が行われ、さまざまな項目にわたって規定が追加されています。

　債権者等と債務者等との関係が完全支配関係にある場合には、その処理に当たっては前述にて指摘済みのものをも含め、次のようなグループ法人税制が適用される場合があることに留意する必要があります。

①　譲渡損益の繰延べ（法法61の11①）

②　寄附金の損金不算入（法法37②）及び受贈益の益金不算入（法法25の2①）、株主における寄附修正（法令9①七、119の3⑥、119の4①）

③　残余財産が確定した場合の繰越欠損金額の引継ぎ等（法法57②）

④　子会社株式の評価損の損金不算入（法法33⑤、法令68の3）

⑤　残余財産の分配を受けないことが確定した場合の子会社株式の消却に伴う損失の損金不算入（法法61の2⑰）

参　考	債権放棄と税務処理のイメージ

```
債権放棄 ── 貸倒損失として損金の額に算入（※1）
            （法基通9－6－1、9－6－2、9－6－3、9－
            7－12、9－7－17)
          ── 寄附金に該当せず単純損金として損金の額に算入（※2）
            （法基通9－4－1、9－4－2、9－4－6の2))
          ── 寄附金として損金算入限度超過額を申告加算
            （法法37）
          └─ 役員・従業員に対する給与
            （法基通9－2－9、9－7－17ほか）
```

（※1）「中小企業の事業再生等に関するガイドライン（廃業型私的整理手
　　　続)」、「個人債務者の私的整理に関するガイドライン」及び「自然災害
　　　による被災者の債務整理に関するガイドライン」に基づく債権放棄等

（※2）「中小企業の事業再生等に関するガイドライン（再生型私的整理手
　　　続)」、「私的整理ガイドライン」、「RCC企業再生スキーム」、「中小企業
　　　活性化協議会」、「特定認証紛争解決手続（ADR)」及び「地域経済活性
　　　化支援機構（REVIC)」等による再生計画等に基づく債権放棄等

　税務上、債権者である法人がその有する金銭債権について、各種手続
によりその全部又は一部の切捨て、すなわち債権放棄等をした場合の損
失については、おおむね上記のように取り扱われるものと考えます。
　この場合、次の点について留意する必要があります。

```
─ 貸倒損失……一括評価金銭債権に係る貸倒引当金の計算における貸
                倒実績率の算定及び消費税の計算における消費税額か
                ら控除すべき金額
─ 寄附金……グループ法人税制の適用
└ 役員・従業員に対する給与……源泉所得税課税及び役員給与の損金
                              不算入　等
```

(注) 上記（※1）及び（※2）により行われた債権放棄等については、い

ずれも国税庁より再生計画等に基づく支援関係について個別に取り扱うものとして明らかにされていますが、法人税基本通達9－4－2による取扱い（※2）と同通達9－6－1による取扱い（※1）に分かれており、その取扱いに注意する必要があります。

債務者における債務免除益等への対応

1 債務免除益に対する原則的な取扱い

　債権者が会社更生や私的整理等により債務者の再生等を図るため、債権放棄等（DESを含みます）を行った場合（法基通9－6－1の適用）や合理的な整理・再建計画等に基づく債務者（子会社等）への債権放棄を含む支援等を行った場合（法基通9－4－1又は9－4－2の適用）には、債務者においては、その金銭債務は法的に消滅することから、債務免除等を受けたことによる経済的利益の供与の額等については債務免除益（あるいは債務消滅益）として、所得金額の計算上、益金の額に算入されることになります（法法22②）。

(注) 債権者がその有する金銭債権（不良債権）について法人税基本通達9－6－2又は9－6－3の取扱いにより貸倒処理を行った場合には、その金銭債務が法的に消滅していない（債務免除益が生じない）ことから、債務者においては、そのことのみをもって新たな税負担が生じることはないものと考えられます。

　この場合、債務免除等を受けた債務者が、その債務免除益等に見合う損金や青色欠損金等がないときは、そのまま債務免除益課税等が行われることになり、その事業年度において新たな税負担が生じることより、債務免除等の目的である企業の再建等に影響が出るおそれがあります。

2 再生計画等を考慮した特例

　債権者による債務免除等が行われた場合の債務者における新たな税負

担の軽減、及び整理、あるいは再生計画等の円滑な実行等を考慮し、課税所得の圧縮のための特例措置等が講じられています。

1　債務者が法人の場合

① 青色欠損金等の控除限度額の特例（法法57⑪二）

② 繰越欠損金（期限切れ欠損金）の損金算入（法法59①～④）

2　債務者が個人の場合

① 総収入金額不算入（所法44の２）

② 減価償却資産等の損失の必要経費算入（措法28の２の２）　等

（参考）保証人（個人）が保証債権を履行するために資産を譲渡した場合における譲渡所得等の金額の計算の特例（所法64②）

　債権及び債務の調整手続として会社更生又は民事再生に代表される「再建型」あるいは、破産又は会社法上の特別清算による「清算型」といわれる手続がありますが、それぞれに対応する特例措置等については、概ね次頁の【図Ⅰ-3】のようになると考えます。

（注）債務者が法人の場合には、各法的手続又は私的手続においてその有する資産について、評価替え又は資産評定が行われた場合には、債務者においては評価損益が計上されることになりますが、税務上も原則として、その処理については評価益の益金算入、評価損の損金算入（法法25③、33④ほか）の処理を行うことになります。

　これらの損益は、いわゆる期限切れ欠損金の損金算入限度額の計算において影響を与えることから、本図においては、債務者における債務免除益課税とは直接関連しませんが、資産の評価損益が生じる旨を表示しています。

■図I-3　債務免除益に対応する税務上の特例措置等

		債権者の債務免除の取扱い	債務者の債務免除益に対応する特例措置等	
			法　　人	個　　人
再建型	（更生計画）会社更生法	貸倒損失として損金算入（法基通9－6－1(1)）(※1)	資産の評価損益計上（法法25②、33③） 期限切れ欠損金の損金算入（法法59①）	
	（再生計画）民事再生法	貸倒損失として損金算入（法基通9－6－1(1)）	資産の評価損益計上（法法25③、33④） 期限切れ欠損金の損金算入（法法59②、③）	総収入金額不算入（所法44の2）
	（調停条項）特定調停法	・貸倒損失として損金算入（法基通9－6－1(3)、(4)） ・寄附金に該当しないものとして損金算入（法基通9－4－1、9－4－2）	資産の評価損益計上（法法25③、33④）(※2) 期限切れ欠損金の損金算入（法法59②、③）(※2)	
	（再建計画）私的整理ガイドライン	寄附金に該当しないものとして損金算入（法基通9－4－2）	資産の評価損益計上（法法25③、33④） 期限切れ欠損金の損金算入（法法59②）	
	（再建計画）中小企業の事業再生等に関するガイドライン（再生型私的整理手続）	寄附金に該当しないものとして損金算入（法基通9－4－2）	期限切れ欠損金の損金算入（法法59③）	
	（再建計画）個人版私的整理ガイドライン(※3)	貸倒損失として損金算入（法基通9－6－1(3)）		総収入金額不算入（所法44の2、所基通44の2－1）

（調停条項） 自然災害債務整理ガイドライン	貸倒損失として損金算入 （法基通9－6－1⑶）		総収入金額不算入 （所法44の2、所基通44の2－1）
（特定支援業務） 地域経済活性化支援機構	貸倒損失として損金算入 （法基通9－6－1⑶）	期限切れ欠損金の損金算入（法法59②）	総収入金額不算入 （所法44の2）
・（再建計画） 　中小企業活性化協議会 ・（事業再生計画） 　地域経済活性化支援機構 ・（事業再生計画） 　東日本大震災事業者再生支援機構 ・（再生計画） 　RCC整理回収機構 ・（事業再生計画） 　裁判外紛争解決手続	寄附金に該当しないものとして損金算入 （法基通9－4－2）	資産の評価損益計上（法法25③、33④） 期限切れ欠損金の損金算入（法法59②）	債務処理計画に基づく減価償却資産等の損失の必要経費算入の特例（ただし、所法44の2の適用を受ける場合を除く） （措法28の2の2） ※債務免除益を計上した上で、減価償却資産等の評価損の計上が可能

清算型	（破産手続）破産法	貸倒損失として損金算入（法基通9－6－1(4)、9－6－2）	期限切れ欠損金の損金算入（法法59③、④）	
	（特別清算手続）特別清算	・（協定型）貸倒損失として損金算入（法基通9－6－1(2)） ・（和解型）貸倒損失として損金算入（法基通9－6－1(4)）又は寄附金に該当しないものとして損金算入（法基通9－4－1）	期限切れ欠損金の損金算入（法法59③、④）	
	（廃業手続）中小企業の事業再生等に関するガイドライン（廃業型私的整理手続）	貸倒損失として損金算入（法基通9－6－1(3)）		総収入金額不算入（所法44の2）

※1　非更生債権は、更生計画認可の決定があった時に貸倒れとすることができる（法基通14－3－7）

※2　特定調停に関する手続において、資産評定が法令上強制されておらず、一義的には法法25③、33④、及び59②の適用は認められないが、同手続における弁済・債権放棄等の計画において、民事再生法の規定による再生計画認可の決定に準ずる事実があると認められた場合（法令24の2）には、同規定の適用があるものと考えられる。

※3　個人版私的整理ガイドラインは、令和3年3月31日をもって終了し、自然災害債務整理ガイドラインに統合されている。

第2章

貸倒損失の計上

I　概　要

　法人税法上、更生計画認可の決定があった場合等の特定の場合を除き、金銭債権に対する評価減処理は認められていません（法法33②、③、④、法令68、68の２）。

　したがって、金銭債権に対する貸倒損失は、原則としてその金銭債権の全額が回収不能であることを前提としており、金銭債権の評価損益につながる部分的な貸倒れは認められないことになります。

　法人税法上、法人が有する金銭債権について回収不能、すなわち金銭債権の「貸倒れ」の事実が生じた場合には、その損失の額は、各事業年度の所得の金額の計算において、金銭債権の滅失損として資本等取引以外の取引に係る損失とされ、損金の額に算入することができると解されています（法法22③三）。

　しかし、金銭債権が回収不能により「貸倒れ」となったかどうかの判定は、その債務者の資産状況、支払能力等債務者個々の実情に応じ、より具体的に判断されることとなるため、極めて事実認定に負うところが大きく、困難な面があります。

　そこで、税務上は、法人税基本通達において、その有する金銭債権について「貸倒れ」の事実が生じているかどうかの具体的な判定基準として、回収不能の類型を次の２つに分類します。

┌─① 　債権が法律上消滅する
└─② 　債権が事実上消滅（回収不能）となる

　次に、「貸倒れ」の事実の態様を次の①から③に大別してその取扱い

を定めています（【図Ⅱ-１】）。

- ①　法律上の貸倒れ（法基通９－６－１）……法的手続等に伴い、金銭債権の全部又は一部が切り捨てられること等により、法律的に消滅した場合
- ②　事実上の貸倒れ（法基通９－６－２）……金銭債権の全額が回収不能の場合
- ③　形式上の貸倒れ（法基通９－６－３）……一定期間の取引停止後、弁済がない場合等において貸倒れとみなす場合

（注）1　上記③は、①及び②の取扱いとは異なり、売掛債権の特殊性を考慮し、売掛債権に限定されたものであり、税務上、「貸倒れとみなす」ものです。

　　　2　上記①～③のほかに、その他の貸倒処理として次の貸倒処理を個別に認めています。

　　　　イ　ゴルフ会員権に係る預託金の貸倒処理等（法基通９－７－12、９－７－13の２）

　　　　ロ　損害賠償金に係る債権の貸倒処理（法基通９－７－16、９－７－17）

■図Ⅱ－１　貸倒損失の取扱い（法基通９－６－１～９－６－３）

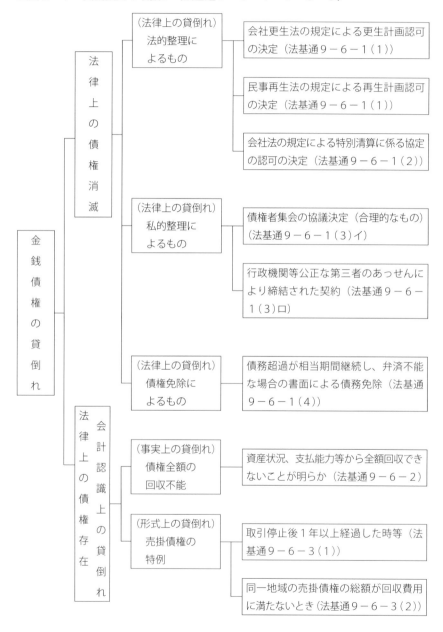

金銭債権の貸倒れ

法律上の債権消滅

（法律上の貸倒れ）
法的整理によるもの

会社更生法の規定による更生計画認可の決定（法基通９－６－１(1)）

民事再生法の規定による再生計画認可の決定（法基通９－６－１(1)）

会社法の規定による特別清算に係る協定の認可の決定（法基通９－６－１(2)）

（法律上の貸倒れ）
私的整理によるもの

債権者集会の協議決定（合理的なもの）（法基通９－６－１(3)イ）

行政機関等公正な第三者のあっせんにより締結された契約（法基通９－６－１(3)ロ）

（法律上の貸倒れ）
債権免除によるもの

債務超過が相当期間継続し、弁済不能な場合の書面による債務免除（法基通９－６－１(4)）

法律上の債権存在

会計認識上の貸倒れ

（事実上の貸倒れ）
債権全額の回収不能

資産状況、支払能力等から全額回収できないことが明らか（法基通９－６－２）

（形式上の貸倒れ）
売掛債権の特例

取引停止後１年以上経過した時等（法基通９－６－３(1)）

同一地域の売掛債権の総額が回収費用に満たないとき（法基通９－６－３(2)）

 **貸倒損失処理において 税務上留意すべき事項**

1 原則として、その全額が回収不能であること

　税務上、法人の有する金銭債権に係る貸倒損失の計上が認められるための事実、対象となる金額、損金算入の時期及び処理方法等個々の取扱いについては、一般的には【図Ⅱ-2】のようになっています。

　貸倒損失として損金算入が認められるための判断として最も重要なのは、その債権が「全額回収不能か否か」の判断にあると考えます。

　法人税法上、原則として金銭債権については、その評価減が認められていないことから、金銭債権に係る損失額が「貸倒れ」として損金算入が認められるためには、その金銭債権については、法人税基本通達9－6－1（法律上の貸倒れ）による「一部の貸倒れ」が認められる場合を除き、原則的には、その「全額が貸倒れ」に該当するかどうかにより判定されることになります。

(注) 債務者に、解散の予定あるいは解散の事実があったとしても、そのことのみをもって債権者の有する金銭債権の貸倒処理を認めることはできないことに留意する必要があります。

2 損金算入の時期

① 法令上の規定

　貸倒損失については、法人税法上、減価償却費（法法31①）や資産

■図Ⅱ－2　対象金額及び処理方法等（法基通9－6－1～9－6－3）

類　型	発生した事実等	対象金額	経理要件等
法律上の貸倒れ（法基通9－6－1）	更生計画認可決定等債権が法律上消滅（※）	切り捨てられることとなった部の金額 ／ 債務免除の通知をした金額	その事実の（法律上消滅）の発生した日を含む事業年度 ／ 経理方法・処理方法を問わず貸倒れとして損金の額に算入する
事実上の貸倒れ（法基通9－6－2）	資産状況等から全額回収不能が明らか	金銭債権の全額（要担保物処分）	全額回収不能が明らかになった事業年度 ／ 貸倒損失として損金経理することができる
形式上の貸倒れ（法基通9－6－3）	取引停止後等1年以上経過等	売掛債権の額から備忘価額を控除した金額（要担保物処分）	取引停止後1年以上経過した日以後の事業年度 ／ 弁済がないとき以後の事業年度 ／ 貸倒損失として損金経理したときは、これを認める

（※）非更生債権については、更生債権としての届出期間の徒過の日ではなく、更生計画認可の決定の日に消滅することになるので、注意が必要です（会社更生法204①、法基通14－3－7）。

の評価損（法法33②）等のように独立した明文上の規定は設けられておらず、法人税法22条３項「各事業年度の所得の金額の計算上当該事業年度の損金の額に算入すべき金額」及び、同項３号「当該事業年度の損失の額で資本等取引以外の取引に係るもの」として損金の額に算入されるものと解されています。

　また、同項３号における「損失」については、その「確定」に関する明文上の規定はありませんが、「当該事業年度の損失」と限定されることから、文理上、貸倒損失は「その事業年度で確定した損失」言い換えれば、その計上の時期は、「確定した事業年度」になるものと考えます。

　なお、明文上は、貸倒損失として認めることについて、いわゆる「損金経理」を要件とするというような特段の規定はありません。

②　法人税基本通達における取扱い

　上記のとおり、貸倒損失については、法人税法上に、明文の規定は存在しておらず、法人税基本通達が示す基準等により、実務上の処理が行われています。

　全額回収不能であることが「確定した事業年度」であるか否かの判断については、法人税基本通達において、次のように定められていますが、下記の「事実上の貸倒れ」及び「形式上の貸倒れ」については全額回収不能の時期と合わせて損金経理要件とも解される表現が明記されていることに注意が必要です。

❶　法律上の貸倒れ（法基通９－６－１）

　次に掲げる事実の発生した日の属する事業年度とされています。

　①　金銭債権の切捨てが、更生計画認可の決定、再生計画認可の決定又は特別清算に係る協定の認可の決定等法律の定めによる場合、あるいは関係者の協議決定等による場合（同通達(1)～(3)）……法律の定めや協議などで決定される日の属する事業年度

　②　債権者が債務者に対し、債務免除額の通知をする場合（同通達(4)）

　　……債務者に対し債務免除額の通知をした日の属する事業年度

❷　事実上の貸倒れ（法基通９－６－２）

　金銭債権の全額が回収できないことが明らかになった場合……損金経理をする（同通達では「することができる。」という表現になっています）事業年度

❸　形式上の貸倒れ（法基通９－６－３）

　取引停止後１年以上経過した場合等の事実が発生した場合……その売掛債権の額から備忘価額を控除した残額を貸倒れとして損金経理した事業年度

3 損金経理要件の有無

① 概　要

　貸倒損失の税務上の取扱いについては、前述（**2 2**）のとおり、法人税基本通達において、損金算入の時期と併せて「事実上の貸倒れ（法基通９－６－２）」及び「形式上の貸倒れ（法基通９－６－３）については、その損失について損金算入のための要件とも考えられる取扱いが明らかにされており、具体的には、次のように明記されています。

┌─①　法人税基本通達９－６－２……「貸倒れとして損金経理することができる」
│
└─②　法人税基本通達９－６－３……「貸倒れとして損金経理したときは、これを認める」

　特に、法人税基本通達９－６－２における「貸倒れとして損金経理することができる」という表現は、損金経理が損金算入の要件とされているのか否か、言い換えれば、金銭債権の全額が回収できないことが明らかになった場合には、いわゆる申告調整により減算処理が可能なのか否かについて、意見が分かれています。

（注）法人税基本通達９－６－３の取扱いについては、売掛債権という債権の特殊

性を考慮し、特に法人税基本通達のなかで、「貸倒れとみなす」ものであることから、損金経理要件の適否については、問題視されていません

参　考

　昭和55年の通達改正により、従来の「損金経理した場合はこれを認める」から現在の「損金経理をすることができる」という表現に変更された経緯等から「……法人税基本通達９－６－２については、解説書等に損金経理を要すると書かれているが、これは誤りである」（山本守之著『事例から考える租税法解釈のあり方』中央経済社）という指摘があります。

　通達が本来果たす役割等から「……損金経理が示されているが、通達の規定であり、実定法上の根拠がないため、絶対的な要件ではないと考える」（多田雄司監修『事例でわかる「貸倒損失」処理の実務』日本実業出版社）という指摘もあります。

　しかし、実務上は、「損金経理をしたら認める」として取り扱われていると思われます（課税庁の担当官の執筆とされる（上竹良彦編『図解法人税　令和３年版』361頁　貸倒損失において貸倒損失の事実の態様（事実上の貸倒れ基通９－６－２）に対する（処理方法等）として損金経理処理を明記し、損金算入が認められる取扱いが図示されています）。

2　「損金経理」を要件とした場合の問題点

　法人税基本通達９－６－２において、損金経理要件を徹底した場合には、例えば次のような問題が生じます。

①　決算期末において、債権の全額が回収不能であることが判明したが、決算上は貸倒損失を計上することができなかった場合、申告減算できるか、あるいは翌期の決算において貸倒損失を計上した場合、税務上損金算入が認められるか（認められない場合には、新たに同

通達9－6－1の事実が生じない限り、損金算入の機会は永久に失うことになります）。

②　当期において自己否認した貸倒損失、あるいは税務調査により時期尚早として損金否認されたもの、いわゆる税務上の利益積立金として残るものについて、全額回収不能の事実が確認された場合、単純に申告減算できるか。

(注)　②については、貸倒れの事実が明らかになった時に対象とした債権を雑収入として帳簿に受け入れた上で、改めて貸倒損失として損金経理するとともに、申告調整で利益積立金の取崩し認容を行うという解説もあります（櫻井光照『債権の税務と法務』（大蔵財務協会）ほか）。

ポイント

●債務者の支払能力等について確認証拠等の整備が必要である

同通達による取扱いは、金銭債権が貸倒れとなったかどうかの判定を、その債務者の資産状況、支払能力等債務者個々の実情に応じ、総合的に判断して行うこととされていることから、法人の裁量の作用する部分も多くなることも否定できないと考えられます。

したがって、法人としてその判断が妥当であったことを証明できるように、債務者の資産状況等資力の有無、保証人に対する請求あるいは担保権の実行等による債権保全の不可能等の状況についての確認証拠等を用意しておく必要があります。

また、消費者金融業、あるいは債権の回収を業とする、例えばサービサーなどが多数の債務者に対処していく場合には、債権管理（貸倒処理）のマニュアル等を整備し、その妥当性について担保しておく必要があります。

参　考　「損金経理」を要件とすることに関する一考察

1　法人税基本通達とは

一般的に通達とは、そのものは直接納税者を拘束するものではなく、租税法律主義のもと、課税要件を具体的に定めるものではなく、

　あくまでも法律の規定の趣旨に基づき、その運用における基準を示したものであると解されています。

　「通達とは、上級行政庁の下級行政庁への命令であり、行政組織の内部では拘束力をもつが、国民に対して拘束力をもつ法規ではなく、裁判所もそれに拘束されない。したがって、通達は租税法の法源ではない。」（金子宏著『租税法 第二十四版』弘文堂）

　また、国税庁長官より取扱通達を公表する際、その前文である「法人税基本通達の制定について」（昭和44年5月1日付審（法）25（例規））において、その運用に当たり留意すべき点について次のように明らかにしています。

　「……したがって、この通達の具体的な運用に当たっては、法令の規定の趣旨、制度の背景のみならず条理、社会通念をも勘案しつつ、個々の具体的事案に妥当する処理を図るように努められたい。いやしくも、通達の規定中の部分的字句について形式的解釈に固執し、全体の趣旨から逸脱した運用を行なつたり、通達中に例示がないとか通達に規定されていないとかの理由だけで法令の規定の趣旨や社会通念等に即しない解釈におちいつたりすることのないよう留意されたい。」

　こうしたことから、基本的に通達において、課税要件を定めることはできないし、仮にしたとしても実定法上の根拠を持たないものは、納税者に対して絶対的条件とはなり得ないと考えます。

2　法人税基本通達9－6－2における「損金経理することができる」とは

　この通達における表現は、昭和55年の改正において、従来の「損金経理したときは、これを認める」から現在の「損金経理することができる」という表現に変更されています。

　従来の「損金経理したときは、これを認める」という、明らかに「損金経理」を税務処理における課税要件とするような表現と、「損

金経理することができる」という表現とは意味するところは異なるものと考えます。

　一般的に「損金経理」とは、法人の意思の表現を、確定した決算において費用又は損失として経理することと解されており、組織（企業）としてその経理処理に対し責任を持つ慎重さを喚起するものといわれています。

　したがって、この通達における「損金経理」の表現は、損失として計上することについて組織としての責任を求めるもの、具体的には、貸倒損失の発生時期を意図的に操作することにより利益操作（租税回避）を図ることへの注意喚起と考えられ、「損金経理」が「できる」とは、会計処理において慎重さを求める処理と税務が同調したものであり、経理処理の有無により、損金算入の可否を決定しているものではないものと考えます。

【参考】損金経理の意義（大阪高判昭55.6.13）
　本判決では、「……対外的な実現をみないが、企業の内部の計算で会計上収益又は費用として計上されて然るべき損益について、その額を第三者たる課税権者が認定することは適当ではないし、また可能でもないから……」としています。

　また、「要件」とは、一定の税効果を得るための条件と解されており、まさに従来の表現「……したときは、これを認める」は課税要件であると考えられますが、現在の「……することができる」と同一視することには疑問があります。

　一般に、「……することができる」という表現を法律上用いる場合には、大きく分けて、①裁量権の付与と、②法律上の権利・能力・権限等があることを示すものの2通りの用法があり、その条文の名宛人が納税者の場合には、「……ができる」という言葉は、「可能」を表し、「しても、しなくてもよい」という意味である（伊藤義一『税

法の読み方判例の見方』TKC出版）と解されています。

　この問題に関して、「損金経理をすることができるが、損金経理をしなくても損金算入は可能である、と解釈することも可能ではないか」とする意見もあります（多田雄司監修『事例でわかる貸倒損失処理の実務』日本実業出版社）。

3　判断

　この通達が「損金経理を要件」としているのか否かについては、課税庁から積極的な解説はありませんが、公表されている解説（髙橋正朗編著『法人税基本通達逐条解説（十訂版）』税務研究会出版局（以下、本書において「逐条解説」といいます）1072頁）において「……回収不能債権の帳簿貸倒処理の時期であるが、回収不能が明確になった限りにおいては、直ちに貸倒処理を行うというのが会社法ないし企業会計上の考え方であり、いやしくもこれを利益操作に利用するようなことは公正妥当な会計処理とは認められないというべきである」とその時期、損金経理処理の重要性について明らかにしています。

　【参考】 損金経理を要するという実定法上の根拠はない（東京地判平元.7.24）
　　本判決では、「法人の有する金銭債権が回収不能（貸倒損失）として損金算入が認められる場合、その債権の回収不能が明らかになった事業年度において貸倒れとして損金経理を要するという実定法上の根拠はない」と判示しています。

　したがって、法人が有する金銭債権について、「事実上の貸倒れ」として貸倒損失を計上する場合には、企業会計上も税務処理上もその処理の適法、適正さを担保する上で「損金経理」処理が重要ではあるが、この通達の適用に当たり、税務上で「損金経理」を損金算入の絶対的「要件」としていると解することは難しいと考えます。

4 ｜ 貸倒損失処理に関する立証責任

　通常、課税に必要な事実（所得の存在及びその金額等）や法律関係など課税要件事実の存否については、課税庁が立証責任を負うと理解されています。

> **参　考　立証責任は国が負担**（最判昭38.3.3）
>
> 　本判決では、「租税法律主義、申告納税主義を採用している現行税法下の租税訴訟においては、課税標準となるべき所得の存在を合理的に首肯させるに足る一応の立証責任は国が負担する」と判示しています。

　しかし、貸倒損失については、法律上の貸倒れ（法基通９－６－１）の場合はまだしも、事実上の貸倒れ（法基通９－６－２）の場合には、課税庁側において、その損失の不存在を立証するのは相当の困難を伴うことになります。そこで、実務上は、貸倒損失処理に関する立証責任は、下記の判例に基づき、納税者側にあるものとして処理されています。

　したがって、その立証を行わない場合には、貸倒損失処理は否認されることになると考えます。

> **参　考　立証責任は納税者が負担**（仙台地判平6.8.29、仙台高判平8.4.12、最判平8.11.22）
>
> 　本事件の判決では、「貸倒損失の不存在という消極的事実の立証には、相当の困難を伴うものである反面、その処理をした納税者においては、(その処理をする以上は) 当然に貸倒損失の内容を熟知し、これに関する証拠も保持しているのが一般であるから、納税者において貸倒損失となる債権の発生原因、内容、帰属及び回収不能の事実等について特定して主張し、貸倒損失の存在をある程度具体的に推認させるに足りる立証を行わない限り、事実上その不存在が推定

されるものと解するのが相当である」と判示しています。

(注)　実務的には、債務者の資産状況、支払能力等の判断について当然
　　必要とされるであろう債務者の決算書等の資料の入手、あるいは調査
　　確認については、納税者側よりも課税庁側が比較的容易に行えること
　　から（その事実に基づき指摘されることもあり得ます）、この判断に
　　ついて疑問を持つ意見もあります。

5 債務者の債務免除益に対応する繰越欠損金の損金算入

　経営の危機等に瀕している債務者が、整理あるいは再生のため会社更
生等法的手続や私的整理等により債権者から債務免除を受けたことによ
る経済的利益の供与の額（受贈益）については、企業の再生等を図るた
めの債務免除による受贈益等であっても、所得の金額の計算上、益金の
額に算入されることになります（法法22②）。

　この場合、債務免除を受けた債務者がその債務免除益に見合う損金や
青色欠損金等がない場合には、そのまま債務免除益課税が行われること
になり、債務者にとって新たな税負担が生じることにより、債務免除の
目的である整理あるいは再建計画等の実行に支障をきたす恐れがありま
す。

　そこで、債権者による債務免除等が行われた場合の債務者における新
たな税負担の軽減、整理あるいは再生計画等の円滑な実行等を考慮し、
次の措置が講じられています（詳細については、「第7章　債務者にお
ける債務免除益等への対応」にて解説しています）。

①　青色欠損金等の控除限度額の特例（法法57⑪）
②　繰越欠損金（期限切れ欠損金）の損金算入（法法59①～④）

金銭債権の貸倒損失の取扱い

1 金銭債権が法律上消滅した場合（法基通９−６−１）

　この取扱いは、「法律上の貸倒れ」と呼ばれており、法律上金銭債権が消滅した場合について貸倒損失を認めるものです。

　法人の有する金銭債権について次に掲げる４つの事実が生じた場合には、法律的にもその金銭債権の全額又は一部が消滅することから、その金銭債権のうち、次に掲げる金額は、その事実の発生した日の属する事業年度において貸倒れとして損金の額に算入されます。

（金銭債権の全部又は一部の切捨てをした場合の貸倒れ）

９−６−１　法人の有する金銭債権について次に掲げる事実が発生した場合には、その金銭債権の額のうち次に掲げる金額は、その事実の発生した日の属する事業年度において貸倒れとして損金の額に算入する。

（１）　更生計画認可の決定又は再生計画認可の決定があった場合において、これらの決定により切り捨てられることとなった部分の金額

（２）　特別清算に係る協定の認可の決定があった場合において、この決定により切り捨てられることとなった部分の金額

（３）　法令の規定による整理手続によらない関係者の協議決定で次に掲げるものにより切り捨てられることとなった部分の金額

　　イ　債権者集会の協議決定で合理的な基準により債務者の負債整理を定めているもの

　　ロ　行政機関又は金融機関その他の第三者のあっせんによる当事者間の協議により締結された契約でその内容がイに準ずるもの

（４）　債務者の債務超過の状態が相当期間継続し、その金銭債権の弁済を受

けることができないと認められる場合において、その債務者に対して書
面により明らかにされた債務免除額

ポイント

　上記通達(1)〜(4)の取扱いを適用する上で共通するものとして、次の点に
留意する必要があります。

1　金銭債権に限定される

　この取扱いの対象となるのは、法人が有する金銭債権に限定されます。
金銭債権とは、金銭の給付を目的とする債権をいい、一般的には預金、受
取手形、売掛金、貸付金等が含まれます。

2　申告調整による減算処理も可能である

　その金銭債権が法律的に消滅することから、損金経理しているか否かに
かかわらず、その消滅した時点において損金の額に算入されます。

　したがって、いわゆる「申告調整」による減算処理も認められます。

（注）損金算入が認められるにもかかわらず、公表決算上の利益を過大に表示す
　　るために意図的に決算においては損金算入せず、申告調整により、いわゆる
　　減算処理をする処理が行われた場合には、会社法上及び企業会計上、問題の
　　ある処理と考えられます。公表決算において、処理をしなかった理由等につ
　　いて明確にしておく必要があると考えます。

【参考】債権が滅失した時点において損金の額に算入（国税不服審判所平
　　　　20.6.26裁決）

　　「法人が所有する金銭債権が貸倒れとなったか否かは、第一次的には、
その金銭債権全体が滅失したか否かによって判定され、その債権が滅して
いる場合には、法人がこれを貸倒れとして損金経理しているか否かにかか
わらず、税務上はその債権が滅失した時点において損金の額に算入するこ
ととなる。」

3　一部の切捨ても可能である

　法的な切捨てであり、原則として全部の切捨てだけではなく、一部の切捨てによる損金算入も認められます。この取扱いは、その全額が回収不能であることを要件としておらず、例えば、更生計画認可の決定あるいは再生計画認可の決定に基づき、一部が弁済され、残りが切り捨てられることになった場合であっても、その切り捨てられることとなった部分については、貸倒損失の計上が認められます。

4　条件付債権放棄には注意が必要である

　停止条件付債権放棄の場合には、条件の成就まで法的に債権が存在すること（民法127①）から、貸倒損失の計上は認められません。

　一方、解除条件付債権放棄の場合には、解除条件の成就がない限り、その債権放棄は有効であり条件が成就するまで債権は法的に消滅すること（民法127②）から、債権放棄の時点で貸倒損失として計上できるものと考えます。

【参考】解除条件の成就がない限り債権放棄の効力は発生している（東京地判平13.3.2：日本興業銀行事件））

　「解除条件の成就がない限りその債権放棄の効力は発生しており、その効力は、抽象的なものではなく、訴訟においてもその債務不存在が確認される程度に具体的に発生しているのであるから、損失の発生は確定しているというべきである。」

5　消滅時効の完成だけでは認められない

　時効の効果は時効の完成によって確定的に生ずるものではなく、時効によって利益を得るもの、すなわち債務者が時効の完成を主張（時効の援用）した場合にはじめて時効の効果が発生すると解されています（民法145）。逆にいうと、援用されない場合には債権債務は消滅しないことになります。

　したがって、単に時効の完成のみをもって貸倒損失として処理すること

は認められないことになります。

　その場合（法律上、金銭債権が消滅していない場合）には、事実上の貸倒れとして法人税基本通達９－６－２（回収不能の金銭債権の貸倒れ）の適用について検討すべきであると考えます。

(注)　「時効の援用」の主張により、貸倒損失を計上する場合においては、税務上、時効完成に至った経緯等について明確にしておく必要があると考えます。例えば、意図的に時効の中断の措置を講じない行為は、事実認定の問題ではありますが、債権の発生当時あるいは消滅時等における寄附金課税の問題が生じることもあり得ると考えます。

【参考】

　令和２年４月から施行されている改正民法では、商事債権の消滅時効やその他の短期消滅時効制度が廃止され、権利が行使できる時（客観的起算点）から10年、権利行使ができることを知った時（主観的起算点）から５年で消滅時効が完成することに統一されています（民法166）。

6　債権者における税務否認は原則、寄附金課税となる（ただし、グループ法人税制の適用に注意）

　それぞれの要件に該当しない場合には、原則として「寄附金」又は債務者が役員・使用人の場合には「賞与」として取り扱われます。

　その場合、債権者と債務者との関係が「法人による完全支配関係」にある場合には、グループ法人税制の規定により贈与を受けた法人はその受贈益を益金不算入とし（法法25の２）、一方、贈与を行った法人はその寄附金は全額損金不算入（法法37②）の処理を行うことになります（詳細は、第５章「Ⅱ　完全支配関係にある法人間の寄附金、受贈益」参照）。

7　債務者は債務免除益を認識しなければならない

　債務免除を受ける法人は、免除により債権者から経済的な利益を受けることになりますが、法人税法22条２項「……無償による資産の譲受けその他の取引」の規定により債務免除益は、「益金の額」に算入されます。

　ただし、会社更生法等に基づく場合には、欠損金控除等に特例措置があります（法法57⑪二、59①ほか。詳細は、第 7 章「Ⅲ　会社更生等による債務免除があった場合の欠損金の損金算入等」参照）。

8　貸倒損失の否認について、貸倒引当金への切替救済の適用はない

　法人税基本通達11－ 2 － 2 （貸倒損失の計上と個別評価金銭債権に係る貸倒引当金の繰入れ）の取扱いは、対象とした債権が法律上存在する場合のもの、いわゆる事実上の貸倒れ（法基通 9 － 6 － 2 ）を対象としたものであり、本通達に基づく債権放棄はその事業年度末時点において金銭債権として法的に存在しないことから、当然に貸倒引当金を計上することはできないことになります。

（注）貸倒損失の計上に当たっては、法人税基本通達 9 － 6 － 1 ⑷を適用するのかあるいは同 9 － 6 － 2 を適用するのか、その選択に当たっては仮に税務上認められなかった場合の将来の回収可能性を考慮し、検討する必要があるものと考えます。

① 法的整理による債権の切捨て（法基通９－６－１(1)、(2)）

　この取扱いは、「法律上の貸倒れ」と呼ばれており、会社更生法等法律の規定による、「更生計画認可の決定」、「再生計画認可の決定」及び「特別清算に係る協定の認可の決定」に基づき、債権の切捨てが行われた場合の取扱いであり、それらの決定により切り捨てられることとなった部分の金額は、貸倒損失として、それら認可の決定があった日の属する事業年度の損金の額に算入されます。

　法的整理手続と税務処理のタイミングについては、概ね次頁の【図Ⅱ-3】のようになると考えます。

（金銭債権の全部又は一部の切捨てをした場合の貸倒れ）

９－６－１……省略

　（１）　更生計画認可の決定又は再生計画認可の決定があった場合において、これらの決定により切り捨てられることとなった部分の金額

　（２）　特別清算に係る協定の認可の決定があった場合において、この決定により切り捨てられることとなった部分の金額

　　……省略

ポイント

1　再生計画認可の決定の確定の時ではなく認可の決定の時でよい

　「認可の決定」の「確定」の時ではなく、「認可の決定」の時に損金処理が認められるものと考えます。

　民事再生法の再生計画認可の決定及び会社法の特別清算に係る協定の認可の決定に対しては、それぞれ各法令により、「認可の決定」の「確定」により、その効力を生ずる旨規定されています（民事再生法176、会社法570）。

　ちなみに、会社更生法の場合には、更生計画認可の決定の時から効力を生ずることとされています（会社更生法201）。

　厳密に考えると、その「認可の決定」の「効力の発生」について別途規

■図Ⅱ－3　法的整理手続と税務処理のタイミング

				貸倒引当金の繰入れ（※1）		貸倒損失等の計上（※2）	
再建型	会社更生手続（会社更生法）			更生手続開始の申立て	更生手続開始の決定	更生計画認可の決定（法基通9－6－1（1））	更生手続終結決定
	民事再生手続（民事再生法）			民事再生の申立て	再生手続開始の決定	再生計画認可の決定（法基通9－6－1（1））	再生手続終結決定
清算型	破産手続（破産法）			破産手続開始の申立て	破産手続開始の決定／破産手続の同時廃止決定（※3）	破産財団の確定・換価配当／破産手続の同時異時廃止決定（※3）	破産手続終結決定（法基通9－6－1（4）、9－6－2）
	特別清算（会社法）	協定型	株主総会の解散決議	特別清算開始の申立て・同開始命令	債権者集会協定案の可決同認可申立て	協定案認可の決定（法基通9－6－1（2））	特別清算終了
		和解型			裁判所に和解案提出和解案許可	和解（法基通9－6－1（4）、9－4－1）	

（※1）個別評価金銭債権に対する形式基準による繰入れ（50％限度）

（※2）貸倒損失のほか個別評価金銭債権に対する長期棚上げ基準（各認可の決定により弁済猶予、賦払いによる弁済の一定部分）による貸倒引当金の繰入れ

（※3）破産手続の同時又は異時廃止の決定があった場合には、法人税基本通達9－6－2により貸倒損失処理ができるものと考えます。

定がある場合には、当然にその効力を発生する日をもって損金処理を認めるべきであるということになります。

　しかし、同様の手続を規定していた旧和議法の場合には、実務上、その「認可の決定」の時に認めることとされていたことから、民事再生法等に基づく場合においてもその「認可の決定」の時が貸倒損失の計上時期と考えられます（中村慈美『貸倒損失・債権譲渡の税務処理早わかり』大蔵財務協会）。

2　再生債権の届出を失念した場合は、手続認可の決定があった時である

　再生手続開始の決定があった場合には、再生債権者は裁判所の指定する届出期間内に所定の手続をしなければ、再生手続に参加することができず（民事再生法94、100）、再生手続に参加できなくなった場合には、再生計画認可の決定時に債権が失効することとされています（民事再生法178）。

　したがって、期日までに債権の届出をしなかった場合には、その債権については再生手続認可の決定があった日の属する事業年度に貸倒処理が認められることになります。

3　更生計画認可の決定前でも可能である

　更生計画の認可の決定前の債権放棄といえども、その放棄は裁判所の許可を得た更生手続の一環として行われるものであり、そこに恣意的な要素が入り込む余地はなく、実質的には更生計画認可の決定による切捨てと変わるところがないといえます。

　したがって、実際上放棄により債権は法的に消滅することになるので、その放棄した日の属する事業年度の貸倒損失として損金の額に算入されることになります。

4　非更生債権は更生計画認可の決定の時に可能になる

　更生会社に対して有する債権は、会社更生法の規定により、更生手続の開始決定のあった日後、裁判所の指定する届出期間内に所定の手続等をし

なければ、更生手続に参加することができず（会社更生法135①、138①）、また、更生計画認可の決定があったときは、更生計画の定め又は会社更生法の規定によって認められた権利を除き、全ての権利は消滅することになっています（会社更生法204）。

したがって、期日までに債権の届出をしなかったために非更生債権となった債権については、更生計画認可の決定のあった日の属する事業年度に貸倒処理が認められることになります（法基通14－３－７）。

5　保証人等がいるときは原則、認められない

一般的には、主たる債務者に係る金銭債権の全部又は一部が切り捨てられた場合において、その主たる債務者に保証人等が存在する場合には、保証人等にもその効果が及ぶこととされています（民法448①「保証債務の附従性の原則」）。

しかし、更生計画認可の決定、再生計画認可の決定等により切り捨てられることとなった債権の全部又は一部について、保証人等が存在するときにはそれぞれの法律により、保証人等にその切捨ての効果は及ばないこととされています（会社更生法203②、民事再生法177②、会社法571②、破産法253②）。

したがって、保証人が存在する場合には、原則として、直ちに貸倒処理することは認められないことになります。

ただし、旧不良債権償却証明制度（平5.11.29「蔵検」439号）において、このような場合において保証人等によって回収できることが明らかなときは、その金額を控除して貸倒処理することは認められていたことから、現在もその取扱いは有効であると考えられています（中村慈美『貸倒損失・債権譲渡の税務処理早わかり』大蔵財務協会ほか）。

6　特別清算による場合は、協定型に限定される

特別清算は、債務者に債務超過の疑いがある場合等に、債権者や株主の利益を守るために裁判所の適切な監督の下で、清算業務を簡易、迅速に行

うことを旨とした倒産処理手続とされています（会社法510ほか）。

　特別清算手続の場合、最終的には債務の弁済が不可能な部分について債権者から債務免除を受けることが清算の事実上の要件とされており、債権者との調整については、次の２つの方法があります。

┌─ ①　債権者との個別の和解とする（個別和解型）
└─ ②　多数決原理のもと決定する（協定型）

　個別和解型は、債権者が少数である場合に利用されることが多く、協定型との違いは、債務の減免及び弁済方法等清算のための基礎事項である「協定」を債権者集会で可決（会社法567）するのが協定型であり、それら基礎事項が全ての債権者との間での個別和解により成立する、まさに債権者との個別の和解交渉によるのが個別和解型であるとされています。

　個別和解型は、親会社が子会社を整理する際に広く用いられており、親会社以外の債権者がいる場合には、事前に弁済を行ったり、あるいは親会社が債務を引き受けること等により、債権者を親会社のみに限定する方法がとられているようです。

　特別清算手続において、金銭債権の切捨てがあった場合の税務上の取扱いは、法人税基本通達９－６－１⑵において「特別清算に係る協定の認可の決定」があった場合に限定されており、協定によらず個別和解により金銭債権の切捨てについては同通達上、明記されていないことから、認められないことになります。

　したがって、個別和解型により債権放棄に応じる場合には、同通達９－６－１⑷による判断を行うべきであると考えます。

　ただし、その債務免除額が弁済不能額であるのか否か明確でない場合には、同通達ではその債務の免除が「実質的に贈与したもの」と認められるものであるときは、寄附金の額として取り扱うこととされていることから（その債権放棄について法人税基本通達９－４－１又は９－４－２の適用がある場合は除きます）、その適用に当たっては注意する必要があります。

【参考】個別和解による場合には、法基通９－６－１⑵の前提を欠く（東

京地判平29.1.19、同控訴審東京高判平29.7.26）

「基本通達９－６－１⑵（特別清算認可の決定に係る貸倒損失）」は、「特別清算に係る協定認可の決定があった場合」に限定して損金算入を認めており、個別和解の場合は該当しない。」

7　普通清算手続においては、通常、貸倒損失は生じない

法人の解散に伴い清算手続を開始する場合には、通常、資産超過の場合には普通清算手続、債務超過の場合には特別清算手続を用いることになります。

したがって、資産超過の状態で行われる普通清算手続では、一般的には債権放棄は起こり得ず、債権者の債権は全額回収可能となり得ることから、貸倒損失の問題は生じないことになります。

ただし、事前にあるいは清算手続中において債務の調整のために特定の債権者のみが債権放棄を行った場合には、寄附金課税の問題が生じるものと考えます。

8　特定調停及び破産手続による場合は、法基通９－６－１⑶ほかで検討する

特定調停及び破産手続にはともに法的に債権を切り捨てる手続がないことから、その債権放棄について、特定調停の合意又は破産手続の終結決定等をもって、即、貸倒損失が認められるとは限らず、基本通達９－６－１⑶、⑷、９－６－２あるいは９－４－１、９－４－２の適用について検討する必要があります（詳細については、「④　特定調停に伴う貸倒処理」及び「⑤　破産手続に伴う貸倒処理」参照）。

Q&Aによる通達解説（９－６－１⑴関係）

1 更生計画認可の決定による債権の切捨てを知った時期と申告調整

Q　当社の取引先である甲社に対する売掛債権の一部が、同社の会社更生法の更生計画認可の決定により切り捨てられることになりました。しかし、その通知を受領した日が決算日の後であったために、その切り捨てられることとなった部分の金額について確定決算において貸倒れとして損金経理することができませんでした。

　　この場合、申告調整においてその金額を所得金額から減算することは認められますか。

A　**申告調整による減算処理が認められると考えます。**

　会社更生法の規定に基づく負債整理手続により切り捨てられることとなった部分の金額は、その更生計画認可の決定により法律上消滅し、最終的に貸倒れが確定することになります（会社更生法204）。

　したがって、その金銭債権が法律上消滅した場合には、たとえその法人が貸倒れとして損金経理していない場合であっても、税法上は当然にその事実の発生した事業年度において損金の額に算入するべきものになります（法基通9－6－1⑴）。

　本件の場合、更生計画認可の決定があった日が当期であり、その決定により切り捨てられることとなった部分の金額は法律的に金銭債権が消滅していますので、損金経理を行わなかったとしても申告調整により所得金額から減算してもその処理は認められると考えます。

2 非更生債権となった債権の貸倒処理

Q　当社（3月決算）は、取引先である甲社が会社更生法の適用を受け、前期であるX1年3月10日までに当社の有する売掛債権について債権の届出をするように通知を受けていたにもかかわらず、事務の不手際により、これを失念してしまいました。

　　その後、甲社の更生計画認可の決定がX1年10月15日にあり、結局、当社の売掛債権は消滅することになってしまいました。

このような場合には、当社の売掛債権は今期X 2年3月期に貸倒処理をすることができるのでしょうか。

A 　**更生計画認可の決定のあった日の属する事業年度に貸倒処理が認められると考えます。**

会社更生法において、更生会社に対して有する債権は、更生手続の開始決定のあった日後に裁判所の指定する届出期間内に所定の内容等と証拠書類等を提出しなければ、更生債権として更生手続に参加することができないことになっています（会社更生法135、138）。

そして、更生計画認可の決定があったときは、更生計画の定め又は会社更生法の規定によって認められた権利を除き、全ての債権は消滅することになっています（会社更生法204）。

したがって、本件の場合、更生計画認可の決定があった日に貸倒れとして処理することになりますので（法基通14-3-7）、X 2年3月期で貸倒処理することになります。

3 **更生計画認可の決定前における債権放棄**

Q 　会社更生法の更生手続の開始決定を受けた当社の取引先である甲社は、同法47条5項（更生債権等の弁済の禁止）の規定に基づき、更生計画許可の決定前に裁判所の許可を得た上で、次の(1)、(2)又は(3)により200万円以下の少額債権について弁済することとしました。

　(1)　債権総額が50万円以下のものについては全額を弁済する。

　(2)　債権総額が50万円超200万円以下のものについては、50万円を超える部分の金額を債権放棄することを条件に50万円を弁済する。

　(3)　これにより弁済を受けない場合にはその債権は更生債権として更生計画に組み入れるものとするので、債権者はあらかじめ

定められた日までにいずれによるか決定して意思表示する。

当社は、現在、甲社に対して売掛金150万円を有していますが、上記(2)を選択した場合、当社が放棄することとなる100万円の債権について貸倒損失として処理することが認められますか。

A **100万円については、貸倒損失として損金の額に算入することができると考えます。**

法人の有する金銭債権について、会社更生法の規定による更生計画の認可の決定があった場合、その切り捨てられることとなった部分の金額については、その切り捨てられることとなった日の属する事業年度において貸倒れとして損金の額に算入されることになります（法基通9－6－1(1)）。

本件の場合、更生手続開始の決定はあったものの更生計画認可の決定以前の行為であり、更生計画の認可決定により切り捨てられたものではありません。

しかしながら、この放棄は裁判所の許可を得た更生手続の一環として行われるものであり、恣意的な要素が入り込むことはなく、実質的には更生計画認可の決定による切捨てと変わるところがないといえます。

したがって、実際上放棄により債権は法的に消滅することになるので、その放棄した日、すなわち、上記(2)を選択する旨を通知した日の属する事業年度の貸倒損失として損金の額に算入されると考えます。

4 **再生計画により一定の弁済を条件に切り捨てられる債権の貸倒処理**

Q 当社の取引先である甲社は、民事再生法の規定による再生手続中でしたが、当期において、その再生債権について、次のように弁済等を行う旨の再生計画認可の決定がありました。

⑴　債権額の50％相当額は無条件で切り捨てる。

⑵　残債権の50％相当額のうち30％相当額は10年間で分割返済する。

⑶　その時点で残債権となっている20％相当額については、⑵の実行完了を条件として免除する。

　当期において、甲社より計画どおり第1回の返済がありましたが、甲社の再生計画等からすれば業績の回復、そして分割返済も可能であると判断されることから、当社としては無条件で切り捨てられた50％相当額と、返済計画どおりにいけば10年後に切り捨てられることとなる20％相当額との合計額全額を当期に貸倒処理したいと考えていますが、認められるでしょうか。

　なお、当社は、税務上、貸倒引当金適用法人に該当します。

A　当初の無条件で切り捨てられる50％相当分のみについて貸倒処理が認められると考えます。

　法人の有する金銭債権について、会社更生法の規定に基づく更生計画認可、あるいは民事再生法の規定に基づく再生計画認可の決定等により、その全部又は一部が切り捨てられた場合のように、法的に金銭債権の全部又は一部が消滅した場合には、その部分の金額は、その事実の発生した日の属する事業年度において貸倒損失として処理することが認められています（法基通9－6－1⑴）。

　本件の場合、再生計画どおり弁済が順調に行われた場合には、民事再生法の規定による再生計画の決定時において無条件で切り捨てられることとなる50％相当額部分のほか、分割弁済後の残債権20％相当額部分についても最終的には貸倒れとなる可能性が高い債権とも思われます。

　しかしながら、今回の民事再生法に基づく取決めの内容は、ある一定の条件、すなわち30％相当額を10年間で分割返済するという条件

が成就するまで「債務の消滅」という契約の効果が停止されているものであり、当期末においては20％相当額部分の債権は未だ法律的には存在していることになります。

　したがって、再生計画認可の決定時において法的に消滅することとなる50％相当額部分の債権については貸倒処理が認められますが、法的に存在することとなる20％相当額部分については、計画どおりに弁済されてその停止条件が成就する10年経過後でなければ貸倒処理は認められないことになると考えます。

　ただし、再生計画認可の決定の日を含む事業年度終了の日の翌日から5年を経過する日までに弁済されることとなっている金銭以外の金額については、法人税法施行令96条1項1号の事由に該当することから、当期において個別評価による貸倒引当金の繰入れが認められることになると考えます（法法52①、法令96①一）。

5 消滅時効が完成している債権の貸倒処理

Q　当社の取引先である甲社（資本関係はありません）に対する売掛金が長期滞留していることから、このたび督促状況等を精査したところ、既に消滅時効が完成していることが判明しました。

　当社としては決算に際して、この債権については回収できないことから貸倒損失として処理したいと考えていますが、税務上も認められるでしょうか。

　なお、債務者は現在も事業を行っています。

A　**相手方が債務の承認をしない（時効の援用を主張する）場合には、貸倒処理が認められると考えます。**

　時効による債権消滅の効果は時効期間の経過とともに確定的に生ずるものではなく、時効によって利益を受ける者、すなわち債務者が時効の完成を主張（時効の援用）した場合に、はじめて時効の効果が発

生すると解されています。

（参考）「時効は、当事者（消滅時効にあっては、保証人、物上保証人、
　　　　第三取得者その他権利の消滅について正当な利益を有する者を
　　　　含む。）が援用しなければ、裁判者がこれによって裁判をするこ
　　　　とができない。」（民法145）

　つまり、時効が完成した場合であっても債務者が時効を援用しない
場合もあり得ることから、時効の完成のみをもって債権が法的に消滅
することにはなりません。

　したがって、本件の場合、消滅時効が完成している場合においても、
売掛金残高を債務者が弁済すれば有効な弁済となり得るのですから、
今後、売掛金残高について債務者から時効の援用があった場合（すな
わち、債務者が債務の承認をしない場合）には、貸倒れの処理が認め
られることになると考えます。

　しかし、債務者は現在も事業を行っているとのことですから、単に
時効期間が経過したというだけでは、現在の状況では客観的にみてそ
の全額が回収不能であるとは認められず、当期における貸倒処理は認
められないと考えます。

6 貸主が再生手続開始の申立てをした場合の保証金の返還請求権の貸倒処理

Q　当社は、貸ビルの一室を賃借し事業を営んでいますが、賃借に際
して貸主に対し保証金として500万円を差し入れており、資産とし
て計上しています。このたび、このビルの貸主が経営不振から民事
再生法の規定による再生手続開始の申立てをした旨の通知を受けま
した。この場合、まだ退去していないので保証金の返還請求権は現
実には生じていませんが、回収の可能性は極めて低いと思われるこ
とから、保証金について、貸倒損失の計上は認められるでしょうか。

A　保証金の返還請求権を発生させておらず、貸倒損失の計上は認められないと考えます。

　一般に、土地や建物を賃借する際に、保証金や敷金等を差し入れることが行われています。これらの保証金や敷金等は、土地や建物を賃借して使用する場合の家賃の支払いあるいは退去時の現状回復義務の履行等を担保するために支払われるものであり、これらは営業保証金と同様に、一種の寄託債権であると考えられます。したがって、この場合の保証金や敷金等は金銭債権となる売掛金、貸付金その他これに準ずる債権には該当しないものとされています。

　なお、借地権、借家権等の取得に関連して提供した協力金等についても、それが無利息又は低利率の利息しかつけられていない場合には、その実質において敷金等と変わりがないことから、同様に金銭債権には該当しないものとされています。

　本件の場合、貸主の民事再生法の規定による再生手続開始の申立てにより、保証金については回収不能のリスクは高いと思われますが、現在も入居していることから、保証金の返還請求権は現実には発生していません。したがって、保証金について貸倒処理をするためには借家契約を解除して、退去し、金銭債権としての保証金の返還請求権を発生させる必要があると考えます。

　なお、保証金については、このまま借家を継続すれば支払家賃と相殺できると思われます。

Q&Aによる通達解説（9－6－1(2)関係）

分割弁済額に応じて切り捨てられる債権の貸倒処理

Q　当社は、取引先である甲社に多額の売掛債権を有していますが、このたび、甲社は会社法の規定に基づく特別清算の適用を受けることになりました。その特別清算の協定の認可の決定により、各債権

者の債権のうち20％相当額は５年間で分割返済することになりましたが、残債権である80％相当額についてはその分割弁済額に応じて、その弁済額の４倍相当額の切捨てを確定させることになっています。

　この場合、切り捨てられることとなる債権の80％部分については、特別清算の協定の認可の決定があったときに貸倒処理することは認められますか。

A　切り捨てられる債権の80％部分については、特別清算の協定の認可の決定があった時には債権の切捨てが確定していないことから、貸倒損失は認められないと考えます。

　法人の有する金銭債権の全部又は一部について、会社法の規定による特別清算に係る協定の認可の決定により切り捨てられることとなった場合には、その切り捨てられることとなった部分の金額については、その事実の発生した日の属する事業年度において貸倒損失として損金の額に算入されることになります（法基通９－６－１⑵）。

　本件の場合、協定の認可の決定により切り捨てられることとなる80％相当額部分は、20％相当額部分の弁済の都度、その切捨額が確定することとされていることから、特別清算の協定の認可の決定時においては法的には存在すると言わざるを得ませんので、貸倒処理は認められないと考えます。

　したがって、各年度において弁済された金額に対応して債務免除することとなる債権額を貸倒損失として損金の額に算入することになると考えます。

②　私的整理による債権の切捨て（法基通９－６－１⑶）

　法令の規定による整理手続によらないで、関係者の協議決定等、いわゆる私的整理により切捨てが行われた場合の取扱いであり、合理的な基準に基づき、切り捨てられることとなった部分の金額は、関係者の協議決定等のあった日の属する事業年度において貸倒れとして損金の額に算入されます。

（金銭債権の全部又は一部の切捨てをした場合の貸倒れ）

９－６－１・・・省略

　（３）　法令の規定による整理手続によらない関係者の協議決定で次に掲げるものにより切り捨てられることとなった部分の金額

　　　イ　債権者集会の協議決定で合理的な基準により債務者の負債整理を定めているもの

　　　ロ　行政機関又は金融機関その他の第三者のあっせんによる当事者の協議により締結された契約でその内容がイに準ずるもの

　　　・・・省略

ポイント

1　合理的な基準（原則）

　税務上、「合理的な基準」による負債整理という条件が付いていますが、この場合の「合理的な基準」とは、抵当権者等別除権者や協議不参加債権者等を除く、債権者の全てが有する債権について、公正、平等と認められる基準をいいます。

　したがって、例えば、あっせんが債務者と利害が共通する立場にある者、あるいはその内容が債権者の立場を無視した一方的なもの等である場合には、その協議決定は妥当性を欠くものであり、債権の切捨額等については、寄附金課税の問題が生ずるものと考えます。

　しかし、一般的に、その協議決定が行政機関又は金融機関、あるいは弁護士、商社や主要取引先等のあっせんによる場合には、恣意性がなく合理

的な基準に基づくものとして取り扱われています。

2　合理的な基準（例外）

　合理的な基準は、全債権者平等条件が原則ですが、必ずしも同一条件でなくてもよく、その債権の発生原因、債権額の多寡、債権者と債務者との関係等によって総合的に協議され、利害が相反する第三者間で決定されたものであれば、合理的基準に該当するものとして認められる余地があると考えられています（法基通9－4－2（注）参照）。

　ただし、この場合においてもその内容が著しく不合理であると認められる場合には合理的な基準には該当しないと考えます。

【参考】

　「合理的な理由がある限り、傾斜配分することも認められると判断した事例」（国税不服審判所平3.7.18裁決）

3　「個人債務者の私的整理に関するガイドライン」及び「自然災害による被災者の債務整理に関するガイドライン」に基づく債権放棄は貸倒損失

　「個人債務者の私的整理に関するガイドライン」（平23.7.15公表、平23.8.22運用開始）に基づき作成、成立した弁済計画により債権放棄が行われた場合、「自然災害による被災者の債務整理に関するガイドライン」（平28.1.5公表、平28.4.1運用開始）に基づいて作成、確定した調停条項により債権放棄が行われた場合、及び「中小企業の事業再生等に関するガイドライン（廃業型私的整理手続）」（令4.3.4公表、令4.4.15適用開始）に基づき策定された弁済計画により債権放棄が行われた場合において、対象債権者において債権放棄により生じた損失は、いずれの場合も法人税基本通達9－6－1(3)ロの適用が認められ、債権放棄した日の属する事業年度において貸倒れとして損金の額に算入されることとされています（平23.8.16、平28.1.15、及び令4.4.1国税庁文書回答）。

（注）「特定認証紛争解決手続（ADR）」や「地域経済活性化支援機構（REVIC）

等による再生計画等に基づく債権放棄等は、合理的な再建計画に基づく債権放棄等であり、貸倒損失ではなく寄附金に該当しない損失として法人税基本通達９－４－２による取扱いとされていることに注意する必要があります。

Q&Aによる通達解説（９－６－１⑶関係）

1 私的な負債整理における合理的な基準

Q 当社の取引先である甲社は、ここ数年間の業績の急激な悪化により多額の負債を抱え、これ以上、経営を継続していくことが困難な状況となりました。

　当社をはじめ金融機関の主導により債権者集会を開き、

①　50万円以下の債権者についてはその金額を弁済する

②　（役員を派遣している）当社については80％を切り捨てる

③　（大口債権者である）金融機関については50％を切り捨てる

④　その他の債権者については30％を切り捨てる

という負債整理案を協議決定しました。

　当事者間で相当の協議を経た結果、協議決定の内容はその債権の弁済及び切捨割合に差が生ずることとなってしまいましたが、この決定であっても合理的な基準によるものとして、その切り捨てられる金額は貸倒処理することが認められますか。

A　合理的なものとして認められると考えます。

　法人税の有する金銭債権について、法令の規定によらない私的な負債整理における債権の切捨てが税務上認められる場合とは、その負債整理における協議内容が「合理的な基準」に基づき行われる場合に限ることとされています（法基通９－６－１⑶イ）。

　この場合の「合理的な基準」とは、一般的には全ての債権者についておおむね同一の条件で切捨額が定められるようなことをいいます。

しかし、利害関係が相対立する第三者間においてその債権の発生原因、債権額の多寡、債権者と債務者の関係などについて総合的に協議され、その協議によって切捨額等が決定されているような場合には、本件の場合のように、たとえその切捨額に差が生じたとしても、その決定内容は恣意的なものではなく、合理的な基準によるものであると考えられます。

2 **資産の処分価額によっては債権放棄額の見直しが予定される場合の貸倒処理**

Q　当社の取引先である甲社は、会社整理の状態となっており、その債権者集会における整理計画において債権放棄の時期及び放棄金額を決定しています。

　甲社は現時点において表面上債務超過とはなっていませんが、保有資産に相当の含み損があり、実質上債務超過の状態となっています。整理計画においてはその資産処分により発生する損失相当額を債権放棄することを内容としていることから、その資産の処分価額によっては債権放棄をする金額の見直しがされる予定です。

　このような場合でも、その整理計画に定められた日に定められた金額を放棄しているときは、その放棄した日の属する事業年度において、その放棄した金額を貸倒損失に計上することができるのでしょうか。

A　**債権者集会の協議決定で合理的な基準により債務者の負債整理が定められている場合には、その放棄の日の属する事業年度において、貸倒損失の計上が認められると考えます。**

　法人の有する金銭債権について、法令の規定による整理手続によらない関係者の協議決定で、①債権者集会の協議決定で合理的な基準により債務者の負債整理を定めているもの、②行政機関又は金融機関そ

の他の第三者のあっせんによる当事者間の協議により締結された契約
でその内容が①に準ずるもの、により切り捨てられることとなった部
分の金額は、その事実の発生した日の属する事業年度において貸倒れ
として損金の額に算入することになります（法基通9－6－1⑶）。

　本件の場合、次の理由から貸倒損失の計上が認められると考えます。

⑴　債権者集会における協議決定に基づく会社整理計画における債権
　放棄の時期及び金額については、一般的に個々の債権者の恣意性が
　介入することは考えられないことから、整理計画に沿った処理は税
　務上も合理性があると認められること。

⑵　債権放棄に見合う損失は、整理計画作成時において確定している
　ものではなく、計画の進行状況により見直しを行うことが予定され
　ていることから、確定した損失を分割計上する、いわゆる分割償却
　とは異なること。

⑶　整理計画により債権放棄する時期及び金額が定められており、そ
　れに従って債権放棄が行われるのであれば、これにより法的に債権
　は消滅するので、実際に放棄をした日の属する事業年度において、
　その放棄した金額を貸倒損失として損金の額に計上することとなる
　こと。

3 債務者の資産整理の一環として取得した不動産の取得価額と貸倒損失

Q　このたび、当社の得意先である甲社の債権者集会において、甲社
所有の不動産を売却してその代金を各債権者への配当に充て、残額
については債権放棄することになりました。

　不動産についてはその利用価値があったことから当社が取得する
ことになりましたが、配当後の残債権の額については貸倒処理した
いと考えています。この場合、その貸倒処理した金額は不動産の取
得価額に算入する必要はありますか。

A　甲社より買い受けた不動産の買受価額が適正であれば、その支払対価及び取得に係る付随費用が不動産の取得価額となります。

　　したがって、債権放棄することとなった金額については、その不動産の取得価額に算入する必要はなく、貸倒損失として処理することは認められると考えます。

　法人の有する金銭債権について、法令の規定による整理手続によらない債権者集会の協議決定で、合理的な基準により債務者の負債整理を定めているものについては、切り捨てられることとなった部分の金額が貸倒れとして損金の額に算入することになります（法基通9－6－1⑶イ）。

　本件の場合、不動産の売却は、債権者集会の協議決定に基づき甲社の配当原資の確保のため行われたものであり、その処分価額が適正である限りにおいては、債権者である貴社が買受者となったことをもって自社の債権回収と関連づけることは相当でないと考えます。

　したがって、買受価額が適正であればその購入の代価（取得のために直接要した費用があれば含みます）が不動産の取得価額となり、債権者集会において決定された債権放棄額については、それが合理的な基準によるものと認められる限り、貸倒損失として処理することが認められると考えます。

4 弁護士のあっせんによる債権の切捨て

Q　当社の取引先である甲社は多額の負債を抱えていることから、負債整理について各債権者と協議を行っていますが、各債権者の個々の主張が強く、協議は難航しています。

　　そこで、中立的な立場としての弁護士に当事者間の協議による債権の切捨て等に係る契約の締結のあっせんを依頼することとしましたが、このような場合においても法人税基本通達9－6－1⑶ロの

取扱いを適用して、そのあっせんによる切捨額について貸倒れとして処理することが認められますか。

A　貸倒れとして処理することが認められると考えます。

　法人の有する金銭債権について、法令の規定によらない私的な負債整理において債権の切捨てが行われる場合には、それが債権者集会の協議決定や行政機関又は金融機関等のあっせんによるものである場合、その切り捨てられることとなった部分の金額については貸倒処理が認められます（法基通9－6－1⑶）。

　この取扱いは、あくまでもその負債整理の内容が合理的である場合に限り認められるものであり、例えばそのあっせんが当事者と利害関係を共有する立場にある者であったり、あるいはその内容が当事者の立場を無視した一方的なものである場合には、その内容の真実性又は合理性を確認することは困難な場合が多いと思われます。

　しかし、一般的にこのような場合には、中立的な判断が求められる弁護士が公正な第三者としての立場からあっせんしたものは、恣意的なものではなく、その内容が合理的な基準により決定されていると認められますので、この取扱いの適用が認められると考えます。

③　債務超過の相当期間継続による債権放棄（法基通9－6－1(4)）

　債務者の債務超過の状態が相当期間継続していることから、その金銭債権の弁済を受けることができないと認められる場合において、その債務者に対し、書面により債務免除を明らかにした場合においても、その債務免除額は、貸倒損失として、その債務免除の意思を表示した日の属する事業年度の損金の額に算入されます。

(注) 民法519条の規定により、「債権者が債務者に対して債務を免除する意思を表示したるときはその債権は消滅する」とされていることから、その時点で法律上も、税務上も、当事者間に債権・債務は存在しないことになります。

　したがって、この場合、当然に債務者は債権者の処理にかかわらず、「債務免除益」を認識する必要があります。

（金銭債権の全部又は一部の切捨てをした場合の貸倒れ）
9－6－1・・・省略
　（4）　債務者の債務超過の状態が相当期間継続し、その金銭債権の弁済を受けることができないと認められる場合において、その債務者に対し書面により明らかにされた債務免除額

ポイント

1　「弁済を受けることができないと認められる場合」の判断基準

　この取扱いは、「金銭債権の弁済を受けることができないと認められる場合」、つまり、債務者の支払能力の有無に基づいて貸倒処理の適否について判断するものであり、債務超過の状態の相当期間の継続の事実とともに、債務者の資産及び信用の状況・事業の状況、及び債権者による回収努力等を総合的に考慮し、判断することになります。

　したがって、債務超過の状態の「相当期間」の徒過により、形式的に認められるものではないことに留意する必要があると考えます。

【参考】回収不能であることが客観的に明らかである場合をいう（宇都宮
　　　地判平15.5.29）

　「弁済を受けることができないと認められる場合」とは、債務者において、
破産、民事再生……手続を受け、あるいは、事業閉鎖、死亡……等により
……事業の再興が望めない場合はもとより、債務者にそのような事由がな
くとも、債務者の債務超過の状態が相当期間継続し、資産及び信用の状況、事
業状況、債権者による回収努力等の諸事情に照らして当該債権が回収不能
であることが客観的に明らかである場合をいうと解するのが相当である。」

2　債務超過状態の相当期間とは、形式的、固定的な期間ではない

　「相当期間」については、取扱通達上明言されていませんが、債務者が
一時的に債務超過の状態にあるだけではこの取扱いの要件を満たさず、「相
当期間」の継続が必要をされており、一般的に債務超過の期間が３年ない
し５年間継続していることが基本とされています。

　しかし、債務者が通常の経済環境の下で債務超過に陥る場合もあれば、
予期しない大規模災害による場合、あるいは新型コロナウイルス感染症の
拡大による景気の低迷による場合等により債務超過に陥るなど、その経緯
はさまざまです。

　したがって、貸倒処理の適否は期間の経過とともに、形式的、固定的に
判断されるものではなく、この場合の「相当期間」とは回収のための努力
期間、言い換えれば回収不能かどうかについて個別事情を考慮し、総合的
に判断するために必要な期間と考えます。

【参考】国税庁質疑応答事例（貸倒損失）「第三者に対して債務免除を行っ
　　　た場合の貸倒れ」

　「『相当期間』とは、債権者が債務者の経営状態をみて回収可能かどうか
を判断するために必要な期間をいいますから、形式的に何年ということで
はなく、個別の事情に応じその期間は異なることになります。」

・「特定時点での数値が債務超過の状態を示していることのみをもって、貸倒れは認められないと判断した事例」（横浜地判平5.4.28）

3　債務超過の状態の判断は、時価ベースで行う

　一般に、債務者が債務超過の状態の場合には、その支払能力等に支障をきたしているものと考えられます。

　この場合、債務超過とはその債務者の貸借対照表の「純資産の部」がマイナスの状態を指しますが、債務者の支払能力等を適正、的確に判断するためには、その評価はその有する資産及び負債の全てについて、含み損益を顕在化させた時価ベースにより判定することとされています（国税庁質疑応答事例「法人税基本通達9－6－1(4)に該当する貸倒損失（特定調停）」）。

　なお、この場合は通常は「清算価値評価」で行うべきであると考えます。

4　書面による債務免除の意思表示は、必要である

　債権者が債務者に対して債務を免除する意思を表示したときは、その債権は消滅します（民法519）。

　したがって、債権放棄（債務者側からは「債務免除」）は、債権者側の一方的な行為とされており、必ずしも当事者間の協議により締結された契約による必要はないとされています。

　しかし、債権債務の消滅の有無について、客観的に認識することには困難があるので、債務者に対し書面により明らかにすることが求められています。

　この場合、公証力のある書面によることは要しないと考えますが、書面の交付の事実を明らかにするために、一般的には内容証明郵便等が利用されています。

（注）債務免除の効力は、相手方に書面が到達することを要件としていると考えられることから、特に期末近くに発送する場合には時間的余裕をもって行う必要があります。

5　実質的に贈与したと認められる部分は、「寄附金の額」となる

　債務者の資産状況等からみて債務者に返済能力があるにもかかわらず、これを免除した場合には、経済的利益を供与したものとして、その免除額は寄附金の額として取り扱われることになります（法法37⑦、⑧）。

　ただし、子会社等の整理・再建のための債務免除等として、法人税基本通達9－4－1及び9－4－2の適用がある場合には、寄附金の額として取り扱われることはないものと考えます。

　また、債務者側においては、債権者側における貸倒損失又は寄附金の額とする等その処理にかかわらず、その債務免除額に相当する金額については債務免除益又は受贈益として益金の額に算入されることとなります（法法22②）。

　なお、その場合には、グループ法人税制の適用の有無について、留意する必要があります。

（注）第三者に対して債務免除を行う場合であっても、債務者が第三者であることをもって無条件に貸倒損失の計上を認めるものではなく、金銭債権の弁済を受けることができるにもかかわらず債務免除を行い、債務者に対して実質的な利益供与を図ったと認められるような場合には、その免除額は税務上、貸倒損失に当たらないことになります（前掲2【参考】国税庁質疑応答事例（貸倒損失））。

6　債権の一部の債務免除でも認められる場合がある

　債務者における債務超過の状況の如何によっては、債務の一部の免除をした場合であっても、その免除額が貸倒れとして損金の額に算入される場合もあり得るとされています（「逐条解説」1070頁）。

　この場合、債権者の判断により、免除される部分については、経済的に無価値となっていることを明らかにする必要があると考えます。つまり、本通達の本文にある「債務者の債務超過の状態が相当期間継続」していること、さらに、債務者の事業状況、資産及び信用の状況、のみならず債権者による回収努力等の諸事情を基にその弁済を受けることができない部分が客観的に明らかな場合に限り、書面による一部の債務免除は認められる

ものと考えます。

7　回収可能性のある金額が少額に過ぎない場合の書面による債務免除

　担保物の処分によって回収可能な金額がないとはいえない場合には、原則として、その担保物を処分した後でなければ貸倒処理はすることができないとされています（法基通9－6－2）。

　しかし、担保物の処分による回収可能性がないとはいえないケースであっても、回収可能性のある金額が少額に過ぎず、その担保物の処分に多額の費用が掛かることが見込まれ、既に債務者の債務超過の状態が相当期間継続している場合に、債務者に対して書面により債務免除を行ったときには、この取扱いの適用によりその債務免除を行った事業年度において貸倒れとして損金の額に算入することができるとされています（国税庁質疑応答事例（貸倒損失）「2　担保物がある場合の貸倒れ」）。

Q&Aによる通達解説（9－6－1⑷関係）

1 債務者の債務超過の状態の「相当期間」

Q　当社は、得意先である甲社に対して貸付金を有しています。甲社は5年前から経営不振による債務超過の状態が継続しており、今後この貸付金については、甲社の業績及びその資産状況等からみて全くその回収が見込まれない状況にあります。

　法人税基本通達9－6－1⑷では「債務者の債務超過の状況が相当期間継続」している場合を貸倒損失を計上できる条件としていますが、この場合の「相当期間」とは5年くらいでも該当するのでしょうか。

A　「相当期間」とは、一般的に債務超過の期間が３年ないし５年間継続していることが基本とされていますが、貸倒処理の適否は期間の経過とともに形式的に判断されるものではなく、回収不能かどうかについて個別事業を勘案し、総合的に判断することになると考えます。

　法人の有する金銭債権について、その債務者の債務超過の状態が相当期間継続し、その金銭債権の弁済を受けることができないと認められる場合において、その債務者に対し書面をもって債務免除を行ったときに、その債務免除額を貸倒れとして損金の額に算入することが認められています（法基通９－６－１(4)）。

　つまり、債務者が一時的に債務超過の状態にあるだけでは要件を満たさず、「相当期間の継続」が必要となります。

　この場合、「債務者の債務超過の状態が相当期間継続していること」とは、一般的に、債務超過の期間が通常、３年ないし５年間継続していることをいいますが、単に債務超過の状態の一定の期間の経過をもって形式的に貸倒処理を認めるというものではありません。

　相当の期間とはあくまでも債権の回収可能性を判断する合理的な期間、すなわち回収努力の期間とこれ以上の回収が困難であると判断することを含めた期間と考えるべきです。

　したがって、以上のことから法人税基本通達９－６－１(4)の取扱いにおいては、金銭債権の弁済が受けられず回収不能かどうかが重要な点であり、債権の発生の時期、支払期日、債権の回収のための努力、回収できないことが決定された経緯などについて個別に、かつ、客観的に判断すべきであると考えられます。

　例えば、災害、取引先の倒産その他経済事情の激変等特別な事情により金銭債権の回収不能が明らかになったような場合には、たとえ債務超過の状態が３年以下の短期間であっても、それを理由に債権放棄

により貸倒損失の計上は認められることになります。

2 債務超過の判断基準は時価ベース

Q　当社の取引先である甲社は2年ほど前から経営状況が思わしくなく、財務状態が悪化しており、多額の売掛金の回収ができない状態になっています。甲社の財務状態を調査したところ、現在、表面的には債務超過の状態になっていますが、保有する土地について多額の含み益を抱えていることが判明しました。貸倒損失計上の条件として、債務超過の状態であることを掲げていますが、債務超過の状態が否かの判断をする場合、簿価ベースで判断するべきか、時価ベースで判断するべきでしょうか。

A　原則として、債務超過であるか否かはその債務者が有する全ての資産及び負債について時価ベースで判断すべきであると考えます。

　法人税基本通達9－6－1⑷では、「債務者の債務超過の状態が相当期間継続し、その金銭債権の弁済を受けることができないと認められる場合」とされています。この場合の債務超過とは、その債務者の貸借対照表の「資産の部」の金額が「負債の部」の金額を下回り「純資産の部」の金額がマイナスとなっている状態をいいます。

　一般に、債務者が債務超過の状態の場合には、その支払能力等に支障をきたしていると考えられますが、例えば、債務者の処分可能資産については、帳簿価額と時価評価額の間に開きがあることがあり、その含み損益を認識することにより、表面上は債務超過のように見えるものが、実際は債務超過の状態になく、支払能力等も十分に有する場合もあり得ますし、またその逆もあり得ます。

　したがって、債務者の有する全ての資産及び負債については、時価評価したところで債務超過の状態か否かを判断することになると考えます。

3 十分な検討をしないまま行った債務免除の通知

Q 当社は、取引先である甲社に対する100万円の売掛金について、過去再三にわたり督促をしていますが、何ら返済がなく現在に至っています。このたび、甲社の経営状況が悪化し倒産の危険性があるとの噂を聞いたことから、いままでの督促状況等から返済を受けることは難しいと判断したため、甲社に対し債務免除の通知を発送し、貸倒処理をしたいと考えていますが、この処理は認められますか。

A **甲社の十分な財務内容等の検討なしに行う貸倒処理には問題があると考えます。**

本件のように、債務者である甲社の資産状況、返済能力等を具体的に確認することなしに貸倒処理を行う場合には、どのような情報等を基に貸倒処理をしたのかについて検討する必要があります。

法人税基本通達９－６－１(4)において、債務者の状況等について「債務者の債務超過の状況が相当期間継続し、その金銭債権の弁済を受けることができないと認められる場合」に該当する場合には、債務免除額を書面により通知することにより貸倒処理を認めています。

しかし、この取扱いは、その債務者が第三者であることをもって無条件に貸倒損失として処理することを認めているものではなく、あくまでも債務者の財務内容、経営状況等について十分な検討を行うことを前提としています。

債務者の状況がこの要件に該当すると認められた場合には、債務免除を書面により明らかにした日を含む事業年度の損金とし、該当しないと認められた場合には、債務免除を書面により明らかにした日を含む事業年度においてその債務者に対して経済的利益を供与したものとして、法人税法37条８項の規定により、寄附金として処理することになると考えます。

したがって、甲社の資産状況、返済能力等について十分確認してか

ら貸倒処理をすべきと考えます。

4 債務免除の通知時期と損金経理の時期

Q 　当社は、取引先である甲社（資本等特殊関係はありません）に対して2,000万円の貸付金を有していますが、５年ほど前から返済が滞るようになり、３年前には債務超過の状態となりました。このたび、甲社の資産状況等からみて今後の貸付金の回収が全く見込まれないと判断されたことから、Ｘ１年１月31日付で債務を免除する旨の通知（内容証明郵便）を送付しました。

　ところが、Ｘ１年３月期にこの債務免除額2,000万円を損金として処理することを関連部署との連絡不備により失念していることが翌期（Ｘ２年３月）に判明しました。そのため、同金額をＸ２年３月期の損金として処理したいと思いますが、その処理は認められますか。

A 　貸倒損失の計上時期は、貸倒れの事実が発生した日の属する事業年度（Ｘ１年３月期）とされており、Ｘ２年３月期で貸倒処理することは認められないと考えます。

　法人の有する金銭債権について債務免除の通知をした場合にその免除額の損金処理が税務上認められるのは、債務者の債務超過の状態が相当期間継続し、その金銭債権の弁済を受けることができない場合とされています（法基通９−６−１(4)）。

　この場合、その債務者に対し書面により債務免除の通知をすることから、その切り捨てられることとなる部分の金額は法的に債権が消滅するため、その事実（債務免除の通知）の発生した日の属する事業年度において貸倒れとして損金の額に算入することとされています（同基通）。

　したがって、本件の場合、甲社は債務超過の状態が相当期間継続し、

その弁済を受けることができないということから、その免除額について
は免除する旨を書面で通知した日の属する事業年度（X 1 年 3 月期）
において損金の額に算入することとなりますので、X 2 年 3 月期での
損金処理は認められないと考えます。

　なお、このように債務の免除により法律上その債権の請求権が消滅
した場合には、たとえ法人が損金経理をしていないときであっても、
貸倒処理が相当であると認められる場合には当然に損金の額に算入さ
れることから、国税通則法23条 1 項（更正の請求）の規定により、X
1 年 3 月期の確定申告に対する更正の請求を行うことができると考え
ます。

5 債権放棄の通知方法

Q　当社の取引先である甲社は、長引く業績不振により債務超過の状
態が相当期間続いています。甲社の資産状況等からみて、当社の貸
付金1,000万円については到底弁済を受けることは不可能であると
判断されました。

　そこで、当社の財務内容の健全化を図る必要もあり、この際、甲
社に対し債務免除をしたいと考えています。この場合、債務免除の
通知は必ず内容証明郵便で行わなければならないのでしょうか。

A　**立証力の問題であり、必ずしも内容証明郵便による必要はない
と考えます。**

　法人の有する金銭債権について、債務者の債務超過の状態が相当期
間継続し、その金銭債権の弁済を受けることができないと認められる
ことから、その債務者に対し書面により債務を免除した場合には、そ
の金銭債権の額のうち切り捨てられることとなった部分の金額につい
て貸倒れとして損金の額に算入されることとされています（法基通 9
－ 6 － 1 (4)）。

　この債務免除を行うについては、上記のとおり書面により明らかにすることが必要となっています。

　これは、債権の放棄は、債権者の一方的な行為とされることから、債権債務の消滅があったかどうか客観的に認識することには困難がありますので、債務者に対し書面により明らかにすることが求められているものです。

　この場合の書面とは、必ずしも当事者間の協議により締結された契約による必要はなく、債権者である法人が債務者に対して免除される債務の内容について明示していることが立証できるものであれば足りると考えられます。

　したがって、「内容証明郵便」、「公正証書」、「債権放棄等通知書」等のように公証力のある書面によることは要しないと考えますが、後日のトラブルを考慮し、一般的には内容証明郵便等が用いられています。

　なお、この債務免除の通知により債権は法的に消滅することになりますので、複数回債権放棄の手続を採る必要はありません。

6 債務者との協議による債権放棄

Q　得意先である甲社は急激な業績悪化により、当社への代金決済が滞り始めたことから、いったん取引を停止し、未回収部分300万円について入金を督促してきました。

　現在の甲社の営業状態では、その回収に長時間を要することが予想され、しかもその間ある程度の取引を継続せざるを得ない状況にあります。

　そこで、当社としては、当社の財務内容の健全化のためにも、甲社向けの債権を早急に処理するために、甲社と協議し、次の内容で合意しました。

⑴　甲社の資産中、有価証券（時価120万円）について代物弁済に

充てること

⑵　80万円を現金決済すること

⑶　残額100万円については⑴⑵の実行を条件に債務免除すること

　　このような場合、債務免除した100万円は貸倒損失として認められますか。

A　**甲社の債務超過の状況が相当期間継続し、その弁済をすることができない状況にないならば、一般的には寄附金に該当するものと考えます。**

　原則として、法人の有する金銭債権について、その債務者の債務超過の状態が相当期間継続し、その金銭債権の弁済を受けることができないと認められる場合において、その債務者に対し書面をもって債務免除を行ったときには、その債務免除額を貸倒損失として認めれることとされています（法基通9－6－1⑷）。

　しかし、債務者の資産状態等からみて債務者に返済能力があるにもかかわらずこれを免除したときは、経済的利益を供与したものとして、その免除額は寄附金の額として取り扱われることになります（法法37⑦⑧）。

　本件の場合、甲社は破産等法的手続に入った事実は伺われませんし、また、解散等の事実もなく、一応事業は継続しているものと認められます。このような場合、貸倒処理が認められる要件である債務超過の状態がどの程度の期間継続していたのか、また、具体的な返済能力の有無等について明らかではありませんので、にわかには判断することはできませんが、一般的には寄附金に該当するものと考えます。

　なお、債務免除が事業からの撤退費用等である、あるいは合理的な再建計画等に基づくものであると認められる場合には寄附金に該当しないことになります（法基通9－4－1、9－4－2）。

7 下請先との取引停止と債権放棄

Q　当社は、この度、長年の下請先である甲社（資本関係等特殊関係はありません）とその取引単価について合意が得られないことから取引を停止することにしました。

　甲社には材料を有償支給し部品の製造を委託していましたが、その時点で支給材に係る未回収の債権が200万円ありました。取引を停止するに当たり甲社と交渉した結果、そのうち100万円は当社の取引に関連していた技術上のノウハウの一切を漏らさない条件で放棄することとしました。

　甲社は、その後も事業を継続していますが、当社が放棄した100万円を貸倒処理することは認められますか。

A　**放棄した100万円については、貸倒損失として処理することは認められませんが、企業防衛のための費用として一時の損金とすることは認められると考えます。**

　原則として、債務者の債務超過の状態が相当期間継続し、その金銭債権の弁済を受けることができないため、書面により債務免除を行った場合にその債務免除額を貸倒損失として処理することは認められています（法基通9－6－1⑷）が、その債務免除額が債務者の資産状態等からみて明らかに贈与したと認められるときは寄附金の額とされます（法法37⑧）。

　本件の場合、甲社が引き続き事業を継続していることから、債務超過の状態が相当期間継続している事実、あるいは破産等法的手続に入った等の事実も認められず、一義的には贈与があったと認められ、甲社に対する寄附金として取り扱われることになると考えます。

　しかし、利害が相反する第三者の関係にある両社間において、何らの理由もなく債権を放棄することは通常考えられず、本件の場合、その経緯等から考えると、債務免除額は甲社との取引によって生じてい

た技術上のノウハウを外部に漏らさないための代償、いわば企業防衛のための相当な費用と認められますので、寄附金として取り扱われることはないと考えます。

8　債務の弁済を土地建物で受けた後の債務免除

Q　当社は、過去に横領行為により退任した元役員乙に対する債権（未収入金処理）3,850万円を有しています。弁護士を通じ乙とその弁済について交渉を重ねてきましたが、このたび当社と乙との間において和解が成立し、乙の居住していた土地建物3,000万円（時価）の弁済を受けました。

　なお、乙の資産状況、支払能力を考慮して残りの850万円については債権を放棄することとしましたが、この850万円の貸倒処理は認められますか。

（注）1　乙は既に当社を退職しており、退職時には退職給与は支給していません。

　　　2　取得した土地建物の価額は不動産鑑定業者に依頼して評価した金額です。

A　**金銭以外の資産については弁済時の時価により受け入れることになりますので、時価の算定が相当であり、他に弁済能力がないと判定された場合には、貸倒れとして処理することが認められると考えます。**

　法人の有する金銭債権の弁済として土地、建物等金銭以外の資産を取得した場合には、その取得の時においてそれらの資産の価額（時価）に相当する金額の弁済があったものとし、その金銭債権の残額について貸倒れとなったかどうかを判断することになります。

　また、債権の弁済を金銭以外のもの、例えば土地あるいは建物等の減価償却資産で受け入れた場合の資産の取得価額は、受け入れた各資

産の種類ごとに次の①と②の合計額となります（法令54①六、法基
通7－3－16の2）。

　①　その取得の時におけるその資産の取得のために通常要する価額

　②　その資産を事業の用に供するために直接要した費用の額との合
　　計額

　本件の場合、乙から代物弁済で受け入れた土地、建物については、
時価で計算されているとのことであり、その価額が妥当なものであり、
残額について、乙について支払能力がないと判定された場合には、貸
倒処理は適正なものと考えます。

④　特定調停に伴う貸倒処理

　特定調停では、支払不能に陥るおそれのある債務者（特定債務者）の経済的再生を図るため、特定債務者及びこれに対して金銭債権を有する者その他の利害関係人の間における金銭債務の内容の変更、担保関係の変更その他の金銭債務に係る利害関係の調整（特定債務等の調整）を促進することを目的としています（特定調停法1、2）。

　そして、調停委員会の調停のもとで、公正かつ妥当な経済的合理性を有する内容の合意を目途に協議が行われ、最終的に調停が成立した場合には、通常、調停条項の受諾という形で終結します。

　具体的には、次のような内容について調整、合意が行われます。

　①　債務の元本又は利息の全部又は一部の免除

　②　利息の棚上げ

　③　弁済期の変更　等

　このように、特定調停において調停委員会が明示する調停条項案には、債権放棄についてはそれを促すだけであり、法的に切り捨てる手続がないため、破産の場合と同様に債権が法的に消滅した場合の貸倒れに関する取扱いを示す法人税基本通達9－6－1のうち⑴及び⑵においては特定調停法に係る取扱いが明示されていません。

　したがって、その処理に当たっては法人税基本通達9－6－1⑶ロ、又は9－6－1⑷あるいは9－4－1又は9－4－2に該当するか否かの判断をするべきであると考えます。

❶　法人税基本通達9－6－1⑶ロ又は9－6－1⑷の適用

　特定調停の成立により、債務者に対して債権放棄（切捨て）することとなった金額が、法人税基本通達9－6－1⑶ロ又は同9－6－1⑷に該当し、貸倒損失として損金の額に算入するためには、それぞれ次に掲げる要件を満たす必要があるとされています（国税庁質疑応答事例「貸倒損失に該当する債権放棄（特定調停）」ほか）。

(i)　法人税基本通達９－６－１(3)ロの場合

　イ　債権者集会と同様に大部分の債権者が特定調停手続に参加していること

　ロ　合理的な基準によって負債整理が定められていること

　(注)「合理的な基準」とは、一般的には全ての債権者についておおむね同一の条件でその切捨額等が定められているような場合をいいますが、例えば、少額債権者について優先的に弁済されるようなことも、その特定調停の状況次第では「合理的な基準」に該当するものと考えられます。

(ii)　法人税基本通達９－６－１(4)の場合

　イ　債務超過の状態が相当期間継続していること

　ロ　このため、金銭債権の弁済を受けることができないと認められること

　ハ　債務者に対し、調停調書等書面により明らかにした債権放棄であること

　なお、金銭債権の弁済を受けることができないか否かは、債務者の実質的な財産状態を検討するする必要があることから、イの「債務超過」の状態か否かは、時価ベースにより判定することとされています。

❷　法人税基本通達９－４－１又は９－４－２の適用

　税務上、仮に貸倒れに該当しない債権放棄（回収不能が明らかでない場合の債権放棄）であったとしても、例えば、そのことに相当の理由があり、経済合理性を有する場合には、次の法人税基本通達９－４－１、９－４－２に基づきその適否について検討をするものとされています（国税庁質疑応答事例「貸倒れに該当しない債権放棄の検討」）。

　　①　法人税基本通達９－４－１（子会社等を整理する場合の損失負担等

　　②　法人税基本通達９－４－２（子会社等を再建する場合の無利息貸付け等）で、相当な理由があり経済合理性を有する場合には、寄附金に該当しないものとされています（具体的な取扱いについては、

「第4章　子会社等の整理・再建のための債権放棄等」にて解説しています）。

ポイント

●特定調停による「経済的合理性」と税務上の「経済合理性」には違いがある場合もある

　特定調停の成立により債務者に対して債権放棄が行われることがありますが、調停条項ではその内容が「特定債務者の経済的再生に資するとの観点から、公正かつ妥当で経済的合理性を有する内容のものでなければならない」とされています（特定調停法15、17②）。

　特定調停における「経済的合理性」と、税務上の取扱いにおける「経済合理性」との関係については、大部分が一致するものの、一致しない場合もあり得るとされている（国税庁質疑応答事例「特定調停の「経済的合理性」と法人税基本通達の「相当な理由」との関係」）ことから、特定調停による調停条項に基づく債権放棄であるということのみをもって、直ちに税務上、損失処理が認められるとは限らないことに留意する必要があります。

⑤　破産手続に伴う貸倒処理

　破産法は、支払不能又は債務超過にある債務者の財産等の清算に関する手続を定めること等により、債権者その他の利害関係人の利害及び債務者と債権者との間の権利関係を適切に調整し、もって債務者の財産等の適正かつ公平な清算を図るとともに、債務者について経済生活の再生の機会の確保を図ることを目的としています（破産法1）。

　そして、債務者が支払不能又は債務超過（債務者が、その債務につき、その財産をもって完済することができない状態をいいます）の状態にある場合において、債務者又は債権者の申立てにより手続が開始されます（破産法15、16）。

(注) 個人、存立中の合名会社及び合資会社は支払不能の場合に限られます（破産法15、16②）。

　債務者について破産手続が行われた場合には、その進行に応じて税務処理をしていくことになりますが、貸倒損失の計上時期に関しては明確な定めがありません。

　したがって、いつの時点で貸倒損失として処理ができるのかが問題となりますが、貸倒損失として最終処理ができるのは、原則として破産手続の廃止時点か破産手続終結の時点とされています。

　法人が有する金銭債権が貸倒れとなったか否かは、第一次的には、その金銭債権全額が滅失したか否かによって判定されますが、破産法に基づく手続には、会社更生法あるいは民事再生法等のように積極的・法的に「債権の切捨て」を行うという手続がないことから、その手続の終結決定等をもって、判断を行わざるを得ないものと考えられます。

❶　法人税基本通達9－6－1⑷又は9－6－2、9－6－3⑴の適用

　通常、破産手続による貸倒損失については、次のいずれかの時点で計上することができると考えられています。

(i)　法的に債権が消滅したとき

　破産手続の場合においても、債務免除することについて経済合理性を有するような場合には、債務者に対し書面により明らかにされた債務免除額については、法人税基本通達9－6－1⑷の適用が認められるものと考えます。

(ii)　破産手続の終結により事実上債権が回収不能となったとき

　法人の有する金銭債権について、担保物を有しない場合には、その債務者の資産状況、支払能力等からみて、その全額が回収できないことが明らかになった場合には、その明らかになった事業年度において貸倒れとして損金経理することができます（法基通9－6－2）。

　したがって、法人の破産手続において、裁判所が破産法人の財産がない場合に行う、同時廃止、異時廃止、同意廃止により破産手続を終える廃止決定（破産法216①、217①、218①）、あるいは最終配当により手続が終結する終結決定（破産法220①）がなされた場合には、分配可能な財産がないことから、原則として、法人税基本通達9－6－2の適用が認められるものと考えます（国税不服審判所平26.6.26裁決）。

(iii)　取引停止以後、1年以上経過したとき

　売掛債権について、継続的な取引を行っていた売上先（債務者）との取引を停止したとき以後1年以上経過した場合には、その売掛債権から備忘価額を控除した残額を貸倒れとして損金経理したときは、その処理が認められます。形式上の貸倒れといわれます（法基通9－6－3⑴）。

　破産手続中の場合における債権については、この適用を積極的に排除するとする取扱いもないことから、この取扱いの要件を満たす債権である場合には、貸倒処理が認められるものと考えます（再生計画実行中における債権について、形式上の貸倒れ（法基通9－6－3⑴）の適用を認めるとする意見もあります（桜井光照『債権の税務と法務』大蔵財務協会））。

（注）1　個人の破産手続の場合

　個人の破産手続については、免責許可の決定の確定がされるまでは法律上債権が消滅したことにはならない（破産法253①）ことから、その個人に対する債権については免責許可の決定の確定をもって法律上の貸倒れとして処理することになるものと考えます。

　また、免責許可の決定の確定前における取扱いについては、例えば、破産手続の同時廃止の決定等があった場合などは分配可能な財産はもちろんのこと破産手続費用の工面すら困難な状態にあると思慮されることから、事実上の貸倒れとして法人税基本通達9－6－2の適用が考えられます。

2　保証人がいる場合

　債務者に保証人がいる場合には、保証人にはその免責の効果は及ばないこととされており（破産法253②）、したがって、主債務者の破産手続が終了したとしても、保証人は引き続き保証義務を負うことになります。

❷　破産手続終結前の貸倒処理

　破産手続による貸倒れの時期については、原則として破産手続の廃止決定（破産法216①、217①、218①）又は終結決定（破産法220）が行われるまでは、その金銭債権に対する配当額の有無も不明であることから、貸倒処理は認められないこととされています。

　しかし、破産手続の終結決定前であっても、破産管財人から配当金額が零円であることの証明がある場合や、その証明が受けられない場合であっても債務者の資産の処分が終了し、今後の回収が見込まれないまま破産手続終結までに相当な期間を要するときには、破産手続終結決定前であっても配当がなく全額が回収不能であるものとして、法人税基本通達9－6－2を適用し、貸倒損失としての損金経理を要件に、貸倒処理を認めることとしています（国税不服審判所平20.6.26裁決）。

> **参　考**　破産手続終結の決定等と法人税基本通達9－6－1の適用に関する一考察
>
> 　法人税基本通達9－6－1は、「法律上の債権が消滅する代表例を示したものである」（多田雄司監修『貸倒損失処理の税務』日本実業出版社）とする見解があります。

　また、法人が有する金銭債権が貸倒れとなったか否かは、第一次的にその金銭債権全体が滅失したか否かによって判断され、その債権が滅失している場合には、法人の処理のいかんにかかわらず、税務上はその債権滅失した時点において損金の額に算入することになります。

　破産手続の場合、廃止決定（破産法216①、217①、218①）又は終結決定（破産法220①）が出された場合には、これらの手続がなされた時点で破産法人の登記も閉鎖され（破産法257⑦）消滅することになり、破産債権者が破産法人に対して有する金銭債権もその全額が滅失したと考えることができます。

　したがって、債権者がその破産者の保証人や担保物を有している場合を除き、この時点において法律上の債権が消滅したことから、その貸倒れによる損失は、「事実上の貸倒れ」に関する法人税基本通達9－6－2の適用ではなく、「法律上の貸倒れ」に関する同通達9－6－1の適用が認められるものと考えます。この取扱いが認められる場合には、同通達の取扱い同様に「損金経理」を要件としないことになります。

【参考】廃止決定又は終結決定の時点が貸倒れの時点（国税不服審判所平20.6.26裁決）
　「裁判所が破産法人の財産がないことを公証の上、出すところの廃止決定又は終結決定があり、当該法人の登記が閉鎖されることとされており、この決定がなされた時点で、当該破産法人は消滅することからすると、この時点において、当然、破産法人に分配可能な財産はないのであり、当該決定等により法人が破産法人に有する金銭債権もその全部が滅失したとするのが相当であると解され、この時点が破産債権にとって貸倒れの時点と考えられる。」

Q&Aによる通達解説（9－6－1関係）

1 特定調停による弁済期限の変更

Q 当社は、得意先である甲社に対して400万円の貸付債権を有していますが、甲社は業績の低迷により2年前から債務超過の状況に陥っています。

このたび、簡易裁判所に特定調停の申立てを行ったところ、調停条項において当社の甲社に対する貸付債権の弁済期限の延長が行われることになりました。このような場合、法人債権者である当社の法人税法上の取扱いは、どのようになるのでしょうか。

A 特定調停において、弁済期限の延長が行われた場合であっても、貸付債権の利率変更や免除が行われていませんので、原則として、法人税の所得金額の計算上、影響が生じることはないものと考えます。

調停委員会の調停のもとでは、公正かつ妥当で経済的合理性を有する内容の合意を目途に、①債務の元本又は利息の全部又は一部の免除、②利息の棚上げ、③弁済期の変更等について協議が行われ、最終的に調停が成立した場合には、通常、調停条項の受諾という形で終結します。

ところで、通常、法的手続等により債務免除等が行われた場合には、法人税基本通達9－6－1の(1)(2)に基づきその適否を判断することになりますが、同通達では特定調停法に係る取扱いが明示されていません。これは特定調停には法的に債権を切り捨てる手続がないことによるものと考えられます。

したがって、特定調停の合意により金銭債権の全部又は一部の切捨てが行われた場合の貸倒処理の適否については、同通達の(3)(4)あるいは9－4－1又は9－4－2の取扱いの適用について判断することに

なります。

　さて、本件は、今回の調停条項においては積極的な債権の切捨て（債務免除）や貸付金利の利率変更等が行われるものではなく、弁済期限の延長だけが行われるということであれば、原則として、債権者である貴社の法人税の所得金額の計算に影響を与えることはないものと考えます。

　ただし、貴社が貸倒引当金適用法人である場合には、調停条項の内容が債権者集会の協議決定で合理的な基準により債務者の負債整理を定めているもの等に該当する場合には、弁済期限の延長により、債権総額のうち特定調停が成立した日を含む事業年度終了の日の翌日から５年を経過する日までに弁済を受けることとなっている金額以外の金額については、個別評価金銭債権に係る貸倒引当金の繰入れが認められることになると考えます（法法52①、法令96①一、法規25の２二）。

2　特定調停による利息の棚上げ

Q　当社は、得意先である甲社に貸付債権を有していますが、甲社は経営不振のため２年前から債務超過の状況に陥っており、やむなく、今回、簡易裁判所に特定調停の申立てを行いました。

　特定条項において当社の甲社に対する貸付債権に対する利息の棚上げが行われた場合、法人債権者である当社の法人税法上の取扱いはどのようになるのでしょうか。

A　**特定調停によって、おおむね２年以上の利息の棚上げが行われることとなった場合には、その貸付債権の利子の額（実際に支払いを受けた金額を除きます）について益金の額に算入しないことができると考えます。**

　法人の有する貸付金等から生じる利子については、原則として、そ

の事業年度に対応する部分の未収利息は益金の額に算入しなければなりません（法基通 2 － 1 － 24）が、相当期間未収が継続するなどの一定の事実が生じた場合には同通達にかかわらず、貸付金等から生ずる利子の額を益金の額に算入しないことができます（法基通 2 － 1 － 25）。

　未収利息の計上を見合わせることができる事実の一つとして法人税基本通達 2 － 1 － 25の(4)では、債権者集会の協議決定等により貸付金の額の全部又は相当部分について相当期間（おおむね 2 年以上）棚上げされることとなった場合が挙げられており、その場合には、その事業年度に係る貸付金の利子の額（実際に支払いを受けた金額を除きます）について、益金の額に算入しないことができるものとされています。

　したがって、特定調停により利息の棚上げが行われることとなった場合においても、特定債務者の債務の全部又は相当部分についておおむね 2 年以上棚上げとなったときは、法人債権者のその事業年度の貸付金の利子の額について、益金の額に算入しないことができるものと考えます。

3 特定調停による債務免除と貸倒損失

Q　特定調停により債権放棄又は切り捨てることとなる金額が、法人税基本通達 9 － 6 － 1 《金銭債権の全部又は一部の切捨てをした場合の貸倒れ》の(3)のロに該当し、貸倒損失として損金の額に算入できる場合とはどのような場合ですか。

A　①債権者集会と同様に大部分の債権者が特定調停手続に参加し、②負債整理が合理的な基準により定められている場合などが該当するものと考えられます。

　特定調停には、法人税基本通達 9 － 6 － 1 のうち(1)及び(2)のような

法的に債権を切り捨てる手続がないことから、調停条項により債権の切捨てが行われた場合には、同通達9－6－1(3)ロ又は9－6－1(4)あるいは9－4－1、又は9－4－2の定めに基づきその適否について判断をすべきであるとされています。

　さて、法人税基本通達9－6－1(3)ロでは、法人の有する金銭債権について、法令の規定による整理手続によらない関係者の協議決定で、行政機関又は金融機関その他の第三者のあっせんによる当事者の協議により締結された契約で合理的な基準により債務者の負債整理を定めているものに準ずるものにより切り捨てられることになった部分の金額については、その事実の発生した日の属する事業年度において損金の額に算入することとされています。

　したがって、調停条項により放棄することとなる金額が債権者集会と同様に大部分の債権者が特定調停手続に参加し、合理的な基準によって負債整理が定められている場合には、貸倒損失として損金の額に算入することが認められることになると考えます。

　なお、この通達に定められている「合理的な基準」とは、一般的に、全ての債権者についておおむね同一の条件でその切捨額等が定められているような場合をいいますが、例えば、少額債権者については優先的に弁済されるようなことも、その特定調停の状況次第では「合理的な基準」に該当するものと考えられます。

　（注）上記の取扱いは、あくまでも債権者集会等の多数当事者による合意が前提とされています。
　　　しかし、仮に、この要件を満たさない場合でも、法人税基本通達9－6－1(4)では、債務者が弁済不能の状態にある場合には、その弁済不能部分につき書面により明らかにした債務免除額については貸倒処理が認められていることから、調停成立の際に作成される調停調書をもってその書面とすることもできると考えられ、その場合には、同通達9－6－1(4)の適用の適否について検討してみる必要があります。

4 特定調停による債務の調整と法人税法上の留意点

Q 当社は、取引先の倒産により業績不振となったため、このたび、「特定債務等の調整の促進のための特定調停に関する法律」の規定に基づき、簡易裁判所に特定調停の申立てを行いました。

当社のような中小法人等である特定債務者が特定調停により特定債務の調整を受けた場合、法人税法上の一般的な取扱いはどのようになるのでしょうか。

A 特定債務の調整において債権者から債務免除を受けた場合には、その金額は所得金額の計算上、益金の額に算入されます。

調整条項に基づき、法人債務者が債権者から債務免除を受けた場合には、第一次的にはその金額は所得金額の計算上、益金の額に算入されることになります（法法22②）。

特定調停では、特定債務者の経済的再生を図るため特定債務者及びこれに対して金銭債権を有する者その他の利害関係人の間における金銭債務の内容の変更、担保関係の変更その他の金銭債務に係る利害関係の調整等、特定債務等の調整を行うことを目途としています（特定調停法1、2）。

具体的には、①弁済期の変更、②将来の利率の減免又は棚上げ、③債務の元本又は利息の全部又は一部の免除等が考えられます。

これらが行われた場合、特定債務者である法人債務者に対する法人税法上の取扱いにおいて留意すべき点は概ね次のようになるものと考えます。

① 弁済期限の延長等……原則として、課税上の問題は生じない。

② 将来の利率の減免又は利息の棚上げ……利率の減免が行われた場合には、受贈益と支払利息の両建てとなり、課税上の問題は生じない。また、利息の棚上げが行われた場合には、発生する利息は損金の額に算入される。

③　返済額の減額（元本又は未収利息等の全部又は一部の免除）
……原則、債務免除益として益金の額に算入する。ただし、法人
税法59条２項（会社更生等により債務免除等があった場合の欠
損金の損金算入）の規定の適用について検討が必要である。

５　特定調停により債務免除を受けた場合の期限切れ欠損金の損金算入

Q　当社は、建設業を営んでいますが、数年前からの不況により受注
工事が激減し、このままでは今後の経営を維持することが困難な状
況となりました。そこで従業員及び下請先等のことを考え、金融機
関等債権者に再生、再建のための支援を期待して、このたび、簡易
裁判所に特定調停の申立てを行いました。

　当社のような特定債務者が、調停条項が受諾され債務免除を受け
た場合でも、いわゆる期限切れ欠損金の損金算入（法法59③）の
規定の適用は認められるのでしょうか。

A　**調停条項に基づき行われる債務者への債務免除について、法人
税基本通達９−６−１⑶又は９−４−１若しくは９−４−２の定
めの適用がある場合には、法人債務者において法人税法59条３
項の適用により、期限切れの欠損金の損金算入が認められるもの
と考えられます。**

　法人債務者が債権者から債務免除等の経済的利益の供与を受けた場
合には、その供与を受けた額は、第一次的には所得金額の計算上、益
金の額に算入されることになります（法法22②）。

　しかし、会社の再生、再建の場面において、債権者からの債務免除
等が行われた場合、その債務免除益に見合う損金や青色欠損金がない
ときには、そのまま債務免除益課税が行われることになり、新たな税
負担が生じることにより、その再生、再建計画等の実行に支障が出る

おそれもあります。

　そこで、税務上、法人税法59条（会社更生等による債務免除等があった場合の欠損金の損金算入）において、通常の青色欠損金等の繰越控除（法法57）の他に、いわゆる期限切れ欠損金の損金算入に係る規定を設けています。

　同規定においては、明確に特定調停により債務免除を受けた場合の取扱いが規定されてはいませんが、同条３項（再生手続開始の決定等があった場合）において、次のように取り扱われています。

　法人について、①再生手続開始の決定、②特別清算開始の命令、③破産手続開始の決定、④再生計画認可の決定があったことに準ずる事実が生じた場合において、法人が債権者から債務の免除を受けた場合等に該当するときは、その該当することとなった日の属する事業年度（以下「適用年度」といいます）前の各事業年度において生じた一定の欠損金額のうちその債務免除益、私財提供益及び資産の評価損益の額の合計額に達するまでの金額は、その適用年度の損金の額に算入することとされています（法法59③、法令117の３）。

　特定債務者である法人が特定調停により債権放棄を受けた場合、その特定調停による債権者の債権放棄が、法人税基本通達９−６−１《金銭債権の全部又は一部の切捨てをした場合の貸倒れ》の⑶、又は９−４−１《子会社等を整理する場合の損失負担等》、若しくは９−４−２《子会社等を再建する場合の無利息貸付け等》の定めの適用がある場合には、その決定について恣意性がなく、合理的な基準による負債整理又は合理的な整理計画若しくは再建計画に基づく債権放棄等に該当すると認められますので、原則として、法人税法59条３項の規定の適用があるものと考えます（参考：国税庁質疑応答事例「債権放棄を受けた場合の法人税法第59条第２項の規定の適用の有無の検討（特定調停）」）。

6　破産手続の開始申立てと貸倒損失の計上

Q　当社の取引先である甲社は、業績不振により数年前から債務超過の状態が続いています。今回、甲社が破産の申立てをしたことが判明しましたので、甲社に対する売掛債権につき法人税基本通達9－6－1の定めに基づき貸倒損失を計上することを検討しています。

この通達の定めには、会社更生法の規定による更生債権及び民事再生法の規定による再生債権については、貸倒損失として計上できる事実として記載されていますが、破産法の規定による破産債権については何ら記載がありません。

破産債権については、どのような場合に法人税基本通達9－6－1の定めを適用できますか。

A　**破産法の規定による破産債権については、破産手続開始の申立てをしたことのみでは、法人税基本通達9－6－1等の取扱いは適用できないと考えます。**

法人の有する金銭債権について、会社更生法の規定による更生計画認可の決定があった場合又は民事再生法の規定による再生計画認可の決定があった場合には、これらの決定により切り捨てられることとなった部分の金額について、その切り捨てられることとなった日の属する事業年度において貸倒れとして損金の額に算入されることになります（法基通9－6－1⑴）。

破産法においては、債権の額が法律的に切り捨てられるという手続がないことから債権が法的に消滅することはありません。したがって、税務上は、原則として、最終的に回収不能という状態、つまり、破産手続の同時廃止等の廃止決定、あるいは破産手続終結決定の時で法人税基本通達9－6－1ではなく9－6－2の定めを適用して貸倒れとして処理することになると考えます。

しかし、破産手続開始の申立ての段階では、債務者の資産状況、支

払能力等が不明確であり配当の可能性が判断できないことから、貸倒損失の計上は認められないものと考えますが、債務者の資産状況等について、十分な検討を行い配当が見込めない場合には、同通達９－６－１(4)の取扱い、あるいはその金銭債権が売掛債権の場合には、同通達９－６－３の取扱いも検討する余地があるものと考えます。

7 破産手続終結前の貸倒損失

Q 当社の取引先である甲社は、前期末に破産法による破産手続の申立て、同開始決定が行われ、現在破産手続中です。破産管財人からは、手続終了まで相当の期間を要するといわれていますが、このような場合は破産手続が終結するまでは貸倒処理することはできないのでしょうか。

A **破産管財人からの証明等により、配当がないことが明らかな場合には、法人税基本通達９－６－２の取扱いにより、損金経理を要件に貸倒処理することができると考えます。**

破産手続による貸倒れの時期については、法人税法上、明文上の規定はありません。破産法の場合には、他の法的な手続とは異なり、債権整理、回収等のために債権を積極的に切り捨てる手続がないためであるといわれています。

したがって、破産法人に対して有する金銭債権については、破産手続の廃止決定（破産法216①、217①、218①）又は終結決定（破産法220①）が行われるまでは、原則としてその金銭債権について配当額も不明であることから、貸倒処理は認められないことになると考えます。

しかし、破産手続の終結決定前であっても、破産管財人から配当金額が零円であることの証明がある場合や、その証明が受けられない場合であっても債務者の資産の処分が終了し、今後の回収が見込まれな

いずれ破産終結までに相当な期間を要するときには、破産終結決定前であっても配当がなく全額が回収不能であるものとして、法人税基本通達9－6－2を適用し、貸倒損失としての損金経理を要件に、貸倒処理を認めることとしています（平成11年3月3日付全銀協通達「貸倒償却及び個別貸倒引当金繰入れの税務上の取扱いについて」、及び平20.6.26裁決）。

8 破産手続終結決定に伴う貸倒損失

Q　当社は、当期に得意先である甲社が破産法の規定による破産手続が終了し、破産終結決定がなされたことから、当社の有する残債権について貸倒処理をしたいと考えていますが問題ありませんか。

　なお、当社が甲社に対して有する金銭債権については、保証人及び担保物は存在しません。

A　**通常、破産手続の終結決定により弁済がされない部分については、直ちに法律的に切り捨てられることはないことから、法人税基本通達9－6－1の取扱いにより貸倒処理することは認められず、同通達9－6－2の取扱いを検討すべきであるとされています。**
　しかし、保証人や担保物がない場合には、この時点で債権が滅失したと考えられることから、同通達9－6－1の取扱いによる貸倒処理をすることができると考えます。

　会社更生法、民事再生法等の法的な手続に従い弁済されないこととなる債権の額については、法律的に切り捨てられ、消滅することになります。

　しかし、破産法の場合には、債権の額が法律的に切り捨てられるという手続が基本的になく、法人税基本通達9－6－1においては破産法による取扱いが明記されていません。

　したがって、一義的には、破産法に基づく破産手続の終結のみをもっ

て、法人税基本通達９−６−１の取扱いによる貸倒損失の計上は認められないこととなることから、通常、同通達９−６−２の取扱いについて検討することとされています。

　しかし、法人の破産手続において、裁判所が配当すべき財産がない場合には廃止決定（破産法216①、217①、218①）又は終結決定（破産法220①）を行い、破産法人の登記簿が職権により閉鎖されることにより、破産法人は消滅することになります。

　したがって、この時点において、当然に、破産法人に分配可能な財産はなく、破産債権者が破産法人に対して有する金銭債権もその全額が滅失したと考えられることから、破産債権者が別途、保証人あるいは担保物を有しない限り、破産手続の廃止決定又は終結決定を理由に貸倒処理をすることができるとされています（平20.6.26裁決）。

　なお、この時点で債権が法律上消滅したとすることから、法人税基本通達９−６−１の取扱いにより、その処理に当たっては損金経理を要さないことになると考えます。

9 破産手続の同時廃止（個人）の場合

Q　当社は取引先である甲（個人事業者）に対して300万円の貸付金を有しています。今期に入り、甲は複数の消費者金融等からの借入れによる多重債務者となり、自己破産の申立てを行っていました。このたび、甲について破産手続開始の決定と破産手続の同時廃止の決定が行われましたが、決算末である３月末までに免責許可の決定は行われていません。

　当社は、今期において甲に対する貸付金300万円について貸倒処理したいと考えていますが損金算入は認められますか。

A　貸倒処理による損金算入が認められると考えます。

　法人税法上、①金銭債権が法律上消滅した場合や、②法律上債権は消滅していないものの事実上全額の回収ができない場合には、貸倒処理が認められています（法基通９－６－１、９－６－２）。

　破産手続の同時廃止（破産法216①）とは、破産者の財産である破産財団をもって破産手続の費用を支弁するに不足すると認められる場合に、破産手続開始の決定と同時に破産手続廃止が決定されるものであり、それ以降破産手続は進行しませんが、免責の許可は可能であり、免責許可の決定が確定するまでの間、債権者個々の権利行使も禁止されています（破産法249）。

　個人の破産手続においては免責許可の決定の確定がされるまでは、法律上その債権（最後配当等により弁済されなかった破産債権）が消滅したことにはならないと規定されています（破産法253①）。

　したがって、個人破産者に対する金銭債権については、原則として、免責許可の決定の確定の時に消滅するものとして貸倒損失の損金算入が認められるものと考えられます。

(注) この場合には、法律上債権が消滅することから、その取扱いは法人税基本通達９－６－１に基づき、損金経理は不要であると考えます。

　しかし、自己破産した多重債務者は、その破産手続の費用の支弁すらできない状況ゆえに破産手続の開始と同時に破産手続の廃止の決定を受けることが多く、こうした債務者に対する金銭債権については免責許可の決定の確定を待つまでもなく、破産手続開始の決定時に法人税基本通達９－６－２の定めを適用して損金経理による貸倒損失の計上は認められるものと考えます。

10 破産宣告と書面による債権放棄

Q　当社の取引先である甲社は、このたび業績不振により倒産し、破産法の規定による破産宣告を受け、裁判所から債権届出書の交付を受けました。当社は甲社に対して未回収の売掛金500万円を有して

います。

　当社としては、甲社の財産状況から判断して分配を受けることが期待されないこと、また、破産終結決定による最終配当までには長期に及ぶことが見込まれたことから、裁判所に対して、債権を放棄する旨の手続を行うことを考えています。

　当社が有する売掛金500万円について債権放棄した場合に、その金額を貸倒損失として処理することは認められますか。

A 　**貸倒損失として損金の額に算入することが認められるものと考えます。**

　債務者に対し、書面により債務免除を行った場合については、法人税基本通達9－6－1(4)において、その債務者の債務超過の状態が相当期間継続し、その金銭債権の弁済を受けることができないと認められる場合において、その債務者に対し書面をもって債務免除をしたときは、その債務免除額を貸倒れとして損金の額に算入することが認められています。

　破産手続において債務免除が行われた場合の貸倒損失の計上時期に関しては、税務上明確な規定がありませんが、一般的には破産手続の廃止時点か破産手続終結の時点とされています。

　しかしながら、通常、破産法の規定による破産宣告がなされるということは、債務者について、債務超過の状態が長期間にわたっており、支払能力もないと考えられ、また、裁判所に対して債権放棄の手続を行うとのことですから、法人税基本通達9－6－1(4)の取扱いに準じて貸倒損失として処理することが認められるものと考えます。

2 金銭債権が法律上存在している場合（法基通９－６－２、９－６－３）

① 債権全額が回収不能となった場合（法基通９－６－２）

　この取扱いは、「事実上の貸倒れ」と呼ばれており、法人の有する金銭債権について、その債務者の資産状況、支払能力等からみてその全額が回収できないことが明らかになった場合には、その明らかになった事業年度において貸倒れとして損金経理をすることができるとされています。

　なお、回収不能と見込まれる金銭債権の貸倒れは、あくまでもその金銭債権の全額が回収できないことが明らかになった場合に限り認められるものであり、その一部に貸倒れが見込まれても、その部分の貸倒れを認めることは、特定の場合を除き、金銭債権に対する評価減を認めていない法人税法の規定（法法32②～④、法令68の２）に反することとなることから、その部分についてだけの貸倒処理をすることは認められません。

　したがって、その金銭債権について担保物があるときには、次の理由から、その担保物を処分した後でなければ貸倒れとして損金経理をすることはできないことになります。

　　① 担保物の処分価額を客観的に確定するは困難であること
　　② 担保物の処分価額を控除した後の貸倒処理を認めることは、一部の貸倒れ、すなわち金銭債権の評価減を認めることになること

　また、保証債務については、現実にこれを履行した後でなければ貸倒れの対象とすることはできません。

（回収不能の金銭債権の貸倒れ）

9－6－2　法人の有する金銭債権につき、その債務者の資産状況、支払能力等からみてその全額が回収できないことが明らかになった場合には、その明らかになった事業年度において貸倒れとして損金経理することができる。この場合において、当該金銭債権について担保物があるときは、その担保物を処分した後でなければ貸倒れとして損金経理することはできないものとする。

（注）保証債務は、現実にこれを履行した後でなければ貸倒れの対象とすることはできないことに留意する。

ポイント

1　損金算入の時期は、全額回収不能が明らかになった時に限られる

　貸倒損失の計上時期については、金銭債権の全額が回収不能であることが明らかになった事業年度でのみ、損金算入が可能とされており、その場合には、直ちに貸倒処理を行うべきであり（会計計算規則5④）、任意の時期に行うことにより利益操作に利用することのないように留意する必要があります。

　特にサービサー業、消費者金融業、カード事業等大量の金銭債権を有する事業会社においては、全額回収不能の判断を含め、その時期等について社内的に明確な基準を設けて対応すべきであると考えます。

【参考】全額が回収不能であることが客観的に明らかになったものに限る
　　　　（秋田地判平17.10.28）

　「『当該事業年度の損失の額』とは、当該事業年度において、その全額が回収不能であることが客観的に明らかになったものに限られると解すべきである。……この回収不能とは、当該債権が消滅した場合のみならず、債務者の資産状況、支払能力等から当該債権の回収が、事実上不可能であることが明らかになった場合も含むものであり、それゆえ、当該債権の回収

が事実上不可能であることが明らかになった場合には、その事業年度において直ちに損金算入すべきであって、これに代えて、その後の事業年度に損金算入をし、もって、利益操作に利用するような処理は、公正妥当な会計処理の見地からも許されないと解すべきである。」

2　全額回収不能の事実認定

　この取扱いは、「その債務者の資産状況、支払能力等からみてその全額が回収できないことが明らかになった場合に認める」こととされています。

　また、前記Ⅱ「**4**　貸倒損失処理に関する立証責任」にて解説しているように、貸倒損失処理に関する立証責任は、納税者側にあるとされていますが、上記事実等の追求には一般企業としての限界もあります。

　そこで実務上は、全額回収不能か否かの判断に関する具体的な基準等は示されていませんが、個々の事案に即しその回収可能性を弾力的に判断するという取扱いがされています。

　例えば、債務者について破産、強制和議、強制執行、整理、死亡、行方不明、債務超過、天災事故、経済事情の急変等の事実が発生したため回収の見込みがない場合のほか、債務者についてこれらの事実が生じていない場合であっても、その資産状況のいかんによっては、これに該当するものとして取り扱う等弾力的な取扱いが行われることとされています（「逐条解説」1071頁）。

【参考】回収不能の判断は、債務者側の事情のみならず、債権者側の事情をも踏まえ総合的に判断すべきである（最判平16.12.24：日本興業銀行事件）

　「債務者の資産状況、支払能力等債務者側の事情のみならず、債権回収に必要な労力、債権額と取立費用との比較衡量、債権回収を強行することによって生ずる他の債権者とのあつれきなどによる経済的損失等といった債権者側の事情、経済的環境等も踏まえ、社会通念に従って総合的に判断されるべきもの」

（注）ただし、この判決については、「債権者側の事情が大きな比重を占めるという点は否定し得ないものである。…債権者側の事情を考慮に入れることは貸倒損失の本質になじまない…必要以上に考慮することとなれば、債権者側の都合による恣意的な貸倒損失の計上を許す結果となりかねない」（鈴木博『貸倒損失の税務』（税務研究会出版局）との意見もあります。

3　全額回収不能の判断は、債権回収のための真摯な努力が前提とされる

前述2にて解説したように、全額回収不能の判断については、債務者についてこれらの事実が生じていない場合であっても、その資産状況のいかんによっては、これに該当するものとして取り扱う等弾力的な取扱いが行われることとされています。

しかし、適用に当たっては、上記の事実を形式的に満たす場合に貸倒損失処理が認められるのではなく、あくまでも債権者として債権回収のための真摯な努力を払ったにもかかわらず、客観的にみて回収見込みのないことが確実となったことを要することに留意する必要があります。

【参考】東京地裁昭49.9.24判決

「単なる行方不明の事実をもって直ちに貸倒れと認めることはできない。」

（注）例えば、「行方不明」の判断についても単に一定期間の徒過等形式的な基準により判断されるのではなく、その所在等の追求について尽くすべき努力を尽くしてもなお行方が明らかにならなかった場合をいうとされています（中村慈美『貸倒損失・債権譲渡の税務処理早わかり』大蔵財務協会）。

4　実務上、損金経理が要件とされている

この取扱いは、法人が経済的事実として貸倒れを認識した場合にその処理を認めるものであり、できる規定であることから適用の意思を明らかにするため、実務上は、損金経理をした場合に限ると解されています（損金経理要件の適否については、前掲II **3** にて解説しています）。

5　担保（物的担保及び人的担保）物の価値に関する弾力的な取扱い

　この取扱いは全額回収不能であることを前提としていることから、その債権に担保物（個人保証等の人的担保を含む）がある場合には、その適否については、原則として、担保権等の行使後の状況で判断することとされています。

　しかし、仮に担保権等の行使がされていない場合であっても、例えば、その担保物の時価（適正な評価額）以上に先順位の担保権が設定されている等その債権者にとって実質的に担保物からの回収が全く困難であると認められるときは、担保物はないものとして取り扱って差し支えないとされています（国税庁質疑応答事例（貸倒損失）「2　担保物がある場合の貸倒れ」）。

　また、人的担保についても同様であり、保証人の保証履行能力を考慮して判断することも差し支えないとされています（同「3　保証人がいる場合の貸倒れ」）。

6　先順位の担保権が根抵当権の場合には、注意する必要がある

　先順位の担保権が根抵当権のように担保枠をとってはいるものの、実際の債権額が担保設定額に満たない場合には、第2順位であっても担保として実質的に効果を発揮することもあることから、その場合には担保物を処理するまでは貸倒処理が認められないことになるものと考えます。

　ただし、実際の債権額が確認できない場合には、形式的な担保設定額で判断せざるを得ないものと考えます。

7　部分貸倒れは認められない

　この取扱いは、あくまでも金銭債権の全額の回収不能が明らかになった場合に損金算入が認められるのであり、一部の回収が見込まれる場合に残りの一部についてのみ貸倒損失として損金算入を認めることはできないとされています（法法33①、法基通9－1－3の2）。

【参考】「一部の貸倒れを否認した事例」（大阪地判昭44.5.24）

8　保証債務は実際の履行後で判断する

　保証債務は、実際に履行することにより「求償権」を取得することになります（民法459）。また、求償権は金銭債権として認識され、回収不能の場合には貸倒損失の対象となります。

　したがって、保証債務（事前求償権）は、履行（弁済）前は単なる偶発債務に過ぎず、金銭債権（求償権）として認識されないことから、貸倒処理の対象とはなり得ないことになります。

　また、この場合の履行とは具体的な弁済をいい、その弁済が分割で行われた場合には、その弁済に対応する求償権について貸倒処理の適否を判断することになります。

（注）仮に、保証債務を履行し、求償権を取得し行使したとしても回収可能性が
　　　ないと判断される場合においても、現実に履行するまでは認められないこと
　　　になります。

9　消費者金融の債務者に対する貸倒れの特例措置

　消費者金融における債務者に対して、破産手続開始の申立て及び債務の免責の申立てが行われる場合には、一般的に債務者は多重債務者であることが多いことから、その手続費用すら支払うことができない状態であり、破産手続開始決定と同時に破産手続廃止決定（破産法216①）を受けることが実情だとされています。

　したがって、消費者金融の債務者については、破産手続開始の決定をもって貸倒処理が認められるものと考えられます。

【参考】大阪高判昭62.11.11

　「消費者金融の債務者については、破産手続開始決定の時に貸倒処理が認められる。」

10　債権者側で否認されても、寄附金の額とはならない

　この取扱いに基づき債権者側において要件に該当しないとして、税務否認された場合であっても、法律上、債権債務は依然として存在しているため、次の点に留意する必要があります。

　　①　中小企業や銀行等一定の金融事業等を行う者については、法基通11－2－2「個別評価金銭債権に係る貸倒引当金」による救済措置がある

　　②　法的に債権は存在することから、債権者に対する「寄附金の額」とはならない

11　債務者に対する「債務免除益課税」はない

　上記10②の取扱い同様、債務者において債務は法的に存在することから、債権者の処理の適否によって影響を受けることはないと考えられます。

12　債権放棄による貸倒損失の否認と貸倒引当金への繰入れ救済

　この取扱いに基づき、債権の全額が回収不能であることを理由に確定申告において貸倒処理をしたものについて、後日、税務調査等により一部回収可能性があることから貸倒処理が時期尚早であると判断された場合には、全額損金不算入として処理されることになります。

　しかし、その債権が個別評価金銭債権に係る貸倒引当金の繰入れ要件を満たすものである場合には、次の①かつ②を要件として、その貸倒損失の額を個別評価金銭債権に係る貸倒引当金の繰入額として取り扱うことができるとされています（法基通11-2-2）。

　　①　確定申告書に添付すべき明細書の添付がないことが、貸倒損失を計上したことに基因するものであること（貸倒損失の計上が困難な場合には、当然、貸倒引当金の繰入れを選択していたという判断が可能な場合）

　　②　後日、速やかに明細書を提出すること

　（注）この取扱いは、あくまでも法人が貸倒損失として処理をしたことについ

てやむを得ない事情がある場合に認められるものであって、法人が回収可能であることを認識しつつ意図的に貸倒処理をしたような、つまり隠ぺい仮装により計上された貸倒損失については、この取扱いは適用されないと考えられています（「逐条解説」1172頁）。

Q&Aによる通達解説（9－6－2関係）

1 債権の一部の貸倒処理

Q　当社は甲社に対し1,000万円の貸付金を有していますが、甲社が経営不振のため、現状ではその資産の状況等からみて1,000万円のうちの600万円が回収不能と判断されます。この600万円を貸倒損失として損金経理した場合、その処理は認められますか。

A　**原則として、法人の有する金銭債権の全額が回収できないことが明らかになった場合に、貸倒れとして損金経理をすることができるとしており、金銭債権の一部の貸倒れとしての損金処理は認められないと考えます。**

　法人税基本通達9－6－2は、法人の有する金銭債権につき、その債務者の資産状況、支払能力等からみてその全額が回収できないことが明らかになった場合には、その明らかになった事業年度において貸倒れとして損金経理することができるとされており、金銭債権の一部の貸倒れを認めていません。

　これは、法人税法上、売掛金、貸付金等金銭債権について、原則として評価損の計上が認められていないためであり（法法33②）、本件の場合、甲社に対する貸付金1,000万円は法律上依然として存在しており、また、その全額が回収不能であるとは認められません。

　したがって、全債権のうち回収不能と判断された600万円についてのみ貸倒損失として計上をすることはできないものと考えます。

　また、次のような取扱いの適用も考えられますが、本件の場合には

それぞれの要件を満たさず、適用は難しいと考えます。

　甲社に対して書面で600万円の債務免除が通知された場合には、法人税基本通達９－６－１(4)に掲げる「書面による債務免除」が適用されますが、債務免除額について債務者が弁済できないことが明らかであることが必要で、回収可能と判断される債権を放棄したときは実質的には贈与であるとして、法人税法37条８項（寄附金の損金不算入）の規定により寄附金として取り扱われます。

　なお、法人税基本通達９－４－２は、合理的な再建計画等に基づく債権放棄等については、貸倒損失としてではなく、寄附金に該当しない単純損失として認めていますが、この場合には、あくまでも合理的な再建計画の存在が前提となります。

2 全額回収できないことの意義

Q　当社は前期において、取引先である甲社に対する貸付金等金銭債権は300万円であると誤認し、その全額が回収不能になったものと判断して300万円全額を貸倒損失として計上しました。

　しかし、当期になってから、改めて甲社に対する貸付金等金銭債権の内容を確認したところ、甲社に対しては貸付金の他に未回収の立替金が100万円あることが判明しました。

　この場合、当社が前期に貸倒損失として処理した貸付金は、税務上そのまま認められますか。また、前期の貸倒損失が認められるとした場合、当期になって判明した甲社に対する立替金も貸倒損失として処理することは認められますか。

A　**原則として、前期において貸倒損失として処理した貸付金残高300万円及び当期に判明した立替金残高100万円のいずれについても、貸倒損失としての処理は認められないと考えます。**

　法人の有する金銭債権の金額が回収不能となった場合の貸倒損失処

理については、法人税基本通達９－６－２では、「その全額が回収できないことが明らかとなった場合には、その明らかになった事業年度において貸倒れとして損金経理することができる」とされており、回収不能であることが明らかとなった事業年度において同一債務者に対して有する金銭債権の全額を貸倒損失として損金経理することが要件とされています。

　したがって、回収不能の金銭債権については、その一部についてのみ貸倒損失として損金処理することは認められないことから、本件の場合、その全額が回収できないことが明らかになったのは前期であるとするならば、原則として前期に貸倒処理した300万円及び当期における立替金に対する100万円の貸倒損失処理は認められないと考えます。

　同通達に基づく取扱いは、「回収不能であることが明らかになった事業年度」において貸倒れとして損金経理することができるとされていることから、前期における処理の理由が回収可能性の判断において時期尚早であったとして、前期の修正申告書を提出し、当期において会計上、いわゆる受入れ処理を行った上で、改めて当期において判明した立替金100万円を含めた400万円について、その金額が回収不能であるかどうか判定し、その全額が回収不能と認められる場合には、その全額について貸倒損失と処理することが認められると考えます。

　ただし、その場合には、同通達での適用要件とされている「その明らかになった事業年度」に留意する必要があります。

　当期において当社に対する金銭債権全額について貸倒損失処理が認められるためには、当期において回収不能であることが明らかとなったことを立証する必要があると考えます。

3 債務者の支払能力の判断

Q　当社の取引先である甲社は、急激な経営不振により３年ほど前か

ら債務超過に陥っており、昨年からはついに工場を閉鎖して在庫品の処分を行っている状況であり、事実上の倒産状態にあります。

　甲社は、在庫処分の資金で、一部債権者には少額ではありますが債務の弁済も行っている模様ですが、当社に対しては何ら弁済は行われておらず、回収の見込みもありません。当社は当期に貸倒損失処理をしたいと考えていますが、認められるでしょうか。

A　**貸倒処理は認められないと考えます。**

　法人の有する金銭債権について回収不能かどうかの判断は、たとえ債務者が債務超過で事実上倒産状態にあるとしても、そのことをもって形式的に判断するのではなく、さらに、支払能力があるかどうかを総合勘案して決定すべきものとされています。

　本件の場合、甲社は在庫品の処分によって一部で弁済を行っていることから、貴社の債権の全額の回収は不可能であるか否かについては、現状では不明です（ただし、その在庫品について他の債権者の質権等が設定されている等優先的に弁済を受けることとされている場合は除きます）。

　したがって、貴社の債権の金額について回収不能が明らかになったとは認められないことから、法人税基本通達９－６－２（回収不能の金銭債権の貸倒れ）の適用による貸倒処理は相当ではないと考えます。

4　期日未到来の手形債権の貸倒処理

Q　当社は３月決算の法人ですが、取引先である甲社が経営不振のため、Ｘ１年12月に倒産してしまいました。事務所は閉鎖されたままとなっており、一応、債権者集会は開かれたものの、経営者が行方不明で連絡が取れないためその財務内容を明らかにできず、善後策等が何もない状態です。

　当社は、今期（Ｘ２年３月期）、甲社に対する金銭債権600万円全

額について回収の見込みがないため、貸倒処理したいと考えていますが、この600万円のうちには、当期末までに期日の到来しない受取手形（甲社振出）200万円が含まれています。このような場合、600万円全額を貸倒処理することはできますか。あるいは、受取手形については、手形期日まで貸倒処理することはできないのでしょうか。

A 　**債務者の資産状況等からみて、その債権全額が回収不能と認められるのであれば、期日未到来の受取手形を含めて、損金経理により貸倒処理することが認められると考えます。**

　法人の有する金銭債権に係る貸倒処理については、その債務者の資産状況、支払能力等からみて、その全額が回収できないことが明らかになった場合には、その明らかになった事業年度において、貸倒れとして損金経理をすることができるとされています（法基通9－6－2）。

　本件の場合、債務者である甲社の資産状況等が明らかではありませんが、期末時点において、その資産状況、支払能力等からみて、後日手形が決済されないことが明らかであると判断されるような場合には、期日未到来の受取手形200万円を含めた金銭債権全額600万円を貸倒処理することができると考えます。

　なお、この場合に担保物がある場合には、その担保物を処分した後でなければ貸倒処理をすることができないことになります（ただし、その担保物が名目的なものであり、実質的に担保価値がないと判断される場合は除きます）。

5 担保物がある場合の貸倒処理

Q 　当社は、得意先である甲社に対し、売掛金3,000万円を有しています。しかし、甲社は、経営不振のため資産状況が数年前から悪化

し、債務超過の状態が続いており、その資産状況、支払能力等から
みて売掛金の全額は回収ができない状況にあります。

　甲社との取引開始に際し、一応、甲社が所有する土地（宅地）に
対し、担保として抵当権を設定していますが、土地の時価評価額（不
動産鑑定評価によるもの）から優先順位の抵当権を差し引いた場合、
300万円程度の金額しか回収できる見込みがありません。

　この売掛金は甲社との継続的な商取引により発生したものであ
り、また、甲社との取引停止後既に1年以上を経過していることか
ら、売掛金3,000万円と担保物の回収見込額300万円との差額2,700
万円を貸倒損失として処理する予定ですが、この処理は認められま
すか。

A　**売掛債権について担保物がある場合には、最終的に担保物を処
分するまで、全額回収不能とはいえず、また、1年以上の取引停
止を理由としても同様に貸倒損失として損金の額に算入すること
は認められないと考えます。**

　法人の有する金銭債権に係る貸倒損失は、債務者の資産状況等から
みてその全額が回収不能であることが明らかである場合、又は継続的
取引等による売掛債権が取引停止（又は、最終弁済日）以後1年以上
を経過しても回収できない場合は、備忘価額を除いた残額をそれぞれ
損金経理により貸倒処理できることとされていますが、いずれの場合
も担保物がある場合は除かれることとされています（法基通9－6－
2、9－6－3）。

　本件の場合、甲社の所有する土地に対し売掛金の担保として抵当権
を設定していますので、たとえこの土地の処分による回収見込額がわ
ずかなものであっても、実際にこれを処分した後でなければ、この売
掛金を貸倒損失として処理することはできないと考えます。

6 担保が劣後抵当権である場合の貸倒処理

Q　当社は甲社に対して貸付金を有しており、貸付けに当たり甲社所有の土地に抵当権を設定していますが、抵当権順位は３番抵当となっています。

　甲社は、５年前より大幅な債務超過（時価ベース）であり、その資産状況及び返済能力等から回収見込みがないことから、今期、この貸付金について貸倒処理したいと考えています。仮に、甲社所有の土地が処分され、債務の返済に充てられたとしても担保物件の資産価値が低く、かつ、劣後抵当権であるため配当も見込めないことから、法人税基本通達９－６－２を適用して貸倒処理することを考えていますが、このような場合でも、担保物を処分した後でなければ認められないのでしょうか。

A　**原則として、担保物がたとえ劣後抵当権であっても、その担保物を処分した後でなければ貸倒処理することはできません。ただし、担保物の適正な評価額からみてその劣後抵当権が名目的なものであり、実質的に全く担保されていないことが明らかであり、かつ、債務者の資産状況、支払能力等からみて全額回収不能と判断できる場合には、担保物を処分する前に貸倒れとして処理することができると考えます。**

　法人が有する金銭債権について、その債務者の資産状況、支払能力等からみてその全額が回収できないことが明らかとなった場合には、その明らかになった事業年度において貸倒れとして損金経理することができますが、その金銭債権について担保物があるときは、その担保物を処分した後でなければ貸倒れとして損金経理することは認められません（法基通９－６－２）。

　したがって、原則として、たとえそれがいわゆる劣後抵当権であっても、その担保物を処分した後でなければ貸倒れとして損金経理する

ことはできないこととなります。

　しかしながら、担保物の適正な評価額からみて、その劣後抵当権が名目的なものであり、実質的に全く担保されていないことが明らかな場合にまで担保物の存在をもって貸倒処理を認めないとするのは実態に即さず、したがって、このような場合には、債務者の資産状態、支払能力等からみて全額回収不能と判断できる場合には、担保物の処分前であっても貸倒処理することができると考えます。

7　人的保障がある場合の貸倒処理

Q　当社は得意先である甲社に対して貸付金1,000万円を有していますが、資産状況、支払能力等からみて、その全額が回収できない状態になっています。

　この貸付金については、担保物（土地）も取っていますが、抵当権順位は４番抵当と低く、仮に、甲社所有の土地が処分されたとしても担保物件の資産価値が低いこともあり、配当の見込みも全くありません。また、甲社の代表者である乙が人的保証（債務保証）を行っていますが、この場合の人的保証は「担保物」には該当しないものとして貸倒処理することが認められますか。

A　**人的保証も担保物とみなして回収不能の判断をしなければならないと考えます。**

　法人の有する金銭債権について、その債務者の資産状況、支払能力等からみてその全額が回収できないことが明らかになった場合には、その明らかになった事業年度において貸倒れとして損金経理することができることとされています。

　ただし、その金銭債権について担保物があるときは、その担保物を処分した後でなければ貸倒れとして損金経理することはできないこととされています（法基通９－６－２）。

　この場合、一般的には、担保物としては物的担保及び人的担保がありますが、上記取扱いにおいては「担保物」としか表現されていませんが、債務者の全ての支払能力等を考慮して事実上貸倒れに該当するか否かを判定することから、物的担保及び人的担保のいずれをも考慮する必要があると考えます。

　したがって、代表者の債務保証等、人的保証がある場合には、これらの人的保証も「担保物」とみなされて回収不能の判断の重要な要素になります。

　ただし、保証人がいわゆる生活保護を受けている場合やこれと同程度の収入しかない場合で、その資産からも回収することができないと見込まれる場合等保証履行能力がないと認められる場合には、保証人はないものとして取り扱って差し支えないものと考えます。

8 連帯保証人がいる場合の貸倒処理

Q　法人が有する金銭債権について連帯保証人がいる場合、法人税基本通達９－６－２の適用に当たっては、その連帯保証人についても回収不能かどうかを判断しなければならないのでしょうか。

A　**連帯保証人についても回収不能かどうかの判断をする必要があると考えます。**

　法人税基本通達９－６－２の適用によって貸倒損失の計上ができるのは、その債務者の資産状況、支払能力等からみて金銭債権の全額が回収不能となる場合です。したがって、保証人があるときは、その保証人の支払能力についても検討しなければ、その債務者からの全額が回収不能となるか否か適切に判断されたことにはなりません。

　連帯保証人の場合、単なる保証人とは違い、催告の抗弁権も検索の抗弁権も有しないとされており、債務の返済に関しては債務者と同様の立場にあると考えられます。

　したがって、債権者にとっては連帯保証人がいることによって金銭債権の回収はより行いやすいといえますが、その金銭債権が回収不能か否かを判断する場合には、連帯保証人であるか保証人であるかによって変わりはなく、ともにその保証人の資産状況、支払能力等を勘案して回収不能かどうかを判断することになります。

　ただし、その連帯保証人等が生活保護を受けている場合やこれと同程度の収入しかない場合で、その資産からの回収も見込まれないような場合には、実質的に連帯保証人等からの回収は不能と見込まれるとして判断されるものと考えます。

9 保証債務の履行と貸倒処理

Q　一般に法人が取引先等の債務について債務保証を履行した場合、その保証履行金額について取引先から回収することができないときは、貸倒処理は認められますか。

A　**保証債務の履行に合理性があり、保証債務を履行したことに伴う求償権が全額回収不能であると認められる場合には、貸倒処理をすることが認められると考えます。**

　法人が取引先等の銀行からの借入金を保証する行為等は一般的に行われていますが、例えば、その取引先等が債務不履行状態に陥り、法人が保証人として、その保証債務を履行した場合には、主債務者に対する求償権を取得することになります。ただし、その保証履行が形式的なものであり、実質は役員等の個人的な保証債務を法人が肩代わりしているといった場合や債務者の債務の肩代わりを意図しているといった場合には、その求償権の貸倒処理は認められず、その損失相当額は役員に対するいわゆる賞与、あるいは債務者への寄附金とされることになると考えます。

　したがって、保証債務の履行に伴う求償権に係る回収不能額が保証

人たる法人の損金として認められるかどうかは、おおむね次のような
点を総合勘案の上、判断する必要があります

① 　その債務保証に合理的な理由があるか

② 　その債務保証時、将来の保証履行請求を予測することができな
かったかどうか

③ 　その保証債務の履行が主たる債権者及びその保証を履行した法
人の役員等に対する利益供与にならないか

④ 　主たる債務者について、その保証債務の履行に係る債権の回収
の見込みが全くないか

⑤ 　経済的合理性のある保証料を収受していたか

10 保証債務の貸倒損失の計上時期

Q 　当社は、取引先である甲社の銀行からの借入金5,000万円につい
て連帯保証をしていましたが、甲社は急激な経営不振から手形が不
渡りとなり、手形交換所の取引停止処分を受けて事実上倒産しまし
た。

　銀行からは、保証債務の履行として甲社に対する貸付金の元利金
合計額3,800万円について支払うよう請求してきました。当社とし
てはこれに見合う手許資金もなく、新たな銀行借入れも不可能で
あったため銀行と協議し、今後 5 年間にわたり分割返済することと
しました。

　この場合、保証債務として3,800万円を支払わなければならない
ことが確定しており、甲社に対する求償権は行使できない状況にあ
ることから、当期において3,800万円全額を貸倒損失に計上するこ
とは認められるでしょうか。

A　保証債務については、これを実際に履行するまでは求償権という具体的な債権は発生せず、したがって、貸倒処理をすることは認められず、返済の都度、その返済額相当額について、貸倒れの適否を判断すべきであると考えます。

　保証債務はその保証債務の履行をしない間は、単なる偶発債務にすぎず、実際にその保証債務を履行した場合には、主たる債務者に対する求償権を取得することになります。

　そして、主債務者の借入金に対する保証行為が業務上必要性のあるもので合理的なものである等相当と認められる場合において、主債務者の資産状態や支払能力等からみて、求償権の行使ができないと認められるときは、その求償権について貸倒処理をすることになりますが、あくまで保証債務を履行するまでは求償権という具体的な債権は取得していないことになります（民法459）。

　したがって、保証債務については、これを履行するまでは、これについて貸倒処理することは認められないことになります（法基通９−６−２（注））。

　この場合、履行とは保証債務の確定をいうのではなく、債権者に対して債務を消滅させる弁済、すなわち現実に支払うことをいいますから、本件の場合、3,800万円を一時の損金に計上することは認められず、分割の都度、その求償権について回収可能性の有無を判断の上、貸倒処理をすることになると考えます。

11 債権の回収不能による貸倒損失の計上時期

Q　当社は、甲社に対して500万円の貸付金を有していますが、甲社は業績の急激な悪化により事実上倒産状態となっています。甲社の資産状況等から貸付金の全額回収は不可能であることは明らかです。当社は、前期までは赤字決算が続いていたことからこの貸付金

について貸倒損失として処理していませんでしたが、当期は黒字決算が見込まれることから、貸倒損失として処理する予定です。

　貸倒損失は貸倒れの事実の発生した事業年度の損金とする旨定められていますが、当期に貸倒損失とすることは認められますか。

A　**貸倒れの事実が明らかになった事業年度において貸倒れとして損金処理することができるとされています。**

　法人の有する金銭債権についてその全額が回収できないことが明らかとなった場合に、回収不能の貸倒処理をいつ行えばよいのかということについては、回収不能が明確になった以上、直ちに貸倒処理を行うべきであり、仮にいつでも法人の任意の時期に貸倒処理することを認めた場合には利益操作に利用されることになり、当然に公正妥当な会計処理とは認められません。

　そこで、法人税基本通達9－6－2においては、その金銭債権の全額が回収できないことが明らかになった事業年度において貸倒れとして損金経理することができるとされています。

　したがって、本件の場合のように、単に、前期まで赤字のため損失に計上しなかったというのであれば、当期以後も貸倒損失として計上することは認められないことになります。

　ただし、今まで回収に努力してきて当期になって貸倒れが明らかになったというような場合には、当期における貸倒損失の計上は認められることになると考えます。

12 **前期に貸倒損失を自己否認（利益積立金額として処理）している場合**

Q　当社は、甲社に対する金銭債権につき前期においてその全額を貸倒損失として損金経理しましたが、まだ、その全額の回収不能が明らかになっていないと判断し、その金額を申告調整により所得金額

に加算し利益積立金額（貸付金）としています。

　当期において、甲社の財務内容等の調査を行ったところ、金銭債権の全額が回収不能であることが確認されました。

　そこで当社では、甲社に対する金銭債権額につき、法人税基本通達９－６－２の取扱いを適用して当期に損金算入したいと考えていますが、確定申告の際に所得金額から減算しても認められるのでしょうか。

Ａ　利益積立金額としている額につき、会計上雑収入等として受入処理を行うとともに、改めて貸倒損失として損金経理する必要があり、そして、その場合には確定申告の際、利益積立金額の受入額につき所得金額から減算することになると考えます。

　法人の有する金銭債権について、その債務者の資産状況、支払能力等からみてその全額が回収できないことが明らかになった場合には、その明らかになった事業年度において貸倒れとして損金経理をすることができることとされています（法基通９－６－２）。

　この取扱いを「損金経理を要件としている」と解釈した場合には、次のような処理になると考えます。

　この損金経理とは、法人が確定した決算において費用又は損失として経理することをいう（法法２二十五）ことから、申告調整のみでは要件を満たさないので、利益積立金額として処理している額を雑収入等の科目で会計上受け入れた上で、改めて貸倒損失として損金経理することになります。そして、申告調整では利益積立金額の受入額の認容処理を行う必要があります。

【例】

・前期自己否認の受入処理……申告調整により減算

　　（借方）　金銭債権　　×××　　（貸方）　雑収入等　　　×××

・当期損金経理処理

（借方）　貸倒損失　　×××　　（貸方）　金銭債権　　　×××

（注）貸倒損失の計上時期については、回収不能が明らかになった限りにおいては、直ちに貸倒処理を行うべきであり、いやしくもこれを利益操作に利用するようなことは公正妥当な会計処理とは認められないこととされています。したがって、当期における処理が妥当であることについて、検証等した資料等を保存しておく必要があると考えます。

13 前期に自己否認した貸付金について当期に破産手続終結の決定があった場合

Q　当社の取引先である甲社は、長期にわたる業績不振から前期において、破産手続開始の申立てが行われ、破産手続開始の決定がされていました。

そこで、当社は甲社に対する貸付金について全額の回収は困難であるとの判断から前期において会計上、貸倒損失として経理処理をしましたが、税務上は貸倒損失としての要件を満たしてはいないことが判明したため、申告調整により所得金額に加算し、利益積立金（貸付金）として処理しました。

当期において、甲社の破産手続終結の決定がなされ、結果として当社の貸付金はその全額が回収できませんでした。ちなみに当社はこの債権について何ら担保等による保全はしていません。

このような場合、当社が前期おいて貸倒損失否認として処理した部分について、申告調整による所得金額からの減算処理は認められるのでしょうか。

A　破産手続終結の決定があった日の属する事業年度である当期では、前期において貸倒損失否認として申告加算している部分の申告減算処理は認められるものと考えます。

破産手続において、裁判所は最後配当などが終了した後、破産管財

人の任務終了による債権者集会が終結した時等の場合、破産手続終結の決定をし（破産法220）、破産者が法人の場合にはこの時点で登記も閉鎖され、消滅します（破産法257⑦）。

したがって、債権者がその破産者の保証人や担保物を有していない場合には、破産手続終結の決定の時点で破産債権者が有する金銭債権もその全額が消滅したと考えることができます（平20.6.26裁決）。

破産手続における貸倒損失については、一般的には法人税基本通達９－６－２の適用の可否について検討することになりますが、破産手続終結の決定の場合には、法律上の金銭債権が消滅することから、他に保証人、担保物等がない場合には同通達９－６－１の取扱いである「法律上の貸倒れ」の適用が認められ、損金経理は必要なく、申告調整による減算処理は認められるものと考えます。

14 貸倒れとしての損金経理の方法（売上減とする表示及び備忘価額を残す表示）

Q　当社は得意先である甲社に対して売掛金100万円を有しています。

甲社は、数年前から急激な業績の悪化により債務超過の状態に陥っており、当社の売掛金についても回収不可能な状態です。

そこで今期において、改めて甲社の資産状況及びその支払能力等について検討したところ、売掛金の全額につき回収は不可能であると認められたことから、その売掛金について貸倒処理をしたいと考えています。

その場合、法人税法上の取扱いでは、「貸倒れとして損金経理」することを要件にしていると思いますが、「売上減」として処理することは認められるのでしょうか。また、帳簿上、全額をオフバランスにするのではなく、今後とも売掛金としての債権を管理していくために、備忘価額として「１円」を残したいと思いますが、認められるのでしょうか。

A　貸倒損失を「売上減」として処理することは認められませんが、「1円」として備忘価額を残すことは認められると考えます。

⑴　「貸倒れ」の帳簿上の表現

　法人の有する金銭債権について、その債務者の資産状況、支払能力等からみてその全額が回収できないことが明らかになった場合の貸倒損失の計上については、その明らかになった事業年度において貸倒れとして損金経理をすることを要件として認められています（法基通9－6－2）。

　この場合の損金経理とは、法人がその確定した決算において費用又は損失として経理することをいいます（法法2二十五）。

　また、法人税法上、収益の額及び費用、損失等の額は、一般に公正妥当と認められる会計処理の基準に従って処理されることを要件としています（法法22④）。

　したがって、本件の場合、期末において甲社に対する売掛金が全額回収不能であることから、貸倒損失として計上可能な状態にあるとした場合であっても、帳簿上、その計上に当たり「売上減」として記載することをもって、貸倒れとして損金経理をしたとすることには問題があります。

　やはり、債権者自らも回収不能として判断していることからも、会計上も「貸倒損失」として明確にする必要があると考えます。

⑵　備忘価額を残すこと

　「貸倒損失」として計上する場合に、1円という備忘価額を残して記載することについてですが、法人税基本通達9－6－2及び9－6－3におけるいわゆる帳簿上の貸倒れは、同9－6－1における法律上の消滅による絶対的な貸倒れとは異なり、経済的な意味においては消滅したと解する扱いであり、必ずしも備忘価額を残してそれを控除した残額の貸倒処理を禁ずるべきものとは解されません。また、この

場合には、事後においても債権としてその回収状況等を明らかにして
いかなければならないことから、備忘価額を残すことは、内部牽制上
も有効に機能し、また、利益操作をしている場合にも該当しないと考
えられることから妥当であると思われます。

　したがって、税務上も備忘価額を残したことをもって一部の貸倒れ
であり、損金処理は認められないと判断することは実務に即した判断
とはいえず、当然に認められるものと考えます。

15 貸倒れとしての損金経理の方法（貸倒引当金戻入益との相殺表示）

Q　当社は取引先甲社に対して有する売掛債権の金額について、前期
において会計上で貸倒引当金を設定しており、法人税法上は個別評
価金銭債権に係る貸倒引当金の繰入限度額の計算を行い、超過する
部分については、いわゆる有税扱いとして確定申告書において申告
加算しています。

　当期に入り、この売掛債権について、法人税基本通達９－６－２
に示された事情に該当し全額回収不能であると認められたことか
ら、会計上「貸倒引当金／売掛金」の仕訳を行いました。

　この場合でも、貸倒損失として損金経理したことになるのでしょ
うか。

A　「（借方）貸倒引当金（貸方）売掛金」とする処理も認められま
すが、確定申告書に添付される勘定科目内訳明細書に貸倒損失の
明細を記載して添付することが望ましいと考えます。

　法人税法上、損金経理とは、確定した決算において費用又は損失と
して経理することをいいますが（法法２二十五）、法人税基本通達９
－６－２に基づく貸倒損失を計上する場合には、債権の全額が回収不
能になったことが明らかになった事業年度において、貸倒れとして損

金経理することができるとされています。本件のように、貸倒損失について貸倒引当金の取崩しとする処理は企業会計上も認められており、税務上も認められると考えます。

　仕訳例は、次のようになります。

〈前期〉

　　（借方）貸倒引当金繰入損　100　　　　（貸方）貸倒引当金　　　　100

〈当期〉

　　（借方）貸倒引当金　　　　100　　　　（貸方）貸倒引当金戻入益　100

　　（借方）貸倒損失　　　　　100　　　　（貸方）売掛金　　　　　　100

　　　　　　　　　　　　　⬇（相殺表示）

　　（借方）貸倒引当金　　　　100　　　　（貸方）売掛金　　　　　　100

　この場合、貸倒損失と貸倒引当金戻入益が相殺表示され、損益計算書では貸倒損失として記載されていないことがありますが、帳簿書類にはその金銭債権（売掛金）が貸倒れとなった旨を明示するとともに、確定申告に当たってはその旨を勘定科目内訳明細書等により明らかにしておく必要があると考えます。

16 分割による貸倒処理の可否

Q　当社は金融業を営む法人ですが、貸付先である甲社の業績不振によって、貸付債権の回収が滞り、その結果、当社は多額の不良債権を抱えることになりました。この不良債権については、早期に処理したいと考えていますが、当社の現在の決算状況では、この多額の不良債権を一度に貸倒処理することはできない状況にあります。

　そこで、回収不能が明らかとなった債権について、今後3期に分割して貸倒処理をすることとしましたが、税務上認められますか。

A **回収不能が当期において明らかになったものについて、３期に
分割して貸倒処理を行うことは認められません。**

　回収不能が明らかになった金銭債権の貸倒損失の計上時期について
は、次のとおり取り扱うこととされています。

　①　法的手続等により金銭債権の全部又は一部の切捨てがされた場
　　合には、その事実の発生した日の属する事業年度において貸倒れ
　　として損金の額に算入する（法基通９－６－１）。

　②　債務者の資産状況、支払能力等からみてその全額が回収できな
　　いことが明らかになった場合には、その明らかになった事業年度
　　において貸倒れとして損金経理をすることができる（法基通９－
　　６－２）。

　すなわち、切り捨てられる金額についてはその事実の発生した事業
年度、また、回収不能金額が発生した場合には回収ができないことが
明らかとなった事業年度において、それぞれ貸倒処理を行うこととさ
れており、法人の利益調整等による任意の処理を認めないように定め
ています。

　したがって、本件のように、回収不能となった不良債権について、
回収不能であることが明らかになった事業年度以後、数期にわたり分
割して貸倒処理することは認められません。

　なお、その弁済を受けることができない部分を毎期、客観的に明ら
かにすること等により、債務の一部の免除も認められる場合もあるこ
とから、債務者の支払能力等の変化に応じて、回収不能額について都
度、検証が行われ、債務免除を行った結果として、数期にわたり貸倒
処理が行われたとしても認められるものと考えます。

2　売掛債権の特例（法基通9－6－3）

　この取扱いは、「形式上の貸倒れ」と呼ばれており、物品の販売あるいは役務の提供等法人が継続的に行う営業活動によって発生する売掛金、未収請負金等売掛債権に限定して認められた取扱いであり、これら売掛債権は他の一般の貸付金等とは異なり、履行遅滞をもって直ちに債権確保のための法的手続を採ることが比較的困難な場合が多いことから、他の取扱いとは別に特例として税務上「貸倒れとみなす」ものです。

（注）令和2年4月1日施行の改正民法では、改正前、売掛債権の消滅時効（短期消滅時効）は2年とされていましたが、改正後は他の債権と区別せず、債権者が権利行使をすることができることを知った時（主観的起算点）から5年又は権利行使をすることができる時（客観的起算点）から10年と統一されています（民法166）。

　したがって、この取扱いの対象からは、法人税基本通達9－6－1及び9－6－2において対象とされている貸付金その他これに準ずる債権は除かれています。

　この規定を適用するか否かは法人の任意とされており、この取扱いには、次の2つの類型があります。

　いずれの規定も、売掛債権の額から備忘価額を控除した残額について貸倒損失として損金経理を要するとされています。

（注）この場合には、債務免除が行われないことから、債務者には債務免除益が生じないことになります。

❶　売掛債権の特例

　売掛債権について、債務者と取引を停止した以後1年以上経過した場合（ただし、その売掛債権について担保物がある場合は除かれます）。

❷　少額債権の特例

　売掛債権の額と回収費用等の比較をして、債権額が回収費用等に満たない場合。

（一定期間取引停止後弁済がない場合等の貸倒れ）

９−６−３　債務者について次に掲げる事実が発生した場合には、その債務者に対して有する売掛債権（売掛金、未収請負金その他これらに準ずる債権をいい、貸付金その他これに準ずる債権を含まない。以下９−６−３において同じ）について法人が当該売掛債権の額から備忘価額を控除した残額を貸倒れとして損金経理したときは、これを認める。

（１）　債務者との取引を停止した時（最後の弁済期又は最後の弁済の時が当該停止をした時以後である場合には、これらのうち最も遅い時）以後１年以上経過した場合（当該売掛債権について担保物がある場合を除く。）

（２）　法人が同一地域の債務者について有する当該売掛債権の総額がその取立てのために要する旅費その他の費用に満たない場合において、当該債務者に対し支払いを督促したにもかかわらず弁済がないとき

（注）（１）の取引の停止は、継続的な取引を行っていた債務者につきその資産状況、支払能力等が悪化したためその後の取引を停止するに至った場合をいうのであるから、例えば不動産取引のようにたまたま取引を行った債務者に対して有する当該取引に係る売掛債権については、この取扱いの適用はない。

ポイント

１　継続的な取引に係る売掛債権に限定される

　この取扱い（上記通達(1)）は、「継続的な取引」、すなわち同一の顧客（債務者）に対して反復的・継続的に発生する取引に係る売掛債権に限定し認められるものであり、したがって、不動産取引等スポット的な取引に係るものは該当しないこととされています（同通達（注））。

【参考】弾力的取扱い

　通信販売のように、一度でも注文があった顧客について、継続・反復して販売することを期待してその顧客情報を管理している場合には、結果として実際の取引が１回限りであったとしても、その顧客を「継続的な取引を行っている債務者」として、取り扱う旨を明らかにしています（国税庁

質疑応答事例「貸倒損失 4 」)。

2　売掛債権に限定され、後日、貸付金に振り替えたものは認められない

　この取扱い（上記通達(1)及び(2)）は、売掛債権の法的な特殊性等を考慮し認められたものであり、対象債権は、売掛金、未収請負金等の取引が反復継続されることにより発生する「売掛債権」に限定されており、建設請負や不動産取引のような単発取引は対象とはならず、貸付金その他これに準ずる債権も含まれないとされています。

　したがって、その発生当時は売掛金であったものについて、後日、債務者と協議の上、金銭貸借取引に切り替え、貸付金に振り替えた場合にはその法的な性格が変わり、この取扱いの趣旨から外れることになることから、この適用はないものと考えます。

3　備忘価額を付さない貸倒処理は、全額が損金不算入となる

　この取扱い（通達(1)及び(2)）は、法律上有効に存在する債権に係る回収不能の判断について、その債権の特殊性等を考慮して一種の形式基準を適用し税務上貸倒れとみなす取扱いであると考えます。

　この場合、貸倒処理後においても回収若しくは貸倒れとしての事実が発生する可能性があり、回収分についてはいわゆる簿外処理となる可能性もあることから、その債権の帳簿価額（法的に存在する債権額）が解消されるまでは、備忘価額を付すことによって個々の債権として管理し、その後の回収処理あるいは貸倒処理の推移が明らかになるようにしておく必要があります。

　したがって、この取扱いにおいては、貸倒処理に当たり、備忘価額を付して帳簿に計上することが重要な条件とされており、備忘価額を付さないで貸倒処理を行った場合には、この取扱いに定める要件を満たさないことから、備忘価額相当額のみならず貸倒損失処理をした全額が損金不算入になるものと考えます。

　また、この場合の備忘価額そのものについての具体的な金額の定めはあ

りませんが、帳簿に残す以上は１円以上と考えられます。ただし、備忘として不必要に過大であると認定された場合には、部分貸倒れの懸念を指摘される可能性があると考えます。

4　貸倒処理後、業績の回復あるいは弁済を約しても益金算入は不要である

この取扱い（通達(1)及び(2)）により貸倒処理をした売掛債権について、後日、債務者の業績が回復したり、あるいはその売掛債権について弁済を受けることを約したとしても、実際に弁済を受けるまでは益金の額に算入する必要はないこととされています（「逐条解説」1074頁）。

5　１年経過の起算日はいつか、また、その日に限定されるか

通達(1)の取扱いにおける「１年以上経過をした時」を判断する上での、いわゆる起算日については、次のいずれか遅い日から１年経過した日が起算日とされています。

・債務者との取引を停止した時
・最後の弁済期
・最後の弁済の時

この場合、「弁済期」とは、契約上の期日をいい、「弁済の時」とは実際に弁済を受けた日と考えられます。

この取扱いは、「１年以上経過をした時」において、損金経理をしたときには貸倒処理を認めることとしているものであり、１年以上経過をした事業年度に限定したものではないと考えます。

したがって、債権者として売掛債権の回収努力等をしたことにより、例えば、結果として２年以上経過してしまったような場合にも認められるものと考えます。

しかし、その場合には、会計上はもちろんのこと税務上も利益操作目的の疑義が生じないように、社内規定の整備等あるいはその経緯等について明確にしておく必要があると考えます。

6　取引停止とは、返済能力等の悪化によるものに限られ、営業上の紛争によるものは認められない

　通達(1)の取扱いは、その債権の回収不能の判断について、その債権の特殊性等、つまり債権確保の手続をとることが他の債権に比べ比較的困難な場合が多いこと、消滅時効が他の債権に比べ短いこと等を考慮し一種の形式基準を適用して貸倒処理を認めようとするものです。

　この取扱いにおける「取引停止」とは、継続的な取引を行っていた債務者が資産状況、支払能力等が悪化したことを原因としてその後の取引を停止するに至った場合をいうと明示されています。

　したがって、当事者間に営業上の紛争が生じたため、取引を停止し、1年以上経過したとしても、適用の対象にはならないものと考えます。

【参考】

　「代理店契約の破棄を理由に支払拒絶を受けている債権」については、この通達の対象債権ではない（国税庁質疑応答事例「貸倒損失3」）。

7　担保物の処分見込額控除後の貸倒処理は認められない

　通達(1)の取扱いは、その売掛債権に担保物がある場合を除くとされており、担保物がある場合には、その担保物を処分した後にこの取扱いが適用されるか否かについて判断すべきです。たとえ、その売掛債権から担保物の処分見込額を控除し、さらに備忘価額を控除した残額を貸倒処理したとしても、担保物を未だ処分しない以上認められないこととなります。

8　取立費用との比較判断基準

　通達(2)の取扱いにおいて、取立費用等と比較する売掛債権の総額は、一の取引先ごとではなく、同一地域の全ての債務者に対する売掛債権残高の総額で判断することになります。

　この場合、「同一地域」については、具体的にどのような範囲を指すのか、例えば、「行政区域」で一律に判断するのか明らかにはされていませんが、

法人の取引実態によって判断せざるを得ないものと考えます。

（注）その場合、債務者の資産状況等について考慮する必要はないとされています。

9　個別評価金銭債権として貸倒引当金を繰り入れている債権にも適用される

　売掛債権について、個別評価による貸倒引当金を繰り入れている場合であっても、その取引の停止又は最後の弁済期以後1年以上を経過したときは、その売掛債権についてこの取扱いによる貸倒処理をすることができるとされています（「逐条解説」1074頁）。

Q&Aによる通達解説（9－6－3⑴関係）

1　民法改正（債権法）の施行に伴う税務への影響

Q　当社は、取引先である甲社と長年取引を続けてきましたが、甲社の経営が行き詰まったため2年前に取引を停止し、また最後の売掛金の弁済から1年以上が経過しました。このたび法人税基本通達9－6－3⑴の定めを適用し、当期の決算において備忘価額1円を残して貸倒損失を計上する予定です。

　令和2年4月1日での改正民法の施行により、短期消滅時効が廃止されて5年等に統一されたようですが、税務上の処理にも影響があるのでしょうか。

A　**税務上の取扱いについては見直しがされておらず、これまでと同様の取扱いにより処理を行うことができます。**

　法人税基本通達9－6－3⑴の取扱いは、債務者との取引を停止した時以後1年以上経過した場合に売掛債権金額から備忘価額を控除した残額を貸倒れとして損金経理したときは、その処理を認めるというものであり、同一人に対して継続的な取引を行っていた場合において、

その債務者につきその資産状況、支払能力等が悪化したためその後の取引を停止するに至った場合に適用されるものです（同通達（注））。

　改正民法においては、債権の消滅時効を、債権者が権利を行使できる時（客観的起算点）から10年が経過したときに加えて、債権者が権利を行使することができることを知った時（主観的起算点）から5年が経過したときも、時効によって消滅するとされました（改正民法166条1項）。

　これにより税務上の貸倒損失の形式基準の取引停止期間（1年以上）への影響も考えられましたが、上記通達が私法上の時効制度と直接関係があるわけではないことや、時効期間が長くなったからといって必ずしも債権の回収ができるとは限らないと考えられることなどから、通達の改正にはつながらなかったようです。

2 取引停止後一定期間弁済がない売掛債権が再生債権となった場合の貸倒処理

Q　当社は、甲社とは15年にわたり取引を続けてきましたが、甲社の経営が行き詰まったため取引を停止し、売掛金の弁済を受けられないまま1年以上が経過しました。

　そこで、当社は当期において自社の財務内容の健全化のために、やむなく甲社に対する未回収の売掛金について、法人税基本通達9－6－3(1)の取扱いを適用して、備忘価額1円を残し、貸倒損失を計上する予定でいました。

　ところが、甲社が民事再生法の規定に基づいて再生計画案が可決され、民事再生法の規定による裁判所の再生計画の認可決定も受け、再生計画に基づき当社の売掛債権は3年後に全額弁済されることとなりました。

　このような場合において、全額弁済が確定した債権について、貸倒損失として損金の額に算入することは認められますか。

A **売掛金から備忘価額を控除した金額を損金経理することにより貸倒損失として損金の額に算入することができます。**

　法人税基本通達９－６－３⑴の取扱いは、売掛債権について債務者との取引を停止した時以後１年以上経過した場合に売掛債権の額から備忘価額を控除した残額を貸倒れとして損金経理したときは、その処理を認めるというものであり、同一人に対して継続的な取引を行っていた場合において、その債務者につきその資産状況、支払能力等が悪化したため、その後の取引を停止するに至った場合に適用されるものです（同通達（注））。

　つまり、同通達はその取引を停止するに至った事情が一定の事実に該当する場合に形式的にその適用を認めるものであり、たとえ本件のように債務者が裁判所の手続による再建型の法的整理の一つである民事再生法の規定による再生計画の認可決定があり、３年後に全額弁済されることとなったとしても、その売掛債権を別扱いする必要はないものと考えられます。

　したがって、法人税基本通達９－６－３⑴の取扱いの適用により、売掛金について備忘価額を付し、その残額を貸倒損失として計上したときには損金の額への算入が認められると考えます。

3 売掛債権に係る貸倒損失の計上時期

Q　当社は、継続的な取引を行ってきた甲社に対して売掛債権を有していますが、甲社の急激な資産状況の悪化に伴い返済が滞ったことから、２年前にその取引を停止し、現在まで何ら返済がありません。

　法人税法の取扱いでは、このような売掛債権については継続的な取引停止後等１年以上経過した場合には、備忘価額を残し、残額を貸倒損失として計上できることとされているようですが、当社のようにその売掛債権が取引停止後等２年以上経過しているような場合

　でも、貸倒処理することは認められるのでしょうか。

A　**課税上弊害がない限り、当期における貸倒処理は認められると考えます。**

　法人税法上、金銭債権に係る貸倒損失の計上時期については、おおむね次のように取り扱われています。

　①　法人税基本通達９−６−１……「その事実の発生した事業年度
　　　「法律上の貸倒れ」　　　　　　　において貸倒れとして損金の
　　　　　　　　　　　　　　　　　　　額に算入する。」
　②　法人税基本通達９−６−２……「その明らかになった事業年度
　　　「事実上の貸倒れ」　　　　　　　において貸倒れとして損金経
　　　　　　　　　　　　　　　　　　　理をすることができる。」
　③　法人税基本通達９−６−３⑴　……明文化されていません。
　　　「形式上の貸倒れ」

　このように、法人税基本通達９−６−３⑴には、貸倒処理の要件としての「債務者との取引停止後１年以上経過した場合」と規定されているだけで、他の取扱いのように具体的に貸倒処理できる事業年度について特定されてはいません。

　このことから、法人がこの取扱いをどの事業年度で適用するかどうかについては、課税上弊害がない限り、その法人の選択に委ねられているものと思われます。

　したがって、本件の場合のように取引停止後２年以上経過している場合においても、当期における貸倒処理は認められると思いますが、取引停止後１年経過時にこの取扱いの適用を受け、貸倒処理を行わなかったことについて合理的な理由がない場合、あるいは貸倒損失の計上を繰り延べて利益操作を行ったなど、課税上弊害があると認められる場合には、損金算入が否認されることもあり得ると考えます。

4 最終支払日以後１年以上経過した場合の売掛金の貸倒処理

Q　従来から取引のあった得意先甲社が業績不振となり代金決済が滞るようになったことから、２年前に取引を停止し、最後の支払いを受けてからもう１年以上経過しています。当期の決算で売掛金の残額について貸倒損失として処理したいと考えているのですが、この処理は認められるでしょうか。

A　**売掛金から備忘価額を控除した金額を損金経理することにより貸倒損失として処理することは認められると考えます。**

　法人はその営業活動を展開していくなかで、売掛金、貸付金等といった様々な債権を取得することになりますが、その取引先である債務者の資産状況等の悪化に伴い、その債権の回収が困難になるという事態が往々にして生じることがあります。

　このような場合、その金銭債権が法的に消滅したときは、その消滅した時点において貸倒損失として損金の額に算入することとなり、また、債務者の資産状況、支払能力等からみてその全額が回収できないことが明らかになった場合には、その事業年度にその金銭債権の貸倒れとして損金経理することができることとされています（法基通９－６－１、９－６－２）。

　しかし、法人が継続的に行う営業活動によって発生する売掛金、未収請負金等については他の一般の貸付金等とは異なり、履行の遅滞をもって直ちに債権確保のための手続をとることが事実上不可能であることから、上記の取扱いとは別に特例として次のように取り扱うことも認めています。

　法人の有する売掛債権（売掛金、未収請負金その他これらに準ずる債権をいい、貸付金その他これに準ずる債権は含みません）のうち継続的な取引によって生じた債権については、債務者の資産状況、支払能力等が悪化したため、その後の取引を停止した時（最後の弁済期又

は最後の弁済の時がその取引を停止した時以後である時には、これら
のうち最も遅い時）以後１年間以上経過した場合（その売掛債権につ
いて担保物がある場合を除きます）には、その売掛債権の額から備忘
価額を控除した残額を貸倒れとして損金経理したときは認めることと
しています（法基通９−６−３）。

　この場合の継続的な取引とは、売掛債権が反復的・集団的に発生す
る取引をいいますので、例えば不動産取引のようにたまたま行った一
時的な取引に係る売掛債権については、この取扱いの適用は認められ
ないこととされており（法基通９−６−３（注））、したがって、同じ
売掛金であっても債務者との単発の取引によって生じたものなのか、
あるいは継続的な取引によって生じたものなのかその発生事由によっ
て貸倒損失の要件とその計上時期が異なる場合があることに留意する
必要があります。

　本件の場合は、得意先との継続的は取引を停止し、最後の弁済を受
けた時から１年以上経過しているとのことですから、売掛金から備忘
価額を控除した金額を損金経理することにより貸倒損失として処理す
ることが認められると考えます。

5 未収工事請負代金の貸倒処理

Q　当社は建設業を営んでいますが、３年前に甲社の新工場建築を請
け負い前期に完成引渡しを行っています。しかし、甲社の急激な業
績悪化により建築請負工事代金の一部が１年以上回収できないまま
となっています。甲社の現在の資産状況、返済能力等からは回収の
目途が立たないことから、今期、法人税基本通達９−６−３(1)（一
定期間取引停止後弁済がない場合等の貸倒れ）の取扱いを適用し、
備忘価額として１円を残して、その残額を貸倒損失として処理した
いと考えているのですが、この処理は認められるでしょうか。

A 継続的な取引を行っていたものには該当しないことから、貸倒
損失として処理することは認められないと考えます。

　法人税基本通達９－６－３⑴の取扱いは、同一人に対して継続的な
取引を行っていた場合において、その債務者についてその資産状況、
支払能力等が悪化したため、その後の取引を停止するに至った場合に
適用されることとなります（法基通９－６－３（注））。
　したがって、一般的には建築会社の工事請負代金や、不動産販売会
社の土地・建物等の譲渡代金は、営業上の債権ですが、これらの債権
は同一人に対して継続的な取引から生じたものとは認められないこと
になります。
　本件の場合、同一人に対して継続的な取引を行い、その継続的取引
を停止したというものではありませんから、法人税基本通達９－６－
３⑴を適用して貸倒処理することは認められないと考えます。

6 継続取引の他にスポット取引がある場合の貸倒処理

Q 当社は、甲社に対して、情報システムに係るサポート業務を継続
的に行っていたほか、電子計算機の販売を１回だけ行いました。
　その後、甲社は急激に業績不振に陥り、資産状況、支払能力等が
悪化したことから、通常のサポート業務に係る支払いはもとより、
スポット的に行った電子計算機の代金の支払いさえも遅延すること
となったため、サポート業務の取引を停止しました。その後、取引
を停止してから１年以上経過しましたが、いまだに何ら支払いがあ
りません。今期、法人税法上の売掛債権に係る貸倒処理の特例に基
づき、備忘価額を控除した残額を損金経理により貸倒処理しようと
考えていますが、情報システムに係るサポート業務を提供していた
時期に１回だけ行った電子計算機の販売に係る未収入金についても
継続的な取引に係る売掛債権に含めて貸倒処理をしてもよいでしょ

うか。

A　継続的な取引であるか否かは、取引ごとではなく、債務者ごとに判断することになります。したがって、1回だけ行ったスポット的取引に係る売掛債権も、継続的な取引のある同一の債務者に対するものですので、他の継続的な取引に含めて法人税基本通達9－6－3⑴の適用ができると考えます。

　法人税基本通達9－6－3⑴（一定期間取引停止後弁済がない場合等の貸倒れ）は、継続的取引を行っていた債務者の資産状況、支払能力等が悪化したために取引を停止した場合の売掛債権の貸倒れについての取扱いであり、その場合の継続的な取引か否かは個別の取引ごとはもちろん、取引の種類や内容ごとに判定するのではなく、その債務者ごとに判定することになると考えます。

　したがって、本件の場合、情報システムに係るサポート業務という同一人に対する継続的な取引のある甲社について、電子計算機の販売というスポット的取引も含めて法人税基本通達9－6－3⑴の適用をすることができると考えます。

7　継続的な取引を計画していた取引が1回で停止した場合の貸倒処理

Q　当社は、新しく東北地区の販路を確保するために、甲社を代理店として継続的に取引していくことを計画していました。しかし、甲社の資産状況が急に悪化したために、甲社とは1回目の取引だけで停止せざるを得ない結果となってしまいました。

　その後、取引を停止して1年以上が経過しましたが、未だ第1回目の納入代金（無担保）が未回収となっています。この場合、法人税基本通達9－6－3⑴を適用して貸倒処理をすることは認められますか。

A 　継続的な取引とは、実際に行ってきた取引によって判定することから、原則として、継続的な取引の計画があった場合でも１回だけのスポット的取引で終わったものについては、法人税基本通達９－６－３(1)の適用は認められないと考えます。

　法人税基本通達９－６－３(1)（一定期間取引停止後弁済がない場合等の貸倒れ）は、継続的取引を行っていた債務者について、その資産状況、支払能力等が悪化したためその後の取引を停止し、１年以上経過するに至った場合に売掛債権の特例として形式上の貸倒れを認めることとしています。

　この場合、継続的取引とは、売掛債権が同一人に対し反復的・集団的に発生する取引であり、将来の計画等は関係なく、これまで実際に行ってきた取引が継続的な取引であるかどうかを判定することとされています。

　したがって、本件の場合は、結果としてたった１回の取引であり、原則として、今後の取引計画は考慮されないことから、継続的な取引には該当しませんので、法人税基本通達９－６－３(1)の適用は認められないと考えます。

　(注) 通信販売業を営む法人について、一度でも注文があった顧客について継続・反復して販売することを期待して、その顧客管理をしている場合には、その顧客は「継続的な取引を行っていた債務者」とみることができるとする取扱いがあります。

　　ただし、その場合であっても「取引の停止」となった理由が、その債務者の資産状況、支払能力等の悪化によるものとされることから、この適用に当たってはその事実確認が必要とされることに留意する必要があると考えます。

8 債務者との間に営業上の紛争がある場合の貸倒損失

Q 　当社は、長年、当社の販売代理店として取引してきた甲社に対し、諸般の事情から製品出荷を停止し、さらに販売代理店契約を解除し

ました。このたび売掛債権の支払いを求めて提訴したところ、不当理由による一方的な販売代理店契約解除であるとして、当社に対する商品代金の支払いを拒絶しており、現在も係争中です。

　当社は、法人税基本通達9－6－3(1)に該当する事由が当期に生じたものとして、備忘価額を残して貸倒処理する予定ですが、この処理は認められますか。

A　**当事者間の紛争による支払拒絶を理由とする貸倒処理は認められないと考えます。**

　法人税基本通達9－6－3(1)（一定期間取引停止後弁済がない場合等の貸倒れ）の取扱いは、継続的な取引を行っていた債務者の資産状況、支払能力等が悪化したため、その後の取引を停止するに至った場合に適用を認めることとしています。

　これは、売掛債権に係る回収不能の判断について、その債権の特殊性等を考慮し一種の外形基準を適用して簡素化を図ったものであり、本件の場合のように、当事者間に営業上の紛争が生じたために、事実上回収困難となっている売掛債権についてまでこの適用を認めるものではありません。したがって、たとえ支払拒絶から1年以上を経過したとしても、この通達に基づき貸倒処理することはできないものと考えられます。

9　**貸付金と未収利息の貸倒処理**

Q　当社は貸金業を営んでおりますが、金銭の貸借取引の停止後1年以上が経過し、元金の回収はもとより利息も未収となっているものがあります。通常、債務者との取引を停止した後1年以上が経過した場合の貸倒れの特例は、売掛債権について適用され、貸付金にはその適用がないこととされています。しかし、当社のように貸金業等を営む法人における貸付金は、一般事業法人の売掛金と同様であ

ると考えることから、貸倒れの特例の適用が認められるのではないでしょうか。

　また、貸付金に係るに未収利息は貸付金そのものではないので、同様にこの特例の適用があるということでよろしいですか。

A　**貸金業を営む法人の貸付金については貸倒れの特例の適用はありません。また、その未収利息についても貸倒れの特例の適用はないと考えます。**

　法人税基本通達９－６－３⑴（一定期間取引停止後弁済がない場合等の貸倒れ）は、売掛金、未収請負金等の売掛債権について適用され、貸付金その他これに準ずる債権には適用されないこととされています。

　この取扱いの違いは、売掛債権と貸付金等について、その履行遅滞が生じた場合に債権確保のための法的手段が容易に講じられる債権か否か、その実情を考慮したことによるものと考えられます。

　つまり、一般の金銭消費貸借契約に基づく貸付金については、履行遅滞した場合には直ちに債権確保の法的手段を講じることができる場合が多いのに対し、一般商取引から生ずる売掛債権は通常、反復・継続的に発生するものであり、取引に際し事前に担保を徴することも少なく、そのため、履行遅滞が生じたからといって直ちに債権確保のための法的手段を取ることが事実上困難であると認められます。

　これは、金融機関その他の貸金業を営む法人の貸付金・未収利息であっても、その事情は同じであると考えられます。

　したがって、本件の場合には、形式的に金銭の貸借取引の停止後１年以上が経過したからといって、貸倒処理することは認められないと考えます。

10 極めて少額な返済が散発的にある場合の貸倒処理

Q 　当社は甲社とは長年にわたり取引を行ってきましたが、甲社の営業不振により支払能力等が悪化したことから、その後取引を停止し、1年以上経過しています。

　当社が甲社に対して有している売掛金（無担保）は、2,000万円であり、甲社の現在の支払能力等からすれば一括の返済は困難な状況ですが、甲社は資金繰りがついた都度10万円程度の返済を行ってきています。

　しかし、甲社の返済については散発的であること、また、その金額が売掛債権額に比べて極めて少額であることから、現状のままでは将来の全額回収は期間も不明であり、不可能であると考えられます。

　そこで、当社は自社の財務内容の健全化等を考慮し、今期で取引停止から1年以上経過していることもあり、法人税基本通達9－6－3⑴（一定期間取引停止後弁済がない場合等の貸倒れ）の取扱いにより、貸倒処理したいと考えていますが、認められるでしょうか。

A 　**少額であれ、弁済が行われている以上、最後の弁済のときから1年以上経過していない場合には認められないと考えます。**

　法人税基本通達9－6－3⑴の取扱いは、継続的な取引を行っていた債務者についてその資産状況、支払能力等が悪化したために取引を停止した時（最後の弁済期又は最後の弁済の時が取引を停止した時以後である場合には、これらのうち最も遅い時）以後1年以上経過した場合について、貸倒損失としての処理を認めるものです。

　また、この取扱いにおける「1年以上経過した場合」の起点日については、

　①　取引を停止した時

　②　最後の弁済期

③　最後の弁済の時

のうち最も遅い日が該当することとされています。

　この取扱いは、同一債務者に対し継続的に取引を行っている場合に発生する売掛債権の特殊性を考慮し一種の外形基準を適用して売掛債権に係る貸倒れの特例として認めているものであり、この取扱いの適用についてはその条件の充足について注意する必要があると考えられます。

　したがって、本件の場合、債務者が返済不能に陥った状況等についてはこの取扱いの条件に該当するものと思われますが、その売掛債権に対し少額ですが債権の回収が行われていることからすれば、この取扱いにおける「1年以上経過した場合」の起点日は「取引を停止した時」からではなく「最後の弁済の時」となり、その時から1年以上経過していなければ、当期における貸倒処理は認められないと考えます。

11 手形期日と最後の弁済期

Q　当社の長年の得意先である甲社は、急激な経営不振により、支払状況等が悪化したことから売掛金の返済がかなり滞ったので、X1年2月をもって取引を停止しました。最後に売掛金の一部につき支払いを受けたのは、X1年3月15日であり、X2年5月15日を支払期日とする約束手形を受領しました。

　当社はX3年3月期の決算で、甲社との取引停止後1年以上経過しているので、売掛金残高を損金経理により貸倒処理する予定ですが、この処理は認められるのでしょうか。

A　**最後の弁済期の時から1年以上経過しておらず、貸倒処理は認められないと考えます。**

　継続的な取引を行っていた債務者について、その資産状況、支払能力等が悪化したため、その後取引を停止した時（最後の弁済期又は最

後の弁済の時がその停止をしたとき以後である場合には、これらのうち最も遅い時）以後１年以上経過した場合には、その債務者に対して有する売掛債権の額から備忘価額を控除した残額を損金経理により貸倒処理することが認められています（法基通９－６－３(1)）。

　また、この取扱いにおける「最後の弁済期」とは弁済をするべき前もって定められた時をいい、通常は手形の支払期日を含むものと解されています。

　本件の場合、取引の停止の時はX１年２月であり、また、最後の支払いを受けたのは同年３月15日であることから、その点ではいずれもX３年３月31日においては既に１年以上経過していることになります。

　しかし、貴社が甲社からの最後に支払いを受けたのはX１年３月15日ですが、それは約束手形によるものであり、受領した約束手形の支払期日はX２年５月15日となっているとのことですから、その意味ではX３年３月31日期においては、まだ１年以上経過していないことになり、本通達に基づく貸倒損失の計上は認められないことになると考えます。

　なお、甲社の債権の全額が回収不能と認められる場合には、法人税基本通達９－６－２（回収不能の金銭債権の貸倒れ）の適用の可否を検討することも必要かと考えます。

12 手形書換えに応じた場合の貸倒処理

Q　当社は、得意先である甲社への売上代金については、主に手形決済を行っていました。しかし、甲社の資金繰りの悪化によりその手形が期日に決済できない状況が続いたため、１年以上前に取引を停止し、甲社振り出しの手形については、甲社の要請により次々とその書換えに応じています。この場合、その売掛債権が取引停止後１年を経過した場合に当たるとして、当期に貸倒れとして処理するこ

とはできますか。

A **貸倒れとして処理することは認められないと考えます。**

　債務者と取引を停止した時（最後の弁済期又は最後の弁済の時が取引の停止以後の場合には、これらのうち最も遅い時）以後1年以上経過した場合には売掛債権から備忘価額を控除した残額を損金経理により貸倒処理することができることとされています（法基通9－6－3⑴）。

　この場合、この取扱いが継続的な取引に対する取引停止後1年以上経過という事実を形式的にとらえて貸倒処理を認めているものと考えられることから、たとえ取引停止後においても引き続き債務者との折衝等を行い回収努力を行っていても、上記取扱いの適用に影響は与えないものと考えられます。

　しかしながら、本件のように、売上代金として受け取った手形につきその期日が到来するたびに手形の書換えに応じているということは、「最後の弁済期」である手形の支払期日が書換えの都度、先に延長されていることとなりますので、依然として最後の弁済期が未だ到来していないことになります。したがって、法人税基本通達9－6－3⑴を適用して貸倒れとして処理することは認められないと考えます。

　ただし、甲社の債権について全額回収不能と認められる場合には、法人税基本通達9－6－2（回収不能の金銭債権の貸倒れ）の適用の可否を検討することも必要かと考えます。

13 期限の定めのない場合の1年経過の起算点

Q　当社の長年の取引先である甲社は、3年ほど前から業績不振に陥り支払能力が急速に悪化したことから、昨年9月末日の納品を最後に、取引停止をせざるを得なくなりました。以後、再三にわたり売掛金残高の支払請求を行っていますが、取引停止後全く支払いが行

われていません。

　取引停止した時から1年以上経過した売掛金については、備忘価額を残して貸倒処理が認められると認識していますが、このような場合、甲社との取引停止の時とは、どの時点となるのでしょうか。

A　**弁済について特段期限の定めのない場合は、即時払いと考えられますので、最後の納品日である昨年9月末日を起点として1年経過したか否かを判断することになるものと考えます。**

　継続的な取引を行っていた債務者の支払状況、支払能力等の悪化のため、取引の停止等をしてから1年以上経過した売掛金については、備忘価額を控除した残額を貸倒れとして損金経理することが認められています。

　また、取引停止の時よりも最後の弁済期又は最後の弁済の時の方が後であるような場合には、これらのうち最も遅い時から1年経過後を要件としています（法基通9－6－3(1)）。

　すなわち、1年以上の起算は、①債務者との取引を停止した時、②最後の弁済期、③最後の弁済の時のうち最も遅い時からすることになります。

　また、この場合、「弁済期」とは、弁済をするべき前もって定められた時をいい、また「弁済の時」とは、実際に弁済をした時をいっているものと考えられます。

　本件の場合、期限の定めがありませんので最後の弁済期に該当する日はないようですが、この場合には即時払いと考えられますので、最後の納品の日、すなわち、昨年の9月末日を起点として1年経過したか否かを判断することになると考えます。

14 備忘価額を残すことの必要性と貸倒処理

Q　当社は、甲社に対し売掛債権を有しています。甲社は長年の取引

先でしたが急激な業績不振により5年ほど前から債務超過に陥り、売掛債権についても回収できない状態になっています。

　その後、取引を停止しましたが、1年以上経過した現在まで何ら弁済が行われていませんので、当期に売掛債権について貸倒損失を計上したいと思います。

　この場合において、貸倒れとする金額は必ず備忘価額を残した金額でなければならないのでしょうか。

A　備忘価額を残すことは、その売掛債権を帳簿上管理することであり、その取引停止後1年以上を経過した場合の貸倒処理を行う場合の絶対的条件と考えます。

　法人税基本通達9－6－3⑴（一定期間取引停止後弁済がない場合等の貸倒れ）の取扱いは、継続的な取引を行っていた債務者についてその資産状況、支払能力等が悪化したために取引を停止した場合に、その売掛債権の額から備忘価額を控除した残額を貸倒れとして損金処理することを認められることとしています。

　しかし、この取扱いの対象とされた売掛債権については、法律上も有効に存在する売掛債権について、形式的に貸倒損失としての処理を認めていることから、その後においても回収若しくは貸倒れとしての事実が発生する可能性があります。その場合には回収分について、いわゆる簿外処理される可能性もあることから、債務免除等が行われるまでは備忘価額を付すことによって会計上個々の債権として管理し、その後の回収処理あるいは貸倒処理の推移が明らかになるようにしておく必要があると考えます。

　したがって、この取扱いにおいては、貸倒処理に当たり、備忘価額を付して帳簿に計上することが重要な条件とされており、この条件を満たさない貸倒処理は当然に認められないものと考えます。

　この場合の備忘価額とは、備忘価額として相当な額（通常1円）で

あればよいと解されますが、その処理に当たり、備忘価額を付さない
で全額貸倒処理した場合には、備忘価額（１円）のみの指摘ではなく、
条件を満たさない処理として全額の指摘になるものと考えられます。

　また、仮に過大な備忘価額を計上した場合には、税務上「一部の貸
倒れ」あるいは「貸倒れの分割計上」と認定される可能性もあること
から注意する必要があると考えます。

15 担保物の処分見込価額の控除と貸倒処理

Q　当社は、継続的に取引してきた甲社について、大口取引先の突然
の倒産等により急に支払能力等が悪化したことから、１年半前から
取引を停止している状態が続いており、現在も甲社に対する売掛金
1,500万円について弁済を受けていません。

　取引開始当初、甲社とは比較的大口の取引が見込まれたことから、
その取引開始に際して、甲社所有の不動産に対して3,000万円の担
保権を設定していましたが、現在の不動産の時価評価額からすると、
仮に担保権を行使したとしてもその回収は1,000万円しか見込めな
い状況です。

　当社は、売掛金1,500万円から担保物からの回収見込額1,000万円
及び備忘価額を控除してその残額を貸倒損失として処理したいと考
えているのですが、この処理は認められるでしょうか。

A　**具体的に担保物を処分した後でなければ貸倒損失として処理す
ることは認められないと考えます。貸倒引当金対象法人の場合は、
個別評価による貸倒引当金の計上により対応すべきであると考え
ます。**

　売掛債権に対する貸倒処理の特例として、継続的な取引を行ってい
た債務者について、その資産状況、支払能力等が悪化したため、その
後取引を停止した時等以後１年以上経過した場合には、その債務者に

対して有する売掛債権の額から備忘価額を控除した残額を損金経理により貸倒処理することが認められています（法基通9－6－3⑴）。

　ただし、この取扱いが適用されるのは、その売掛債権に担保物がある場合を除くものとされていることから、担保物がある場合はその担保物を処分した後にこの取扱いが適用されることになります。

　したがって、本件の場合には、その売掛債権について債務者の不動産に担保権を設定していることから、たとえ担保物からの回収見込額がわずかな場合であっても、その担保物を処分した後でなければ貸倒処理は認められないと考えます。

　なお、このように担保物を処分したい場合で、かつ、その担保物に価値がある場合には、貸倒処理ではなく、貸倒引当金対象法人である場合には法人税法施行令96条1項2号に規定する「個別評価金銭債権に係る貸倒引当金の繰入れ」により対応することができると考えます。

　また、逆に売掛債権について「個別評価金銭債権に係る貸倒引当金」の繰入れを行っている場合であっても、その取引の停止又は最後の弁済期以降1年以上経過したときは、その売掛債権についてこの取扱いを適用し、貸倒れとして処理することができると考えます。

16 貸倒処理済みの売掛金について債務引受けがあった場合

Q　当社は、継続的な取引をしていた甲社に対する売掛金について、取引停止後何ら返済がないまま1年以上経過したので、前期に1円の備忘価額を残して、貸倒れとして損金経理しました。

　ところが、当期になり、この甲社の関係会社である乙社が甲社の事業を引き継ぎ、債務の引受けをする旨の申し出を受け、交渉の結果、当社の売掛金も弁済が約束されました。

　このような場合、当社が前期に計上した貸倒損失を修正する必要はありますか。

A　前期の貸倒損失の修正を行う必要はないと考えます。

　貸倒損失とした売掛債権について、その判断に誤りがあった場合に、翌期以降貸倒損失として処理を訂正するために「前期損益修正益」を計上することはありますが、貸倒損失として処理する時点において、事実の認識、判断に誤りはなく、貸倒損失相当と認められた場合には、後日、その債務者の業況が回復したとか、第三者の債務引受け等があったなど、後発的な事情の変化により回収の可能性が生じたとしても、前期にさかのぼってまで修正処理する必要はないと考えます。

　したがって、実際に弁済を受けた段階で、その金額に相当する「償却債権取立益」として益金算入することになると考えます。

Q&Aによる通達解説（9－6－3(2)関係）

同一地域の債務者に対する売掛債権と取立費用の判断基準

Q　当社は得意先である甲社に売掛金7万円を有しており、その支払いについて再三督促しているにもかかわらず、何ら応答がないことから取引開始時の事務所を訪問したところ、既にB県に移転していることが判明しました。

　B県には当社が売掛金8万円を有する乙社があり、営業は続けているようですが、業績不振により支払状況が悪化したことから督促しているにもかかわらず弁済が行われていません。

　B県に1回出張するのに10万円の旅費がかかることから、この2社に対する売掛金について、備忘価額を残して残額を貸倒れとして処理することは認められますか。

A　同一地域の債務者に対する売掛債権の総額と取立費用の実費等を比較して計上の適否を判断することになると考えます。

　法人が同一地域の債務者について有するその売掛債権の総額が、その回収のために要する費用（旅費・日当等）に満たない場合、その債務者に対し支払いを督促したにもかかわらず弁済がないときは、売掛債権の額から備忘価額を控除した残額を貸倒れとして損金経理することが認められています（法基通９－６－３⑵）。

　この場合の取立費用は、１回の回収のための出張に要する旅費、日当等の実費をいいますが、債務者個々の売掛債権の総額と１回の出張費に要する旅費等と比較するのではなく、同一地域の債務者が複数である場合には、その債権の総額と１回の出張に要する旅費等と比較することになります。

　したがって、本件の場合には、甲社に対する売掛債権だけでなく、甲社と同一地域に存在する乙社に対する売掛債権との総額15万円（甲社７万円＋乙社８万円）が取立費用10万円よりも多いことから、法人税基本通達９－６－３⑵を適用して貸倒れとして処理することは認められないと考えます。

【参考】Q&Aによる通達解説

1 粉飾決算に係る売上債権の貸倒処理

Q 当社は、株式の公開を予定しており、今回、改めて全ての資産及び負債の内容を見直したところ、その内容が不明確な売掛債権の存在が明らかになりました。精査したところ約15年前に資金繰りの都合上、どうしても黒字決算を維持する必要があったことから、架空売上高を計上したものであり、それが現在も売掛金として残っているものであることが判明しました。

　財務内容の健全化のためにも、当期にこの売掛金残高を貸倒処理し整理したいと考えていますが、認められるでしょうか。

A **対象となる売掛金は架空のものであり、貸倒損失として処理することは認められないと考えます。**

　一般に、法人が過大申告し、法人税額を過大納付した場合に、税務署長は申告書の提出期限から５年間（欠損金額を増減させる更正若しくは欠損金額があるものとする更正については10年間）は更正（いわゆる減額更正）をすることができるとされています（通法70②）。

　しかし、法人税法上、過年度において仮装経理により過大申告を行っていた場合には、法人自らが修正の経理を行い、かつ、その処理に基づく確定申告書を提出するまで税務署長は更正をしないことができることとされています（法法129）。

　ところで、本件の場合は約15年前の架空売上に伴うものであり、仮にその取引について法人自らがその修正の経理を行ったとしても、その架空売上に係る部分については、税務署長は減額更正できる期間を過ぎているため処理できないものと考えます。

　したがって、その部分については当然に前期損益修正損等の勘定科目で売掛金を正しく処理すべきであると考えますが、その場合には、

税務上、当然に架空売上に係るものであり、貸倒損失として認められないことから自己否認し、申告加算する必要があると考えます。

2 貸倒れに係る消費税額等の処理

Q 当社の得意先である甲社に対する売掛金1,100千円（課税資産の譲渡に係るものです）が、当課税期間において回収不能となったため貸倒損失として処理する予定です。その場合には消費税額等はどのように処理すればよいでしょうか。

なお、当社は税抜処理をしています。

A **貸倒れに係る消費税額等の処理について、原則として、次の2つの方法が考えられますが、税抜処理をしている場合には、①の処理をすべきであると考えます。**

① 貸倒損失を税込みで計上し、消費税の精算に伴う差額を雑益計上する方法
② 貸倒損失を税抜きで計上する方法

いずれの場合も、納付することとなる消費税額及び法人税額は同じになります。

納付すべき消費税の計算において、課税資産の譲渡等に伴う金銭債権について貸倒れが生じた場合には、貸倒れとなった税込金額に係る消費税相当額（貸倒額に7.8／110を乗じた金額（軽減対象課税資産の譲渡に係る場合は6.24/108））を、貸倒れとなった日を含む課税期間の課税標準額に対する消費税額から控除することとされています（消法39、消令59、消規18）。

具体的な仕訳例は次のようになります。

1 貸倒損失を税込みで計上し、消費税額等を雑益計上する方法
ただし、貸倒損失に係る消費税額等は、課税標準額に対する消費税

額から控除することとなりますので、期末の仮受、仮払消費税額等の精算においてこの貸倒額に係る消費税額等相当額の益金が生じることになります。

（貸倒時）貸倒損失	1,100,000	売掛金	1,100,000
（期末時）仮受消費税額等	○○○	仮払消費税額等	○○○
		未払消費税額等	○○○
		雑益	100,000

２　貸倒損失を税抜きで計上する方法（注）

（貸倒時）貸倒損失	1,000,000	売掛金	1,100,000
（期末時）仮受消費税額等	100,000	仮払消費税額等	○○○
		未払消費税額等	○○○

（注） 一括評価金銭債権に係る貸倒引当金の繰入限度額の計算における貸倒実績率の計算上、「前３年以内に開始した各事業年度の売掛債権等の貸倒損失の額」は消費税額等の金額を含んだ金額となるため、上記２により経理処理をした場合、貸倒実質率が過少に計算される誤りが生じることになりますので注意が必要です。

3 貸倒処理をした売掛金と貸付金の総額の一部を回収した場合の消費税の処理

Q　当社の得意先であった甲社に対する貸付金2,000千円及び課税資産の譲渡等に伴う売掛金1,100千円について、前課税期間において甲社の資産状況、支払能力等からその全額の回収が見込めないと判断されたことから、貸倒れとして処理をしました。また、その際、消費税の確定申告において、その売掛金に係る消費税相当額については控除税額として処理しました。

　その後、当課税期間になり貸倒れとして処理をした貸付金と売掛金の一部1,000千円を回収しましたが、貸付金に対応するものなのか、売掛金等に対応するものなのか区別ができません。このような

場合、消費税額等相当額の処理はどのように行えばよろしいでしょうか。

A 　原則としてその回収額について、課税資産の譲渡等に伴う売掛金等の部分と、それ以外のものを区別する必要があります。ただし、その区分が著しく困難である場合には、貸倒れとして処理をした総額に占める課税資産の譲渡等に伴う売掛金等の割合により売掛金等に対応する回収額を計算することも認められると考えます。

　貸倒れに係る消費税額の控除の適用を受けた課税資産の譲渡等に伴う売掛債権について、その後において回収した場合には、回収した税込みの売掛債権に係る消費税相当額は課税資産の譲渡等に係る消費税額とみなすこととされています。

　具体的には、回収した税込みの売掛債権に7.8／110（軽減対象課税資産の譲渡に係る場合は 6.24/108）を乗じた消費税相当額を、その回収した日の属する課税期間の「消費税及び地方消費税の申告書」の『控除過大調整税額』欄に記載し、課税標準額に対する消費税額に加算することとされています（消法39③）。

　また、貸倒れとなった金銭債権のうちに課税資産の譲渡等に伴う売掛債権とそれ以外の債権等（貸付金等の消費税の課税取引以外のもの）が混在する場合には、これらを区別して貸倒れに係る消費税額の控除を適用することとされており、その後その貸倒額について、全部又は一部を回収した場合にも同様に区別して貸倒回収額に係る消費税額の調整をすることになります。

　しかし、これらを区別することが著しく困難である場合、貸倒れになった時における貸倒総額に占める各々の債権額の割合により課税資産の譲渡等に係る貸倒額を計算することが認められており、その区分計算した貸倒額を回収した場合にも、この割合に基づいて貸倒回収額に係る消費税額の調整をすることも認められています。

本件の場合、その区分が著しく困難であると認められる場合には、具体的な計算例は次のようになります。

1,000,000円×1,100,000 ／ 3,100,000≒354,838円

（税込みの売掛債権の回収額）

354,838円×7.8 ／ 110≒25,161円（消費税に加算する額）

4 ゴルフ会員権の預託金の一部が切り捨てられた場合

Q　当社はEゴルフ場の会員権（預託金2,000万円）を市場から1,200万円で取得し、現在も保有しています。ゴルフ場経営会社である甲社は民事再生法に基づく再生手続開始の申立てをしていましたが、このたび、再生計画が認可され、預託金2,000万円のうち1,000万円の切捨てが決定しました。

　Eゴルフ場のプレイは引き続き可能ですが、この切り捨てられた部分の金額は貸倒損失として処理できるでしょうか。

A　**200万円（1,000－（2,000－1,200））が貸倒損失として計上が認められることになると考えます。**

　一般的には、ゴルフ会員権には株式方式のものと預託金方式のものがあり（他に社団法人方式があります）、株式方式の場合は有価証券の取扱いが適用され、預託金方式の場合は債権の取扱いが適用されます。

　法人が有する金銭債権の一部が更生計画認可の決定や再生計画認可の決定があった場合において、これらの決定により切り捨てられることとなった部分の金額は、その事実の生じた事業年度において貸倒損失として損金の額に算入されます（法基通9－6－1⑴）。

　この取扱いは、あくまでも法人が有する金銭債権に対する取扱いであることから、預託金の切捨て部分が貸倒損失として認められるか否かについては、預託金制ゴルフ会員権の法的な性格について検討する

必要があります。

　そもそも、預託金制ゴルフ会員権の法的な性格は、ゴルフ場経営会社に対する会員の「契約上の地位」であり、優先的施設利用権、預託金返還請求権、年会費納入義務、会員権の譲渡権等を内容とする債権的法律関係であるとされており（最判昭50.7.25）、その中で預託金返還請求権が金銭債権に該当することになります。

　しかし、ゴルフ場施設を利用できる間は、優先的施設利用権が顕在化し、預託金返還請求権は潜在化して抽象的なものに過ぎないことから、税務上は、その間は優先的施設利用権を主とする一種の無形固定資産として取り扱われることとされており、一般に会員契約に基づき脱会した場合に初めて預託金返還請求権が顕在化し、金銭債権の性格を有することになるとされています。

　したがって、預託金の一部が切り捨てられたとしても会員契約が解除されていない場合には、保有している会員権は優先的施設利用権としての法的性格に変更はなく、金銭債権として顕在化しないことから、貸倒損失処理することは認められないものとも考えられます。

　しかし、再生計画認可決定などにより預託金の一部が切り捨てられた場合には、当事者間の契約変更により預託金返還請求権の一部が金銭債権として顕在化させた上で切り捨てられたとみることが可能なことから、債権者におけるその切捨てにより消滅した債権に相当する部分については、貸倒処理を認めることが相当であるとされています（法基通9－7－12（注））。

　なお、ゴルフ会員権を預託金の額面金額以下で取得している場合の貸倒損失は、帳簿価額と切捨て後の預託金の差額になります。

　また、この場合、債務者であるゴルフ場経営会社は、預託金の切捨て額相当額の債務の法的な消滅による債務免除益を計上する必要があります。

5 会員制レジャークラブが自己破産した場合の入会金と保証金の貸倒処理

Q 当社は、会員制レジャークラブ（無記名法人会員）に入会しており、従業員の福利厚生等に利用しています。入会の際に支払った入会金については、会員としての有効期限の定めもなく、また、保証金についても退会時に全額返済されることとなっていましたので、これらの全額を資産に計上しています。

　ところが、今年になって、このレジャークラブから経営不振のため営業を停止し、自己破産手続の開始の申立てをした旨の通知を受けました。

　当社は、再三にわたり、レジャークラブに対して保証金の返還請求をしましたが、今現在回収の見込みが立っていません。このような場合、①入会金について貸倒処理が認められますか。また、②保証金についても貸倒処理が認められますか。

A **入会金については貸倒損失としてではなく、単純損金として処理して差し支えないと考えます。また、保証金については貸倒損失としての処理は認められませんが、貸倒引当金適用法人の場合には、その50％相当額を個別評価金銭債権に係る貸倒引当金に繰り入れることは認められると考えます。**

　一般に、レジャークラブの入会に際しては、入会金（脱会しても返還されないもの）と保証金（脱会時には返還されるもの）の支出が必要とされていますが、それぞれの税務上の処理は次のとおりとされています。

1　入会金

　レジャークラブの入会に際して支出した入会金についてはその有効期限が定められており、かつ、その脱退に際して返還を受けることができないものを除き、資産に計上することとされ、脱会又は譲渡した

場合には、その事業年度において損金の額に算入することとされています（法基通9－7－13の2、9－7－11、9－7－12）。

　ところで、本件の場合、レジャークラブとして営業を停止し、自己破産の申立てをしていることから、既にレジャークラブの利用権は消滅しているものと考えられます。したがって、脱会の場合と同様に会員としての権利の消滅した事業年度において損金とすることが認められると考えます。しかし、この入会金はその性格から施設利用権としての資産性を認めたものであり、また、返還請求もできないことから金銭債権には該当せず、したがって貸倒損失として処理することは認められないと考えます。

2　保証金

　レジャークラブの入会に際して支出した保証金については、脱会時に返還されるものであることから、資産に計上することを要することになりますが、近い将来において金銭による回収を予定しているものではなく、寄託債権となります。このため、税務上の売掛債権等には該当しないことになります（法基通11－2－18(2)）。

　しかしながら、破産申立後、その返還請求を行うことにより、単なる寄託債権とは性格が異なることとなり、また、破産手続が開始された場合には債権の届出を行うことにより破産債権となることから、金銭債権としての性格を有することになると考えます。

　したがって、本件の場合、この保証金については破産手続開始の申立てをもって法的に消滅することはなく、また、レジャークラブの資産状況等からその回収可能性についても明らかでないことから、今期、貸倒損失として計上することは認められないと考えます。

　しかし、この保証金は個別評価金銭債権に該当するものと認められることから、貸倒引当金適用法人の場合には、法人税法施行令96条1項3号ハの破産手続開始の申立てに該当するものとして、保証金の額の50%以下の金額を個別評価金銭債権に係る貸倒引当金に繰り入

れることが認められると考えます。

6 新型コロナウイルスの影響により資金繰りに困窮する取引先に対して債務免除を行った場合

Q　当社は、得意先である甲社に対して3,000万円の貸付債権を有していますが、甲社は新型コロナウイルスの影響により店舗閉鎖を余儀なくされ、資金繰りに困窮し、今後貸付債権の回収が危ぶまれています。

　そこで、当社は甲社に対する貸付債権の利息について、店舗閉鎖が解除されるまでの期間につき、免除を行うこととしました。この利息免除額については寄附金の額に当たらないものとして処理することは認められますか。

A　債務免除を行った利息相当額については、寄附金の額に当たらないものとして処理して差し支えありません。

　法人が、災害を受けた得意先等の取引先に対してその復旧を支援することを目的として災害発生後相当の期間（災害を受けた取引先が通常の営業活動を再開するための復旧過程にある期間をいいます）内に売掛金、未収請負金、貸付金その他これらに準ずる債権の全部又は一部を免除した場合には、その免除したことによる損失の額は、寄附金の額に該当しないものとされています（法基通9－4－6の2）。

　本件の場合、得意先の店舗閉鎖が解除されるまでの期間について貸付債権の利息を免除するというものであり、合理的な計画等に基づくものであるといえますので、寄附金に該当しないことになると考えます。

第3章

不良債権の譲渡等

Ⅰ 債権譲渡と 債権の現物出資（DES）

　1991年頃から始まったバブル景気の崩壊により金融機関等が抱え込むこととなった多額の不良債権、さらには2008年9月に発生したリーマンブラザーズの経営破綻による金融機関等の経営危機、いわゆるリーマンショックによる経済危機により発生した不良債権、これらの不良債権の処理が我が国の経済不況の回復策として急務とされました。

　また、債権者側にとっての不良債権の処理、一方債務者側にとっての過剰債務の処理は、直接的な事業の再生のみならず、事業を継続するための国内及び国際的な信用回復、維持のためにも必要不可欠な課題となっています。

　債権者における不良債権の処理方法として、一般的に次の2つが考えられます。
- ① 間接償却としての貸倒引当金の計上
- ② 直接償却としての貸倒損失の計上

　いずれの場合もいわゆる無税処理を意識した場合にはその処理に比較的時間を要する場合も少なくありません。

　そこで、不良債権の早期処理、あるいは最終処理の方法として、金融機関等が各融資先に対して保有する不良債権を売却するいわゆるバルクセールや再生ファンド等への譲渡、債権管理回収業に関する特別措置法、通称サービサー法に基づくサービサーへの譲渡が積極的に行われるようになりました。

　また、債権者にとっては債権の全部又は一部を放棄することなく債務者側の株式と交換する「債務の株式化」（債権者の側からみれば「債権

の株式化」）、いわゆるデット・エクイティ・スワップ（DES）も積極的に行われるようになりました。

1 債権譲渡

■債権譲渡のイメージ

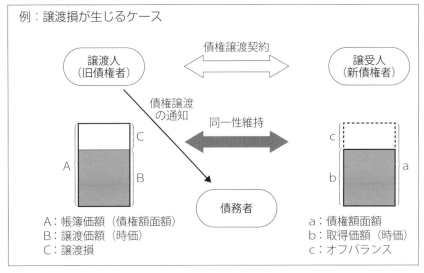

例：譲渡損が生じるケース

債権譲渡契約

譲渡人（旧債権者）　　譲受人（新債権者）

債権譲渡の通知

同一性維持

債務者

A：帳簿価額（債権額面額）
B：譲渡価額（時価）
C：譲渡損

a：債権額面額
b：取得価額（時価）
c：オフバランス

　債権譲渡とは、債権の契約による譲渡、すなわち債権の同一性を保ったまま、契約によって債権者の意思により債権を新債権者に移転することをいい、したがって、債権譲渡契約は譲渡人（旧債権者）と譲受人（新債権者）との間の契約であり、債務者は当事者ではないことになるとされています。

　しかしながら、債務を負担している債務者は、債権が自分の知らないところで譲渡されることにより二重弁済の危機にさらされるリスクがあることから、債権者から債務者に対してされる債権譲渡の事実の通知、又は債務者による債権譲渡の事実についての承諾という、債務者に対する対抗要件制度が設けられています（民法467①）。

　また、債権譲渡によっても、その同一性が失われないということは、債権に付着していた担保権などの権利などがそのまま存続することになり、債権譲渡の発生原因としては、売買、贈与、代物弁済、譲渡担保、信託などがあります。

　債権譲渡に関する法制度が整備され、債権それ自体が独立の財産的価値を有するものと認められるようになったことに伴い、債権を譲渡する社会的経済的な必要が生じたことから、これに応じて債権の譲渡が積極的に行われるようになりました。

　不良債権を譲渡した場合、債権の券面額と譲渡価額との差額は譲渡損として損金処理されることとなり、つまりはその含み損部分について直接償却することと同じ効果を得ることになります。

　この場合、通常、債権譲渡は第三者間取引である限り、基本的には恣意性の介入する余地がなく、また、その取引価額は時価をベースに決められることから、寄附金課税等の税務リスクは少ないものと考えられています。

2 債権の現物出資（債務の株式化（DES））

■DESのイメージ

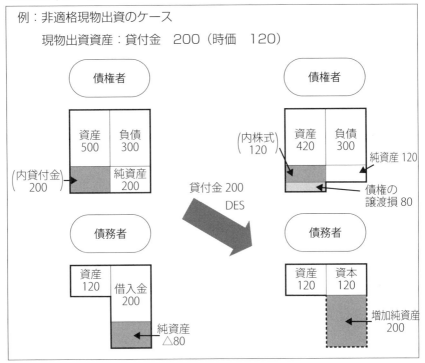

例：非適格現物出資のケース

現物出資資産：貸付金　200（時価　120）

　デット・エクイティ・スワップ（以下「DES」といいます）とは、債務（デット）と株式（エクイティ）を交換（スワップ）する取引をいい、一般的には債務者側からは「債務の株式化」、債権者側からは「債権の株式化」ともいわれており、現物出資の一形態として、会社法（会社法28、199ほか）及び法人税法（法法２十二の十四、法令４の３ほか）の規定の適用を受けることになります（詳細は、「Ⅲ　債務の株式化と税務」を参照）。

　債権者は株式を取得することにより将来再生等が成就した場合にはキャピタルゲインにより損失相当部分の回収を図ることができ、また、

債務者にとっては有利子負債の減少により財務体質の健全化を図ることにより、早期再建を可能とすることができます。

　また、税務上、非適格現物出資に該当した場合には、債権の時価による譲渡として取り扱われることから、通常、不良債権の場合には、譲渡損失が計上されることになりますが、税務上、一定の要件を満たさない場合には寄附金課税の問題が生じることに留意する必要があります。

　さらに、平成18年度以降会社法の改正を受け、法人税においても債務者側において債務の消滅益の認識が必要とされる場合もあることから、その採用については慎重になってきています。

(注) 債権の現物出資であるDESは、組織再編税制の適用を受け、適格現物出資あるいは非適格現物出資であるか否かによりその取扱いが異なるので注意を要します。

Ⅱ　不良債権の譲渡と税務

1　概　要

　一般的に法人税法上、資産の譲渡が行われた場合には、売掛金及び貸付金等金融資産としての金銭債権の場合も例外ではなく、その譲渡損失は損金の額となり、譲渡利益は益金の額とされ課税対象となります（ただし、グループ法人税制の適用がある場合を除きます）が、その際、留意すべきは次の項目の判断が重要な点になるものと考えます。

- ① 譲渡の事実の有無
- ② 譲渡価額の適正さ

　特に、不良債権を譲渡した場合には、通常、その譲渡価額（時価）が帳簿価額を下回ることから、含み損が実現し、譲渡損が生ずることになります。

　法人税法上、原則として金銭債権に係る評価損の計上は認められておらず、事実上の貸倒損失の計上も厳しい判断が必要とされることから、不良債権の早期処理、つまり、その含み損の顕在化を早期に図る最終手段として債権譲渡の利用が活発になってきました。

　しかし、この場合に注意すべきは、例えば、債権者あるいは債務者の関係者等への譲渡で、その債権譲渡が単なる含み損の顕在化を図る手段だけのもの、つまりその譲渡は、形式上債権が譲受人に移管しただけであり、何らその債権に係るリスクが移転していない場合等真正な譲渡とは認められない場合には、その譲渡損の計上は認められないことになります。

　また、その譲渡価額が担保物の評価、債務者の資産状況等を踏まえて
適正に評価されたもの、いわゆる時価である限りは問題がないと考えら
れますが、価額決定に当たり何らかの恣意的な要素が介在した場合には、
その価額の妥当性は否認され、低額譲渡又は高額譲渡等の場合には寄附
金課税の問題が生ずるものと考えられます。

1　譲渡の事実の有無

　法人が不良債権の譲渡により、その含み損を譲渡損失として顕在化さ
せた場合、まず、留意しなければならないのは譲渡の事実を明らかにし
なければならないことであると考えます。

　会計上、売掛金及び貸付金等金銭債権を含む金融資産の売却等による
消滅は、「権利に対する支配が他に移転したとき」と認められるときに
認識されるとされています（金融商品に関する会計基準Ⅲ2(1)）。

　法人税法上、その判断の基準として次の要件を定め、それらのいずれ
の要件も満たしたときに「権利に対する支配が他に移転」、すなわち金
融資産の売却による消滅、つまり金銭債権の売却による損益の計上をす
ることができるとされています（法基通2－1－44）。

① 　損失等に係るリスクが完全に移転していること
② 　売却後、買い戻す権利や義務を実質的に有していないこと　等

（金融資産の消滅を認識する権利支配移転の範囲）

2－1－44　法人が金融資産（金融商品である資産をいう。）の売却等の契約
　をした場合において、当該契約により当該金融資産に係る権利の支配が他の
　者に移転したときは、当該金融資産の売却等による消滅を認識することから、
　原則として、次に掲げる要件の全てを満たしているときは、当該売却等に伴
　い収受する金銭等の額又は当該売却等直前の当該金融資産の帳簿価額は、当
　該事業年度の益金の額又は損金の額に算入する。

　(1) 　売却等を受けた者は、次のような要件が満たされていること等により、
　　当該金融資産に係る権利を実質的な制約なしに行使できること。

　イ　売却等をした者（「譲渡人」）は、契約又は自己の自由な意思により当
　　該売却等を取り消すことができないこと。
　ロ　譲渡人に倒産等の事態が生じた場合であっても譲渡人やその債権者
　　（管財人を含む）が売却等をした当該金融資産を取り戻す権利を有して
　　いない等、売却等された金融資産が譲渡人の倒産等のリスクから確実に
　　引き離されていること。
⑵　譲渡人は、売却等をした金融資産を当該金融資産の満期日前に買い戻す
　権利及び義務を実質的に有していないこと。
（注）新たに二次的な権利又は義務が発生する場合には、2-1-46《金融資
　　　産等の消滅時に発生する資産及び負債の取扱い》の適用があることに
　　　留意する。

ポイント

1　債権者の関係者等への譲渡

　債権の譲渡、特に不良債権の譲渡においてその譲渡先が債権者の関係者、
例えばグループ会社等である場合、仮に適正な価額で譲渡されたとしても
その譲渡が単なる形式的な移管であり、譲受会社が譲受債権に対し何らリ
スクを負わない場合には、譲渡の事実に疑念が生じることから、譲渡損失
の計上には問題があると考えます。
　（注）譲渡先が債権者と完全支配関係にある法人である場合には、税務上、譲
　　　渡時には譲渡損益そのものを認識させないグループ法人税制の適用がある
　　　ことに留意する必要があります（法法61の11①）。

2　債務者の関係者等への譲渡

　債権の譲渡先が債務者の特殊関係者等（例えば、債務者法人の代表者等
あるいは債務者法人の関係法人等）である場合、その譲渡行為が真実であ
る限り、その行為自体を否定し、譲渡損失相当額を寄附金等として否認さ
れることはないと考えます。しかし、その後の譲受人と債務者との譲受債
権の処理内容、例えば新債権者としての権利行使（回収）の意思の有無等
によっては、1の場合と同様に譲渡の事実に疑念があり、実質債権放棄を

譲渡に仮装した等の問題が生じる場合もあると考えます。

【参考1】課税は表面的形式的合意にとらわれず、実質的経済実態に基づき行われると判断した事例（大阪高判平15.3.6）

「その課税の前提となる取引行為の私法上の法律行為については、契約書等における当事者間の表面的形式的合意にとらわれることなく、契約書に表面的に現れない事情をも考慮して実質的な経済実態を認定し、当時者が真に意図した私法上の法律構成による合意内容を探求し、これに基づいて課税が行われることになる。」

【参考2】債権譲渡は正常な取引により生じたものであり、債権譲渡に仮装した譲渡損の計上ではないと判断し、審判所により更正処分等が全部取り消された事例（国税不服審判所平17.2.14裁決）

3　債権の譲渡損失と貸倒実績率

　一括評価金銭債権については、貸倒実績率による貸倒引当金の繰入限度額の計算が認められています（法法52②、法令96⑥）が、債権の譲渡損失は金銭債権の回収不能に伴う損失ではないことから、貸倒実績率の算定に当たっては貸倒損失として含めることはできないものと考えます。

② 譲渡価額の適正さ

　一般に法人税法上、その譲渡価額は、その債権に係る担保物の評価、債務者の資産状況や営業状況等からみて適正に算定される価額、つまり時価によることが求められており、資産の譲渡の対価の額が、その譲渡の時における価額に比して低いときはその差額は、寄附金の額（受贈益の額）とされます（法法37⑦、37⑧、25の2③）。

　しかし、その譲渡がグループ会社等譲渡法人と関係する者等に対する譲渡ではなく、いわゆるバルクセールや再生ファンドなどへの譲渡である場合には、恣意的要素が排除される第三者間で行われた取引（アームズ・レングス原則が働いた取引）として、その取引価額の適正さは担保

されているものと考えます。

(注)　国税庁より公表されている「適正評価手続に基づいて算定される債権及び不良債権担保不動産の税務上の取扱いについて（法令解釈通達）」（平成10年12月4日付課法2-14ほか）により、その価額が適正な収支予測額及び割引率に基づいた恣意的な計算でないことが明らかであるならば、適正な取引価額と認める旨が明らかにされています。

ポイント

1　低額譲渡等とグループ法人税制

通常、金銭債権等資産の譲渡が時価と乖離した低額あるいは高額な価額で譲渡された場合には、時価との差額については税務上寄附金課税や受贈益課税の問題が生じることになります。

なお、その譲渡が完全支配関係にある法人間で行われた場合には、グループ法人税制のうち、譲渡損益の繰延べのほか、寄附金の損金不算入（法法37②）及び受贈益の益金不算入（法法25の2①）の適用があることに留意する必要があります（詳細については「第5章　不良債権等の処理とグループ法人税制」参照）。

2　譲受法人における取得価額の問題

実務上、譲受法人において認識すべき個々の債権の取得価額が問題となる場合があります。

譲渡法人において、例えば金融機関等におけるバルクセールのように多数の債権を一括して譲渡するような場合、その債権の譲渡損益の計算におけるその譲渡対価は、メインとなる債権については債権の担保物あるいは債務者の資産状況等をもとに評価が行われるものの、その他の債権については通常個別評価は積極的に行われることはなく、メインの債権の価額を含んだ合計額で計算が行われているようです。

しかし、譲受法人においては、取得した債権の個々の取得価額は将来、

譲受法人が回収、再譲渡、あるいは貸倒れの事実が生じた場合の収益あるいは損失の額の計算に重要な影響を与える要素となります。

　譲受法人における個々の債権の取得価額は、特定の債権あるいは少数の債権の場合には、前述のような債権の担保物、あるいは債務者の資産状況等をもとに評価が行われますが、いわゆるバルクセールのように一度に譲渡される債権が多い場合には、その合計額で取得価額を認識することになります。

　全体の価額の適正さについては、アームズ・レングス原則から担保されていると考えられますが、もちろん、譲渡契約時において個々の債権の価額が明確にされている場合は問題なく、その価額をもって取得価額とすべきですが、合計額のみで取引された場合には、譲受法人において取得した個々の債権について、いかなる価額を付与すべきか課題として残されていると考えます。

Ⅲ　債務の株式化（DES）と税務

1　概　要

　デット・エクイティ・スワップ（以下「DES」といいます）とは、債務（デット）と株式（エクイティ）を交換（スワップ）する取引をいい、一般的には債務者側からは「債務の株式化」、債権者側からは「債権の株式化」ともいわれており、債権という金銭以外の財産を出資する行為、すなわち「現物出資」であり、交換より取得する株式は普通株式よりもいわゆる種類株式が多く用いられているようです。

（注） DESにて発行を求められる種類株式は、株主総会における議決権はなく、ただし、剰余金の配当及び残余財産の分配について普通株式に優先し、また、普通株式や金銭を対価とする取得請求権付あるいは取得条項付種類株式が中心になっているようです。

　我が国においては、バブル経済崩壊後の不良債権の処理及び債務者企業の再生、再建のための一手段として合理的再建計画に基づく債権放棄等が積極的に行われてきました。その後、単に不良債権をオフバランス化するのではなく、債権者側からは投下資金の回収の可能性、債務者側は財務内容の健全化を図り信用力等の回復を図る等の理由からDESも企業再建スキームの有効な手法として利用されてきています。

（注） DESにおいては、原則として「債務者＝債務者たる法人」を意味します、以下解説においては単なる「債務者」という表現を用います。

1　DESのメリット・デメリット

　DESを実施することによって、債務者にとっては、過剰債務が減少し、資本が増加することになり財務状態を健全化（債務超過の解消等）させることができることから、債務者が再建するための有効な手段（債務を返済可能な規模まで減額する）として用いられています。

　つまり、DESを行うことにより、債務者は有利子負債の減少、それに伴う金利負担の軽減が図られることから、債務不履行に陥るリスクが軽減され、自己資本比率が改善される等の効果が期待できます。

　一方、債権者にとっても債権の全部又は一部を放棄することなく、その全部又は一部を株式に交換しておくことによって将来の資金回収の可能性が残り、債務者の再建が成就した場合には、配当収入（インカムゲイン）及び株式の価値が上昇したときにはその株式を譲渡することによる譲渡益（キャピタルゲイン）により資金の回収を図ることができることになります。

　DESを行った場合の債権者側及び債務者側のメリット、デメリットは概ね次のようになると考えられます。メリットと思われる部分についても、それを享受するためにはそれぞれ留意すべき点があります。

❶　メリット

【債権者側】

①　債務者が再建した場合、株式の売却によるキャピタルゲインを得る可能性が残る。

　留意点　取得した株式が公開株式あるいは買取りを強制できる種類株式等である場合には、比較的売却が容易ではあるが、非公開株式等の場合には売却（キャピタルゲインの実現）が困難な場合があります。

②　インカムゲイン（配当収入）を獲得できる。

　留意点　再生、再建途上での配当を求めることは容易ではなく、取得株式を種類株式にすることにより配当を求める方法で対応

している場合もあります。

③　会計上、不良債権のオフバランス化ができる。

　留意点　DESの手法については、後述②のように様々な方法がありますが債権者が債権を債務者である法人に対して現物出資する方法が最もシンプルであり、一般的に行われています。

　税務上、そのDESが非適格現物出資である場合には、債権の譲渡として認識されます。また、新たに取得する株式の取得価額は現物出資した債権の時価相当額とされていることから、譲渡した債権の帳簿価額と取得した株式との差額が現物出資時の損益として処理されます。

　その場合、発生した譲渡損の額については、現物出資を行わなければならなかった経済的な合理性等の有無（合理的な再建計画に基づくか否か）により、税務判断されることになるので注意を要します。

④　株主として積極的に経営に参加することも可能となり、モラルハザードを防ぐ効果も期待できることとなります。

【債務者側】

次の事由等により再生、再建が図りやすくなる。

①　有利子負債が削減されることにより、財務内容の改善及び金利負担の軽減が図られます。

②　債権者が株主となることにより、経営の充実化が図られます。

　留意点　新株主が比較的短期間での資金回収目的の場合、経営方針等につき双方の意見調整の必要性が生じる場合があります。

❷　デメリット

【債権者側】

①　取得した株式が非公開株式の場合、キャピタルゲインの実現が困難な場合があります。

②　取得した株式が非公開株式の場合、期末等の評価が煩雑、複雑に

　　なる場合があります。

　③　確定した利息収入がなくなります。

　④　有事の際には、通常、一般債権に劣後した立場となります。

【債務者側】

　①　債務消滅益に対する課税が発生する場合があります。

　②　債権者側による経営に対する干渉が厳しくなる場合があります。

　③　資本金等の増加による税負担が増加する場合があります。

　現物出資によって、資本金等の額が増加した場合には、法人税及び地方税における下記の取扱いの有無等について留意する必要があります。

○法人税……中小法人に対する各種特例措置の適用（軽減税率、貸倒引当金、交際費等、欠損金の繰越控除、その他各種控除制度）

○地方税……法人住民税の均等割額、法人事業税の外形標準課税

② DESの具体的な手法

　DESの具体的な手法として、主に次のようなものが考えられますが、①の方法が最もシンプルな手法であり、一般的に用いられています。

　①　債権者が債権を債務者に現物出資する（「現物出資方式」あるいは「本DES」ともいいます）。

　②　債権者が債務者に対する債権を現物出資して新会社を設立し、その新会社に債務者が営業を譲渡し清算する。

　③　債権者が第三者割当増資等を引き受けて、現金を債務者に払い込み、債務者がその現金をもって債務を弁済する（「新株払込方式」あるいは「擬似DES」ともいいます）。

　④　債務者が保有する自己株式を債権者に代物弁済する。

　(注)　会社更生法に基づくDESには、独自の規定が設けられています（会社更生法175二、183四）が、民事再生法及び他の私的整理の場合には独自の規定が設けられていないので、その取扱いの違いについて注意を要します。

③ 債権放棄とDESの比較

　債権放棄（債権の法的な消滅）及びDES（現物出資方式）とも不良債権の処理方法の一つとして比較してみた場合、会計上、税務上それぞれ次のような違いがあると考えます。

❶ 債権放棄の場合

(ⅰ) 会計上

　債権者には債権放棄損、債務者には債務免除益が生じることになります。

(ⅱ) 税務上

　① 債権者の債権放棄損が損金として認められるためには、その放棄が「合理的な整理又は再建計画」によるものか否かその相当性等の判断（法基通９－４－１又は９－４－２に従った判断）が求められ、認められない場合には原則として、寄附金の額とされます。

　② 債務者の債務免除益については益金の額に算入されることになります。

　（注）グループ法人税制の適用あるいは期限切れ繰越欠損金の利用が認められる場合もあります。

❷ DESの場合

　DESは、現物出資、つまり法人への出資に際して、金銭以外の財産（金銭債権）をその出資の目的とし、会社法に基づき行われる行為（会社法28、199ほか）であることから、会計上も税務上も現物出資として取り扱うことになりますが、税務上は、さらに組織再編税制のもと適格現物出資に該当するか否かの判定を行うことになります。

(ⅰ) 会計上

　① 債務者においては、DESについて「債権の額面額を株式化する」と考える、いわゆる「券面学説」が主流となっており、その券面学説に従った場合には、債権の券面額につき資本金（又は資本金及び資本準備金）の増加を認識することになり、出資の受入れに当たり

特段損益を認識することはないと考えます。

②　債権者側においては、DESにより株式を受け入れたときの株式の時価をもってその株式の取得価額とすることから、債権の帳簿価額と差額が生じた場合には、当期のその損益を認識することになります。

(ii)　**税務上**

DESについては、「債権の時価評価額を株式化する」とする、いわゆる「時価評価説」を前提とした規定が整備されており、また、一般的に、非適格現物出資として取り扱われる場合が多く、その内容は概ね次のようになると考えます（詳細については、次の「**2**　税務上の取扱い」参照）。

①　債権者は、DESの対象とした債権を時価で譲渡したものとみなされることから、通常、債権譲渡損が計上され、また取得した株式の受入額は、その取得の時（現物出資をした時）の債権の価額となります。

　しかし、その債権譲渡損が税務上、損金の額に算入されるか否かは、債権放棄同様、そのDESが「合理的な再建計画」に基づくものか否かにより判断されることになります。

②　債務者は、債権者から移転を受けた資産（自己あて債権）を時価により取得することから、通常、債務消滅益が生じます。

　(注) 民事再生手続等によるDESの場合には、いわゆる期限切れ欠損金による損金算入の適用対象となります。

2　税務上の取扱い

DESの具体的な手法として、おおむね４つのパターン（前述 **1** **2** 参照）が考えられますが、一般的に行われている①現物出資型（DES又は本DES）と、②現金振替型（擬似DES）の税務上の取扱いの概要等は次の

ようになります。

なお、会社更生法に基づくDESについては取扱いが異なることから、通常の取扱いと区分し解説しています。

１ 現物出資方式の場合

現物出資方式とは、債権者がその有する債権を債務者会社に現物出資する方法をいい、会社法上、通常の現物出資として取り扱われ（会社法28、199ほか）、税務上は組織再編税制のもと、その現物出資が適格現物出資か非適格現物出資か否かによりその取扱いが異なります。

現物出資方式の場合、現物出資により移転する資産は「金銭債権」のみであり、事業の移転を伴わないことから適格要件の一つである「事業継続要件」を満たしえず（法法２十二の十四、法令４の３⑩〜⑫）、原則として100％グループ内の現物出資を除き、非適格現物出資として取り扱われます。

したがって、以下、税務上の取扱いについては、「非適格現物出資」を前提に解説します。

> **参 考** 適格現物出資の場合
>
> **１ 債権者**
>
> 債権者においては、現物出資による債権が出資の直前の帳簿価額による譲渡とされるため、譲渡損益は認識されないことになり（法法62の４①）、取得した株式の取得価額は、その取得の時における給付をしたその債権の帳簿価額となります（法令119①七）。
>
> **(注)** 現物出資直後における株式の評価損は認めないこととされています（法基通９-１-12）。
>
> **２ 債務者**
>
> 債務者においては、債権者側の債権の帳簿価額により受け入れることとされることから（法法62の４②、法令123の５）、受け入れ

> た債権の債権者側における帳簿価額と対応する債務の帳簿価額が同額の場合には、混同（民法520）による消滅による損益は生じないことになります。
>
> **(注)** 例外的に、債務者において債務消滅益が生ずる場合があるので注意する必要があります（詳細は、❷の「ポイント」２を参照してください）。

❶　債権者側の取扱い

(i)　現物出資により取得した株式の取得価額

　子会社等に対して債権を有する法人が、合理的な再建計画等に定めるところによって、その債権を現物出資（適格現物出資を除きます）することにより株式を取得した場合には、その取得した株式の取得価額は、その取得の時における給付をしたその債権の価額（債権の時価相当額）となります（法令119①二、法基通２－３－14）。

　なお、この場合の子会社等には、その法人と資本関係を有する者のほか、取引関係、人的関係、資金関係等において事業関連性を有する者が含まれます（同通達（注））。

【会社更生法に基づく場合】

　会社更生法においては、更生計画の定めに従い、更生債権者等又は株主の権利の全部又は一部が消滅した場合において、これらの者が更生会社又は新会社の株式発行等の際に募集株式等の払込金額の全部又は一部の払込みをしたものとみなす旨を更生計画に定めなければならないこととされています（会社更生法175二、183四）。

　また、同様に、更生債権者等の権利の全部又は一部の消滅と引換えにする株式の発行に関する手続を定めています（会社更生法177の２）。

　この場合、更生計画の定めるところにより、払込みをしたとみなされ、又は権利の全部又は一部の消滅と引換えにして更生会社等の株式（新法

人の株式を含みます）若しくは新株予約権又は出資若しくは基金（新法
人の出資又は基金を含みます）の取得をした場合には、その取得の時の
価額（株式等の時価相当額）をもってその取得価額とされます（法基通
14−3−6）。

(注) 更生計画において株式の交付の基礎とされた債権の額と、この取扱いにより
　　取得価額とした金額の差額に相当する金額は、貸倒れとなったものとして取り
　　扱われることとされています（「逐条解説」1461頁）。

ポイント

1　基となった法的手続等により取得する株式の取得価額には違いがある

① 　民事再生法及びその他の私的整理等において、債権の現物出資（適格
現物出資を除きます）により取得する株式の取得価額は、現物出資する
債権の時価相当額となります。

② 　会社更生法に基づく更生計画の定めるところにより債権の消滅等によ
り取得する株式等の取得価額は、取得する株式等の時価相当額となりま
す。

2　増資直後の株式評価損の計上は認められない

増資の直前において債務超過の状態にあり、かつ、その増資後において
なお債務超過の状態が解消していないとしても、その増資後においてその
有価証券の評価損の計上はできないこととされています（法基通9−1−
12）。

(ii)　**現物出資する債権の額と取得する株式の価額との差額処理**

一般的に債権の現物出資、いわゆるDESは、財務内容が悪化している
債務者の再建支援の一形態として行われることから、債権の時価はその
帳簿価額を下回っている場合が多いと考えられます。

したがって、DESを行った場合には、株式の取得価額を債権の時価相

当額とすることにより債権の譲渡損が生じることになります。

```
(仕　訳)
 例：債権の帳簿価額　　　1,000
　　　債権の時価相当額　　　 400


　　（有価証券）　 400　　／　 （債　　権）　 1,000
　　（譲渡損）　　 600　　／
```

　DESによって生じた損失は、一般的には債権の譲渡損ですが、実質的には債務者に対する債権の全部又は一部の放棄による損失と同じく支援損としての性格を有するものと考えられることから、その損金処理については他の取扱い、すなわち、再建支援損等（基通達９－４－１～９－４－２）との平仄を図る必要があります。

　そこで、DESによって生じる債権の譲渡損については、他の再建支援損等（債権放棄等）と同様の取扱いをするために、法人税基本通達２－３－14において、子会社等を債務者とするDESは、合理的な再建計画等に基づくものであることを要求しています。

　したがって、合理的な再建計画等に基づかないDESについて生じた債権の譲渡損については、債務者に対する寄附金として認定される可能性があるとされています。

```
（債権の現物出資により取得した株式の取得価額）
２－３－14　子会社等に対して債権を有する法人が、合理的な再建計画等の定
　めるところにより、当該債権を現物出資（法第２条第12号の14《適格現物出
　資》に規定する適格現物出資を除く。）することにより株式を取得した場合
　には、その取得した株式の取得価額は、令第119条第１項第２号《有価証券
　の取得価額》の規定に基づき、当該取得の時における給付をした当該債権の
　価額となることに留意する。
　　（注）子会社等には、当該法人と資本関係を有する者のほか、取引関係、
```

人的関係、資金関係等において事業関連性を有する者が含まれる。

（注）「デット・エクイティ・スワップは、……再建支援の一形態として行われる
ものであり、これにより生じた損失は、一般的には債権の譲渡損であるが、実
質的には債務者に対する債権放棄によって生ずる損失と同じく支援としての性
格を有するものであるから、デット・エクイティ・スワップを含む再建計画が
経済的合理性のない過剰支援と認められるような場合には、債権者から債務者
に対する寄附金と認定される可能性があるので、留意する必要がある。」（「逐条
解説」326頁）

【会社更生法に基づく場合】

　会社更生法における更生計画に定めるところに従い、債権の消滅等
に伴い株式等の取得が行われた場合において、その取得する株式等の価
額と消滅する債権の金額との差額は、更生計画において代物弁済に充当
されず実質的に切り捨てられた金額として貸倒損失として処理されるこ
ととされています。

（注）「更生計画において株式等の交付の基礎とされた債権の額と、この取扱いに
より取得価額とした金額の差額に相当する金額は、貸倒れとなったものとして取
り扱われる。」（「逐条解説」1462頁）

```
(仕　訳)
  例：債権の帳簿価額　　　1,000
　　　弁済に代えて取得した債務会社の株式の時価　　　400


　　（有価証券）　　　400　　／　（債　　　権）　　　1,000
　　（貸倒損失）　　　600　　／
```

ポイント

1　合理的再建計画に基づくものは無税処理が可能である

　DESが合理的再建計画に基づき行われた場合に限り（会社更生法等に基
づく場合は除きます）、その譲渡損失は単純損金として認められ、合理的

再建計画に基づかない場合には、寄附金課税の問題が生じます。

2　会社更生法に基づくものは、貸倒損失となる

会社更生法に基づきDESが行われた場合に生じる、取得する株式等の価額と消滅する債権金額との差額は貸倒損失となります。

3　貸倒引当金の戻入益は譲渡損により相殺される

DESの対象とした債権について貸倒引当金を計上していた場合には、対象とした債権が消滅することからその全額の戻入れが必要とされ、当期においては戻入益だけが計上（法法52⑩）されることになりますが、債権の譲渡損の計上により、損益の計算上は相殺されることになります（ただし、現金振替型（擬似DES）の場合には、譲渡損が生じないことから、戻入益だけが計上されることになります）。

❷　**債務者側の取扱い**

(i)　**現物出資を受けて増加する資本金等の額**

税務上、非適格現物出資の場合、現物出資に伴い自己の株式の交付（株式の発行又は自己株式の譲渡）により増加する資本金等の額は、「払い込まれた金銭の額及び給付を受けた金銭以外の資産の価額その他の対価の額に相当する金額」と規定されています（法法2二十六、法令8①一）。

したがって、現物出資を受けて増加する債務者の資本金等の額は、給付を受けた自己の債権の時価に相当する金額ということになります。

【会社更生法に基づく場合】

会社更生法におけるDESは、債権の消滅と引換えに払込金額の全部又は一部の払込みがあったものとみなして株式の交付が行われるものであり、代物弁済的な性格を有するものと考えられています。

また、株式を発行した場合に増加する資本金等の額は、払い込まれた

金銭の額及び給付を受けた金銭以外の資産の価額その他の対価の額と規定されています（法令8①本文）。

　したがって、債務者の資本金等の額は、発行した株式の時価に相当する金額が増加することになります。

(ii)　債務消滅益に対する取扱い

（a）　債務消滅益の発生

　DESが行われた場合、債務者は自己に対する債権を現物出資により取得することによって、同一の債権及び債務が同一人に帰属し、債権及び債務は混同により消滅することになりますが（民法520）、受け入れられる債権は時価で認識しなければならないことから、債権の価額と債務の帳簿価額の差額につき債務消滅益が生じることになります。

（仕　訳）

例：債務の帳簿価額　　　　1,000

　　受入れた債権の時価　　　400

- ・（債　　権）　　400　／　（資本金等の額）　400
- ・（債　　務）　1,000　／　（債　　権）　　400
　　　　　　　　　　　　　　　（債務消滅益）　600

ポイント

1　原則として、適格現物出資の場合には債務消滅益は生じない

　DESが適格現物出資として行われた場合には、被現物出資法人である債務者はその債権を現物出資法人である債権者における帳簿価額で受け入れることになります（法法62の4②、法令123の5）。

　したがって、受け入れた債権の帳簿価額と対応する債務の帳簿価額は通常、同額であると考えられることから、債務者においては混同による債務消滅益は発生しないこととなります。

2　適格現物出資の場合で債務消滅益が生じることもある（例外）

　適格現物出資であっても現物出資法人である債権者がその債権金額（いわゆる券面額）を下回る価額で債権を取得した二次債権者等である場合があります。

　その場合には、その受け入れた債権の帳簿価額と対応する被出資法人である債務者の債務の帳簿価額に差が生じることから、債務の消滅損益の認識が必要になるので注意を要します。

（仕　訳）

　　例：受入れた債権の帳簿価額（債権者の帳簿価額）　　600

　　　　債務の帳簿価額（債務者の帳簿価額）　　　　　1,000

　　　（債　　権）　　　600　　／　（資本金等の額）　　600
　　　※　混同による債務消滅
　　　（債　　務）　　1,000　／　（債　　権）　　　　600
　　　　　　　　　　　　　　　　　（債務消滅益）　　　400

3　会計上、券面額で受け入れている場合には、税務調整が必要である

　会計上主流とされる券面学説により、受け入れている場合には、税務上（時価評価説）の調整が必要となります。

（仕　訳）

　　例：債権の券面額　　1,000

　　　　債権の時価　　　　400

　　　・会計上の仕訳
　　　（債　　権）　　1,000　／　（資　本　金）　　500
　　　　　　　　　　　　　　　　　（資本準備金）　　500

|（借入金）| 1,000 |／|（債　権）| 1,000 |

・税務上の仕訳

（債　権）	400	／	（資本金等）	400
（借入金）	1,000	／	（債　権）	400
			（債務消滅益）	600

・（申告調整）

別表4　「債務消滅益計上漏れ」　　　　　　　　加算（留保）

別表5（1）「利益積立金額の計算に関する明細書」　同額のプラス

　　〃　　　「資本金等の額の計算に関する明細書」　同額のマイナス

【会社更生法に基づく場合】

　会社更生法における更生計画に基づきDESが行われた場合、上記(i)で述べたように、切り捨てられた債権金額のうち交付した自己の株式の対価の額に相当する金額までは増加する資本金等の額とされることから、それを超える部分の金額については、債務免除益が生じるものと考えられます。

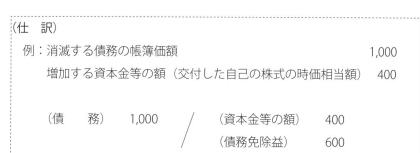

(仕　訳)

例：消滅する債務の帳簿価額　　　　　　　　　　　　　　　1,000

　　増加する資本金等の額（交付した自己の株式の時価相当額）　400

|（債　務）| 1,000 |／|（資本金等の額）| 400 |
| | | |（債務免除益）| 600 |

(注)　会社更生法に基づくDESについて代物弁済的な性格ではなく現物出資的な性格があると考えた場合には、債務免除益ではなく、他の場合と同様に債権と債務の混同による債務消滅益が生じることとなります。

（b）　債務消滅益に対する課税（繰越欠損金の損金算入）

　DESによって債務消滅益が生じた場合には債務者の益金となりますが、そのまま課税の対象とした場合には、事業再生等に支障をきたすおそれがあることから、次に掲げる場合においては、債権を有する者からその債権について債務の免除を受けた場合（その債権が債務の免除以外の事由により消滅した場合で、その消滅した債務に係る利益の額が生じるときを含みます）には、繰越欠損金による損金算入の規定の適用が認められています（法法59①一、②一、③一）（詳細については、第 7 章「Ⅲ　会社更生等による債務免除等があった場合の欠損金の損金算入」を参照）。

　(注) この場合の繰越欠損金とは、その事業年度の確定申告書に添付する法人税申告書別表五（一）の「利益積立金額及び資本金等の額の計算に関する明細書」に期首現在利益積立金額の合計額として記載されるべき金額で、その金額が負（マイナス）である場合のその金額を基に計算することとされています（法基通12－3－2）。

①　会社更生法等の規定による更生手続開始の決定があった場合（法法59①、法令116の 3 ）

②　民事再生法の規定による再生続開始の決定があった場合（法法59②一、59③一、法令117の 2 、117の 3 ）

③　会社法の規定による特別清算開始の命令があった場合（法令117の 3 一）

④　破産法の規定による破産手続開始の決定があった場合（法法117の 3 二）

⑤　再生計画認可の決定に準じる事実等があった場合（法法117の 3 三）

⑥　上記の事実に準ずる事実で次に掲げるもの（法法117の 3 三、法基通12－3－1 ）

　イ　上記に掲げる事実以外において法律の定める手続による資産の

整理があった場合

ロ　主務官庁の指示に基づき再建整備のための一連の手続を織り込んだ一定の計画を作成し、これに従って行う資産の整理があった場合

ハ　債務の免除等が多数の債権者によって協議の上決められる等その決定について恣意性がなく、かつ、その内容に合理性があると認められる資産の整理等の事実があった場合

　また、この場合の「債務の免除以外の事由により消滅」には、債権を現物出資する方法による典型的なDESを含む次のような場合が該当することとされています（法基通12－3－6）。

⑦　会社更生法又は金融機関等の更生手続の特例等に関する法律（以下「更生特例法」といいます）の規定により、法人税法59条1項1号に規定する債権を有する者が、更生計画の定めに従い、同項に規定する内国法人に対して募集株式若しくは募集新株予約権の払込金額又は出資額若しくは基金の拠出の額の払込みをしたものとみなされた場合

⑧　会社更生法又は更生特例法の規定により、法人税法59条1項に規定する内国法人が、更生計画の定めに従い、同項第1号に規定する債権を有する者に対してその債権の消滅と引換えに、株式若しくは新株予約権の発行又は出資の受入れ若しくは基金の拠出の割当てをした場合

⑨　法人税法59条2項に規定する内国法人が、同項1号に規定する債権を有する者からその債権の現物出資を受けることにより、その債権を有する者に対して募集株式又は募集新株予約権を発行した場合

❸　グループ法人税制の影響等

(i)　概要

通常、資産（譲渡損益調整資産に限ります）の譲渡が完全支配関係（法法2十二の七の六）にある法人間において行われた場合には、次のグループ法人税制の規定が関係してくるものと考えられます。

①　譲渡損益額の課税の繰延べ及び譲渡損益額の実現（法法61の11①、法令122の12①ほか）

②　寄附金の損金不算入及び受贈益の益金不算入（法法37②、25の２）（具体的な取扱いについては、「第５章　不良債権等の処理とグループ法人税制」を参照）

(ii)　**具体的なDESへの影響**

前述のとおり、資産の譲渡が行われた場合におけるグループ法人税制は、完全支配関係にある法人間の取引を前提として規定されていることから、DESが完全支配関係にある法人間で行われた場合には、グループ法人税制の適用の有無について留意する必要があります。

DESが適格現物出資として判定される場合には、債権が帳簿価額により譲渡され、帳簿価額により受け入れられることから、譲渡損益が発生せず、グループ法人税制の適用はないことになります。

しかし、DESが非適格現物出資として判定される場合には、債権が時価により譲渡され、時価により受け入れられることから、債権の譲渡損益及び債務の消滅益が発生します。

この場合、発生する譲渡損益及び債務消滅益の税務上の取扱いは、そのDESが合理的再建計画に基づくものか否かにより、次のように異なります。

（a）　合理的な再建計画に基づく場合

DESが合理的な再建計画に基づく非適格現物出資として行われた場合には、現物出資法人側（債権者たる譲渡法人）における現物出資をした譲渡損益調整資産（対象債権）の譲渡損益額は、繰り延べられますが、DESにおいては、被現物出資法人側（債務者たる譲受法人）で債権と債

務が混同により消滅することになるので、結果として、譲渡と同時に譲
渡損益額の戻入れ（実現）が生じることになります。

（b）　合理的な再建計画に基づかない場合

DESが合理的な再建計画に基づかない非適格現物出資として行われた
場合には、譲渡損益調整資産の譲渡損部分は寄附金の額に該当するもの
と考えられています（法基通2－3－14）。

したがって、現物出資法人（債権者たる譲渡法人）における寄附金の
額（譲渡損相当額）と被現物出資法人（債務者たる譲受法人）における
受贈益（債務消滅益相当額）は対応関係が生じるため、それぞれ寄附金
の全額損金不算入、受贈益の全額益金不算入とするグループ法人税制の
適用を受けることになると考えられます。

②　新株払込方式の場合

新株払込方式のDESは、一般的には、債権者が債務者からの第三者割
当増資等を引き受けて、金銭出資を行い、債務会社がその金銭をもって
債務の弁済を行うものであり、結果としては、金銭出資による資本金等
の増加が生じ、一方では債務が消滅することから、経済的には現物出資
方式によるDESと同様の効果を得ることができ、「擬似DES」ともいわれ
ています（以下「擬似DES」といいます）。

❶　債権者側の取扱い

擬似DESでは、債権者は金銭の払込みにより、払込金額相当の有価証
券を取得し、金銭出資した金額をもって債権の回収を図ることから、何
ら損益は発生せず、結果として適格現物出資した場合と同様になります。

この場合、債権者が取得した有価証券については、取得から相当期間
が経過するまでは評価損の計上が認められていないので注意を要します
（法基通9－1－12）。

(注)　債権者が株式の取得価額とすべき金額は、払込金額及びその付随費用の合計
　　額とされます（法令119①二）。

❷　債務者側の取扱い

　擬似DESでは、債務者は増資により払い込まれた金額相当額の資本金等の額が増加し（法法２十六、法令８①一）、その増資払込金をもって債務の返済を行ったのみであり、その限りにおいては新たに債務消滅益課税等の問題は生じません。

ポイント

●擬似DESの適用には注意が必要

　一般的には、DESは非適格現物出資になる場合が多いことから、現物出資の対象を不良債権とした場合には、対象となる債権の含み損が顕在化することになり、その損失については、税務上、一定の要件を満たした場合にのみ単純損金として認められます。また、債務者については、債務消滅益が生じ、原則として課税対象となります。

　しかし、擬似DESの場合には、その含み損を顕在化せず、有価証券に転嫁することができ、有価証券の処分によって含み損益が実現します。一方、債務者には債務消滅益等の収益は生じません。

　擬似DESが、取得した有価証券の譲渡を前提として行われた場合、貸倒損失あるいは債権の譲渡損失が有価証券の譲渡損失という形で無税で顕在化し、しかも債務者には何ら課税関係が生じないという、税務上、明らかに本DESに対する取扱いと平仄を欠く事実が生じることになります。

　子会社等における事業からの撤退、経営権の譲渡等において新株主等から引き受け（有価証券の買取り）の条件として求められたり、子会社等における債務の整理、新たな収益の発生による税負担の回避等のため、擬似DESを用いる場合があります。あるいは単なる不良債権の無税処理のための擬似DESもあると考えられますが、その場合には課税当局による様々な事実認定が行われることが想定されますので、擬似DESを行う場合にはその妥当性を主張し得る論拠を整理しておく必要があると考えます。

【参考】擬似DESによる税務否認事例

新株払込方式（擬似DES）により取得した株式を後日、関連会社に売却することにより、損失計上を行ったものについて税務否認された事例があります。

① 日本スリーエス事件（東京地判平12.11.30、東京高判平13.7.5）
② 相互タクシー事件 （福井地判平13.1.17 棄却、名古屋高判平14.5.15 棄却、最判平14.10.15棄却・不受理）

第**4**章

子会社等の整理・再建のための債権放棄等

 経済的利益の供与と 法人税法上の寄附金

■法人税における寄附金のイメージ

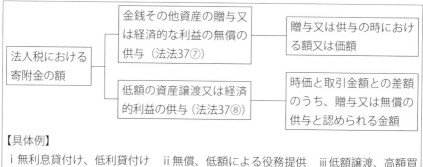

【具体例】
ⅰ無利息貸付け、低利貸付け　ⅱ無償、低額による役務提供　ⅲ低額譲渡、高額買
入れ　ⅳ経済的利益の供与（債権放棄（債務免除））　ⅴその他民法上の贈与　等

　法人税法は、寄附金そのものについては直接の定義規定を設けてはいませんが、「寄附金の額」について規定を置くことにより間接的に定義しています。

　法人税法37条において、損金算入限度額を超える部分の寄附金の額は損金の額に算入しない旨を定めており（同条①②）、そしてこの寄附金の額には「寄附金、拠出金、見舞金その他いずれの名義をもってするかを問わず、金銭その他の資産又は経済的な利益の贈与又は無償の供与」（同条⑦）及び「低額の資産譲渡・経済的利益の供与」（同条⑧）が含まれる旨を定めています。

（注）　法人による完全支配関係がある内国法人間で行われる寄附については、いわゆるグループ法人税制の適用により、寄附金の支出側の法人ではその寄附金の全額が損金不算入とされ（法法37②）、受取側の法人では受贈益の全額が益金不

算入とされることとなります（法法25の２）（具体的な取扱い等については、第
５章「Ⅱ　完全支配関係にある法人間の寄附金、受贈益」を参照）。

1　寄附金の判断

　法人税法上、寄附金として判断する上で、次のような点に留意する必
要があると考えます。

参　考　寄附金の解釈

　「寄附金の額」について定めている法人税法37条７項及び８項の
規定は、昭和40年の全文改正で設けられたもので、それまでの寄
附金に対する解釈について次のように明らかにしています（山本守
之『寄附金課税の問題点』中央経済社）。

　「昭和17年の寄附金の損金不算入制度の創設に伴って定められた
主税局通牒（現在の取扱通達に相当するもの）で、昭和17年９月
26日付主秘487号の通牒がそれであって、ここでは「寄附金トハ、
一方ガ相手方ニ対シ、任意ニシカモ反対給付ヲ伴ワズシテ為ス財産
的給付ヲ云ウ」と規定していた。」

1　任意の支出であること

　法人税においては、寄附金は私法上の贈与、無償の供与を前提として
います（法法37⑦）。

　贈与は、「当事者の一方が自己の財産を無償で相手方に与える意思を
表示し、相手方が受諾することによって、その効力を生ずる」（民法
549）と規定されています。この場合、一般的には、当事者間でその内
容を贈与契約書等の書面を交わすことにより確認しますが、書面によら
ない場合には、各当事者が撤回することができるとされています（民法
550）。

つまり、寄附金とは、一般的には相手方から強制されない任意の支出を意味するものと考えます。

したがって、例えば、再生計画認可の決定等により金銭債権の全部又は一部が切り捨てられる場合には、法的手続により強制的にその権利を奪われるものであり、債権放棄等に任意性はなく損失（貸倒損失）と考えます。

これに対し、債権者自らの判断により、その有する金銭債権の回収可能性の有無を決定し債権放棄等をする場合には、一義的には寄附金に該当するものと考えます。

② 反対給付を伴わない支出であること

寄附金とは、前述のように金銭等の資産の贈与又は経済的利益の無償の供与とされており（法法37⑦）、この場合の「無償」とは、対価又はそれに相当する金銭等の流入を伴わないことを意味していると解されています（金子宏『租税法　第二十四版』（弘文堂）ほか）。

ただし、贈与、無償の供与による支出であっても広告宣伝や福利厚生等の目的によるものなど明確な事業関連性がある場合には、寄附金に該当しないことになります（法法37⑦かっこ書）。

③ 財産的給付であること

この場合の財産的給付とは、積極的に自己が有する金銭その他の資産を贈与することだけではなく、資金の無利息貸付けや債務の免除など消極的な方法で相手方に経済的な利益を供与する行為も該当するとされています（法法37⑦）。

> **参考　東京地判平24.11.28**
>
> 「民法上の贈与に限らず、経済的にみて贈与と同視し得る金銭その他の資産の譲渡又は経済的な利益の供与をいうと解すべきであ

り、ここにいう「経済的にみて贈与と同視し得る金銭その他の資産の譲渡又は経済的な利益の供与」とは、金銭その他の資産又は経済的な利益を対価なく他に移転する場合であって、その行為について通常の経済取引として是認することができる合理的な理由が存在しないものを指すものと解するのが相当である。」

2　債権放棄等と寄附金課税

① 　原則的な取扱い

　法人税法上の寄附金の概念は、私法上の贈与契約に該当するものだけではなく、債務の免除その他の方法により無償で経済的な利益を与えるものは、全てこれに含まれることになります。

　したがって、法人が有している金銭債権について弁済を受けないまま、債権を法律的に消滅させる債権放棄（債務免除）は、「経済的な利益の供与」の典型的な形態の一つであり、これにより債権者である法人には債権額相当額の損失が生じると同時に、債務者には債務免除益が生じることになり、債権者である法人に生じた損失は債務者に対する贈与として寄附金に該当することになります。

② 　例外的な取扱い

❶　貸倒損失～債務者に債務の弁済が困難な事情がある場合等

　債権放棄（債務免除）の全てが寄附金とされるわけではなく、その債務免除等が会社更生法その他の法律上の手続や債権者集会の決定等により強制的に行われる場合、あるいは債務者からその全額の弁済を受けることが明らかに不可能であると認められるような場合等には、その債務免除等による損失は貸倒損失として損金の額に算入されることとされています（法基通 9 － 6 － 1 ～ 9 － 6 － 3 ）。

❷　整理損・支援損～親会社等が負担しなければならない相当の理由が生じた場合等

　親会社等が業績不振の子会社等の整理等に伴う損失負担等、又は経営危機に陥っている子会社等の再建に伴う無利息貸付け等あるいは災害を受けた得意先等取引先に対する復旧支援のための売掛債権の免除等を行うことにより、整理損又は支援損が生じることがあります。

　そのような場合、つまり親会社等の社会的責任等からその損失負担等を回避することが困難であり、やむを得ずその損失負担等をするに至った場合等、そのことについて相当の理由があり、経済合理性があると認められる場合には、その損失負担等により供与する経済的利益の額は寄附金の額に該当しないものとされています（法基通9－4－1、9－4－2、9－4－6の2、9－4－6の3）。

Ⅱ 子会社等を整理・再建する場合の債権放棄等損失負担の取扱い

1 概　要

■寄付金に該当しない支援損等のイメージ

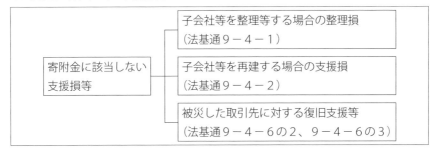

	子会社等を整理等する場合の整理損 （法基通９−４−１）
寄附金に該当しない 支援損等	子会社等を再建する場合の支援損 （法基通９−４−２）
	被災した取引先に対する復旧支援等 （法基通９−４−６の２、９−４−６の３）

　法人は、子会社等が業績不振から経営危機に陥った場合等において、再生すべきか、あるいはやむを得ず整理、撤退するかの経営判断をせざるを得ない場合が生じることがあります。

　その場合の判断要素の一つとして、コストパフォーマンスの問題、つまり事業を継続した場合と事業から撤退することとした場合の資金負担等（従業員の退職金等あるいは保証債務の履行等新たに負担することとなるもの等も含みます）との比較があります。

　また、別の判断要素として、仮に子会社等の整理・撤退を選択した場合、あるいは子会社をそのまま放置した場合のレピュテーションリスクの問題、つまり子会社等は別法人であり、株主有限責任の原理、あるいは一債権者としての当然の法的権利の主張のもと本来想定される損失以上の損失負担等を放棄・拒否した場合の社会的責任等について判断する

ことになると考えます。

　これらの要素を総合的に考慮した結果、法人が業績不振の子会社等を整理等する場合や、経営危機に瀕している子会社等の倒産を防止してこれを再建する場合に、本来の損失負担以上の損失負担等をしたとしても、それは一種の企業防衛のための緊急避難として行われる面もあり、一概にこれを単純な贈与と決めつけることは相当ではないと考えられます。

　そこで子会社等を整理又は再建する場合の損失負担等については、その損失負担等について相当の理由があり、経済合理性がある場合には寄附金に該当しないこととされ、法人税基本通達９－４－１（子会社等を整理する場合の損失負担等）、又は同通達９－４－２（子会社等を再建する場合の無利息貸付け等）においてその取扱いが明らかにされています。

（注）　災害の場合の得意先等取引先に対する復旧支援のための売掛債権の免除等
　　（法基通９－４－６の２、９－４－６の３については、別途Ⅳにて解説します）

2　税務処理において検討すべき項目

　法人税基本通達９－４－１又は同９－４－２の適用においては、ともに損失負担等をすることについて、相当の理由があり経済合理性を有するものであることが必要とされています。

　その経済合理性を有しているか否かの判断基準等は、国税庁より「子会社等を整理・再建する場合の損失負担等に係る質疑応答事例等」として公表されており、各判断基準を基に総合的に判断することとされています。

　以下、子会社等の整理又は再建する場合の損失負担等の判断において共通すると思われるポイント等について当該情報を基に検討すると、概ね次のようになるものと考えます。

（注）以下の解説は各通達に共通する部分も多々あることから、後掲する各通達の
　　個々の解説と重複する部分があることをお断りします。

⒈　損失負担等の必要性に関する検討

❶　損失負担等を受ける者は「子会社等」に該当するか

　損失負担等は、一般的には親子会社間にて発生しますが、必ずしも親子会社間に限定されず、資本（親子）関係、取引関係、人的関係、資金関係等において事業関連性を有するものをいい、単に資本（親子）関係がないことのみをもって、「子会社等に該当しない」とするものではありません。

　例えば、業界団体におけるその構成員、あるいは金融機関等が融資を行っている個人も子会社等に該当することとされています。

❷　子会社等は経営危機に陥っているか（倒産の危機にあるか）

　経営危機に陥っているか否かの判断は、子会社等の業種業態又は個別事情によって判断することになります。

　損失負担等は、経営危機に陥っている子会社等に対して、やむを得ず行われるもの、又は経営の危機に至らないまでも経営成績が悪いなど、放置した場合には今後より大きな損失を蒙ることが社会通念上明らかである場合に限って、寄附金　に該当しないこととするものです。

⒉　損失負担等の相当性に関する検討

❶　損失負担等を行うことは相当か（支援者にとって相当な理由はあるか）

　損失負担等には、相当の理由があり経済合理性を有することが必要とされています。

　この場合の経済合理性とは、子会社等との関係を整理することによって将来蒙るであろう重大な損失を回避することができること、又は子会社等を再建することにより、残債権の弁済可能額が高まり、倒産した場合に比べ将来の損失が軽減される、若しくは支援者の信用が維持される等レピュテーションリスクが回避される場合等が考えられます。

　また、その損失負担等の額、あるいは負担者（支援者）の範囲等は、合理的再建計画（又は整理計画）により協議、決定されていることが必

要であると考えます。

❷　損失負担等の額（支援額）は合理的であるか（過剰支援になっていないか）

損失負担額が合理的に算定されているか否かは、次のような点から検討することとされています。

① 　子会社等を整理するため又は経営危機を回避し再建するための必要最低限の金額とされているか

② 　子会社等の財務内容、営業状況の見通し等及び自己努力を加味したものになっているか

債権放棄等においては、その債権発生等の経緯についても留意する必要があります。

> **参　考**　**国税不服審判所平9.6.2裁決**
>
> 「融資が行われた時点でその回収が困難であることが認められ、回収する意思がなかったと認められる場合には、その債権放棄は寄附金の額に該当する。」

❸　整理・再建管理はなされているか（その後の子会社等の立ち直り状況等に応じて支援額を見直すこととされているか）

子会社等の再建を図るためにやむを得ず行う支援である以上、その損失負担（支援）額は、必要最低限のものであることを必要とします。

このため、支援者が子会社等の再建状況を把握し、例えば、再建計画の進行に従い、計画よりも順調に再建が進んだような場合には計画期間の経過前でも支援を打ち切る（逆の場合には、追加支援を行うための計画の見直しを行う）などの手当て（再建管理）が必要とされます。

また、子会社等の整理の場合には、一般にその必要はありませんが、資産処分に時間を要するなどの理由から、整理に長期間を要するときは、整理計画の実施状況に関する管理が的確に行われるか否か検討する必要

があります。

❹　**損失負担等をする支援者の範囲は相当であるか（特定の債権者が意図的に加わっていないなどの恣意性はないか）**

　一般的に支援者の範囲は、事業関連性の強弱、支援規模、支援能力等の個別事情から関係者の合意により決定されるものであり、関係者の一部が支援者となっていないとしても、必ずしも不合理な整理計画又は再建計画であるとはいえないと考えられます。

❺　**損失負担等の額の割合は合理的であるか（特定の債権者だけが不当に負担を重くし又は免れていないか）**

　損失負担等の額の割合は、一般的には、関係者プロラタ方式によるべきであると考えられますが、例えば、出資状況、経営参加状況、融資状況等の子会社等と支援者との個々の事業関連性の強弱や支払能力からみて関係者の合意により合理的に決定されているか否かを検討することになります。

3　子会社等の整理・再建をめぐるグループ法人税制

　債権者（親法人）と債務者（子法人）が完全支配関係にある間で、この取扱いに基づき債権放棄を含む損失負担等が行われた場合には、次のグループ法人税制の適用の有無について留意する必要があると考えます。

①　寄附金課税が生じた場合

　その損失負担等が合理的な整理計画あるいは再建計画に基づくものではない、つまり損失負担等することについて相当の理由がないと認められた場合には、その供与された経済的利益の額については、「寄附金の額」として取り扱われることになります。

　その場合、その行為が法人による完全支配関係にある法人間で行われた場合には、次の規定が採用されます（詳細については、第5章「Ⅱ

完全支配関係にある法人間の寄附金、受贈益」参照）。

① 寄附金の全額損金不算入（法法37②）

② 受贈益の益金不算入（法法25の２①）

③ 株主における寄附修正（法令９①七、119の３⑥、119の４①）

（注） 寄附金課税が生じなかった場合は、全額益金の額に算入されます。

　　完全支配関係にある子会社の整理・再建のために行われた損失負担等一定の経済的利益の供与について、前述Ⅱ**1**の取扱い（法基通９－４－１又は９－４－２）により親会社側においてその一定の経済的利益の供与が寄附金には該当せず、損金の額に算入するものとして取り扱われた場合には、子会社側において受けたその一定の経済的利益の供与に相当する「受贈益」の額は「寄附金の額に対応するもの」には該当しないことから、上記の「受贈益の益金不算入」の適用は認められず、全額益金の額に算入することとされています（法基通４－２－５）。

2　資産の譲渡が行われた場合

　完全支配関係にある法人間において、譲渡損益調整資産の譲渡が行われた場合には、その譲渡に係る譲渡利益額又は譲渡損失額に相当する金額は、一定の戻入れ事由が生ずるまでは繰り延べられることになります（法法61の11①、法令122の12①）（債権の譲渡に関する詳細については、第５章「Ⅰ　完全支配関係にある法人間の資産（金銭債権）の譲渡取引等」参照）。

3　子会社株式の評価損及び消却損の損金不算入

　債権者（親会社）が子会社等の整理等のための損失負担等を行った後、債務者たる子会社を解散、清算することがあります。

　その場合には、債権者が株主である場合には、損失負担等のほかに、株式の評価損あるいは消却損が生じることになりますが、債権者と債務者が完全支配関係にある場合には、次の事項に関してグループ法人税制の適用の有無に留意する必要があります（詳細については、第５章「Ⅲ　完全支配関係にある子会社の解散、清算をめぐるグループ法人税制」参照）。

① 　子会社株式の評価損及び消却損の損金不算入（法法33⑤、法令
68の３①、法法61の２⑰）
② 　繰越欠損金額の引継ぎ（法法57②）

4 債務者の債務免除益等に対応する繰越欠損金の損金算入等の特例措置

　債務者（子会社等）が債権者（親法人等）から債務免除等を含む損失
負担等経済的利益の供与を受けた場合には、その供与を受けた利益の額
は、一義的に「益金の額」に算入されることになります（法法22②）。

　この場合、債務者側においてその債務免除益に見合う損金や青色欠損
金等がないときは、そのまま債務免除益課税が行われることになり、新
たな税負担が生じることにより、債務免除等の目的である企業の再生、
再建計画等の実行に支障をきたす恐れがあります。

　そこで、法人税法上、債務者側の新たな税負担の圧縮を考慮し、一定
の条件のもと繰越欠損金額の損金算入を認めています（法法59②、59③、
法令117の３三、法基通12－３－１⑶）（詳細については、「第７章
債務者における債務免除益等への対応」参照）。

> **参 考** 国税庁質疑応答事例「企業再生税制の対象となる私
> 的整理とそれ以外の私的整理における税務上の取扱いの違い」
>
> 　法人税税基本通達９－４－１、９－４－２の取扱いを受け、債務
> 者側の取扱いとして、その債務免除等が多数の債権者によって協議
> の上決められる等その決定について恣意性がなく、かつ、その内容
> に合理性がある（合理的な再建計画に基づくもの）と認められる資
> 産の整理があった場合には、原則として、期限切れ欠損金の損金算
> 入規定の適用ができる旨を明らかにしています。

5 子会社等の整理・撤退に伴う利益供与（法基通9－4－1）

1 概　要

　法人がその子会社等の解散、経営権の譲渡等に際し、子会社等のために債務の引受け、債権の放棄その他の損失負担をした場合においても、そのまま子会社等の事業を継続又はその関係を維持した場合の経済的損失、あるいは子会社等は別法人であることをもって、株主有限責任の原理、あるいは一債権者としての当然の法的権利の主張のもと本来想定される損失以上の損失負担等を放棄・拒否した場合の社会的責任等を総合的に判断し、その損失負担等が今後より大きな損失の生じることを回避するためにやむを得ず行ったものであり、かつ、そのことが社会通念上も妥当なものとして是認されるような事情、つまりその損失負担等をするに至ったこと等について相当の理由があると認められるときは、税務上もこれを寄附金として取り扱わない旨が明らかにされています。

　なお、本通達の損失負担等をする相当な理由の判断基準については、国税庁「子会社等を整理・再建する場合の損失負担等に係る質疑応答事例等」（コードNo. 5280）が公表されています。

（子会社等を整理する場合の損失負担等）

９－４－１　法人がその子会社等の解散、経営権の譲渡等に伴い当該子会社等のために債務の引受けその他の損失負担又は債権放棄等をした場合において、その損失負担等をしなければ今後より大きな損失を蒙ることとなることが社会通念上明らかであると認められるためやむを得ずその損失負担等をするに至った等そのことについて相当な理由があると認められるときは、その損失負担等により供与する経済的利益の額は、寄附金の額に該当しないものとする。

（注）子会社等には、当該法人と資本関係を有する者のほか、取引関係、人的関係、資金関係等において事業関連性を有する者が含まれます（以下９－４－２において同じ。）。

---

② 相当な理由の判断

　この取扱いを適用するためには、その損失負担等することについて「相当な理由」があり「経済合理性」を有するものであることが求められており、その判断に当たっては次の点に留意する必要があると考えます。

（注）その判断に当たり、どのような事実関係等に基づき判断したのか、明確にしておく必要があると考えます。

❶ 損失負担等の必要性

　① 損失負担等を受ける者は、子会社等に該当すること。
　② 親会社等が負担しない場合には、今後大きな損失を蒙ることが社会通念上、明らかであること。

❷ 損失負担等の相当性

　親会社等として、やむを得ず損失負担等をすることについて相当な理由があること（この相当性には、損失負担等した金額が負担額として過大ではないという、いわゆる「損失負担額の相当性」等、「整理計画等の合理性」も含みます）。

ポイント

1　子会社等とは合理的な経済目的がある関係にあるものに限られる

　経済的利益を供与することについて経済合理性が求められる以上、当然にその相手先については、合理的な経済目的があるという関係がある者となります。例示として、親子関係といった資本関係にとどまらず、人的関係、資金関係等事業関連性を有するものが含まれるとされています（法基通9－4－1（注））。

2　子会社等の整理とは例示である

　この場合の「子会社等の整理」とは例示であり、子会社等そのものの解散、経営権の譲渡等その他の場面で「相当な理由」があると認められる場合を排除するものではないと考えられます。また、貸倒損失又は貸倒引当

金の個別評価を行う場面での法的・私的整理とは異なります。

3　経営権の譲渡等の「等」とは

　経営権の譲渡の他に合併、株式交換等が考えられますが、この取扱いは子会社（事業）からの「撤退」を前提とするものであることから、合併、株式交換等が事実上、撤退といえるかどうかは事実認定の問題と考えます。

4　支援等が一時に無理な場合は合理的な整理計画が必要である

　子会社等の整理も、親会社等の体力、子会社等が有する資産の内容等によっては一時に行えない場合もあります。そのような場合には、この取扱いの適用を受けるためには、合理的な整理計画が必要と考えられます。

6 　子会社等の再建のための利益供与（法基通９－４－２）

① 概　要

　一般的に、法人が子会社等に対し無利息貸付けや債権放棄等を行った場合には、子会社等に対する経済的利益の供与として寄附金課税の対象となります。

　しかし、その無利息貸付け等が、例えば債務超過のため倒産の危機に瀕している子会社等の支援のためやむを得ず行われるもので合理的な再建計画に基づくものである等その利益供与をすることについて相当な理由があり、経済合理性を有する場合には、その無利息貸付け等により供与した経済的利益の額は寄附金の額には該当しないものとして取り扱うことができることとされています。

（子会社等を再建する場合の無利息貸付け等）

９－４－２　法人がその子会社等に対して金銭の無償若しくは通常の金利よりも低い利率での貸付け又は債権放棄等（以下「無利息貸付け等」という。）

　　をした場合において、その無利息貸付け等が、例えば業績不振の子会社等の
　　倒産を防止するためにやむを得ず行われるもので合理的な再建計画に基づく
　　ものである等その無利息貸付け等をしたことについて相当な理由があると認
　　められるときは、その無利息貸付け等により供与する経済的利益の額は、寄
　　附金の額に該当しないものとする。
　　（注）合理的な再建計画であるかどうかについては、支援額の合理性、支援
　　　　者による再建管理の有無、支援者の範囲の相当性及び支援割合の合理性
　　　　等について、個々の事例に応じ、総合的に判断するのであるが、例えば、
　　　　利害の対立する複数の支援者の合意により策定されたものと認められる
　　　　再建計画は、原則として、合理的なものとして取り扱う。

②　相当な理由の判断

　この取扱いを適用するためには、その無利息貸付け等をすることにつ
いて「相当な理由」があり、「経済合理性」を有することが求められて
おり、その判断に当たっては次の点に留意する必要があると考えます。

（注） その判断に当たり、どのような事実関係等に基づき判断したのか、明確にし
　　ておく必要があると考えます。

　①　支援の必要性と相当性
　　イ　被支援者は子会社等に該当し、倒産の危機に瀕しているか。
　　ロ　親会社等として、やむを得ず損失負担等をすることについて相
　　　　当な理由があるのか。
　②　合理的な再建計画に基づくものであること

ポイント

1　子会社等とは合理的な経済目的がある関係にあるものに限られる

　経済的利益を供与することについて経済合理性が求められる以上、当然
にその相手先については、合理的な経済目的があるという関係があるもの
となります。例示として、親子関係といった資本関係にとどまらず、人的
関係、資金関係等事業関連性を有するものが含まれるとされています（法
基通９－４－１（注））。

2　子会社等の再建とは例示である

　この場合の「子会社等の再建」とは例示であり、その他の場面で「相当な理由」があると認められる場合を排除するものではないと考えられます。

　例えば、その貸付けが、いわゆる株式の防戦買いのための資金の貸付けである等、むしろその法人の業務の必要性からする貸付けであるため、利息を徴収できないような事情にある場合にも、同様の取扱いになるものと考えられます。

3　無利息貸付け等は例示であり、資金贈与、高額買取り等も認められる

　「無利息貸付け等」は例示であり、資金贈与、経費助成のほか、資産の高額買取りや低額譲渡による経済的利益の供与の方法も含まれると考えて差し支えなく、それが合理的な再建計画に基づくものである限り、その供与する経済的利益の額については、この取扱いにより寄附金の額に該当しないものとされています。

（注）　利益供与の方法として時価よりも高額な買取りや低廉譲渡の手段をとる場合には、その時価を超える部分あるいは満たない部分について寄附金の額に該当しないということから、支援額の合理性、つまりは再建計画の合理性を判断する上でも、時価との差額を明確にしておく必要があります。

4　高額買取り等の場合でも取得価額はあくまでも「時価」となる

　時価との差額は寄附金の額に該当しないという意味であり、高額買取り等が「正常な取引」として認められるということではありません。したがって、資産の取得価額はあくまでも「時価」となることに留意する必要があります。

5　中小企業活性化協議会等の支援により策定された再生計画等に基づく債権放棄

　中小企業活性化協議会の支援、特定認定紛争解決手続（ADR）、あるいは㈱地域経済活性化支援機構（REVIC）の関与等により策定された事業再

生計画等により債権放棄等がなされた場合、及び中小企業の事業再生等に
関するガイドライン（再生型私的整理手続）に基づき策定された事業再生
計画により債権放棄等が行われた場合には、この通達に規定されている「合
理的な再建計画に基づく債権放棄等」に該当し、その債権放棄等（経済的
利益の供与）による損失は、税務上、損金の額に算入することとされてい
ます（平17.6.30付、平21.7.9付、平25.6.14付、令4.4.1付、令4.6.16付国税
庁文書回答）。

(注)　「個人債務者の私的整理に関するガイドライン」、「自然災害による被
　　　災者の債務整理に関するガイドライン」、及び「中小企業の事業再生等
　　　に関するガイドライン（廃業型私的整理手続）」に基づく債権放棄等は、
　　　法人税基本通達９－６－１(3)ロの取扱いによる貸倒損失とされおり、
　　　同じ支援関係であっても、処理が異なることに注意する必要があります。

③　合理的再建計画の要件等

　法人税基本通達９－４－２は、無利息貸付け等が子会社等の倒産を防
止するためやむを得ないものであること、かつ、合理的な再建計画が作
成されていることが要件とされ、この要件を充足しているか否かの判断
については、次の各項目について判断することになります。

　再建計画の合理性等の判断基準等その詳細については、国税庁「子会
社等を整理・再建する場合の損失負担に係る質疑応答事例等」（コード
No. 5280）として公表されています、以下、同情報をもとに要点につ
いて解説します。

❶　被支援者として適格か

　親会社等による支援の目的が、業績不振の子会社等の倒産を防止する
ための行為であることから、被支援者としての子会社の範囲等について
検討する必要があります。

(i)　被支援者は「子会社等」に該当するか

　子会社等の範囲については、前述「**5**　子会社等の整理・撤退に伴う

利益供与（法基通9－4－1）」の取扱いと同様であり、その法人と資本関係を有する者のほか、取引関係、人的関係、資金関係等において事業関連性を有する者が含まれるとされており、資本関係がないことのみをもって「子会社等」に該当しないとするものではありません。

　例えば、業界団体が団体全体の信用維持のために、構成員に支援を行う場合など個々の構成員は「子会社等」に該当するとされています。

(ii)　被支援者は倒産の危機（経営危機）に瀕しているか

　子会社等が倒産の危機に瀕しているか否かの判断ですが、「倒産」とは明確な定義はありませんが、一般的にはその経済主体が経済的に破綻し、債務の弁済ができなくなり、経済活動の継続が困難な状態にある（経営破綻あるいはそのような恐れが生じること）をいうとされています。

　具体的には、子会社等が債務超過の状態にあることなどから資金繰りが逼迫しているような場合が考えられますが、債務超過の状態にあっても子会社等が自力で再建することが可能であると認められる場合には、その支援は経済合理性を有していないものと考えられます。

　また、逆に債務超過の状態ではなくても、子会社等が営業を行うために必要な登録、認可、許可等の条件として法令等において一定の財産的基礎を満たすことが求められている場合に、仮に赤字決算等のままでは登録等が取り消され、営業の継続が不可能となって倒産に至ることにもなることから、これを回避する必要があるような場合なども含まれるとされています。

(注) 子会社等が倒産の危機に瀕しているか否かの判断は、子会社等の事業内容あるいは経済環境等個別事情によっても判断することが必要であると考えます。あわせて安易に支援に頼るのではなく、自助努力が十分になされているか否かについても留意する必要があると考えます。

❷　支援の相当性はあるか

　支援者にとって、損失負担等をすることについて経済合理性があるのか、つまり支援することについて相当な理由があるのか、支援者側からの検討が必要です。

　例えば、損失負担を行い子会社等を再建することにより、残債権の弁済可能性が高まるなど、倒産した場合に比べ損失が軽減される場合、あるいは支援者としての信用が維持される場合等が考えられます。

❸　**合理的な再建計画に基づくものであるか**

　この点については、同通達の注書きにおいて以下の4項目が掲げられています。それぞれ個々の事例に応じ、総合的に判断することとされていますが、例えば利害の対立する複数の支援者の合意により策定されたものと認められる再建計画は、原則として、合理的なものとして取り扱われることになります（法基通9－4－2（注））。

(ⅰ)　**支援額の合理性**

　損失負担（支援）額が、経営危機を回避し再建するための必要最低限の金額とされているのか、子会社等の財務内容、営業状況の見通し等及び自己努力を加味して算定されているのか等、過剰支援にならないか検討する必要があります。

　また、支援の方法としては、既存の貸付金に対する金利の減免（無利息を含む）、債権放棄、経費負担等その実態に応じた方法が考えられますが、特にその態様に制限はありません。

(注)　自助努力の内容については、法人の経営判断ですが、一般的には遊休資産の売却、経費の削減、増減資等が考えられます。

(ⅱ)　**支援者による再建管理の有無**

　支援が子会社等の再建を図るためやむを得ず行うものである以上、その支援額の合理性を維持する上でも、支援者として被支援者の再建状況等を把握し、再建計画の進行状況等を管理し、場合によっては計画の見直し（支援の打ち切り、あるいは追加支援）を行うこと等も必要とされます。

　再建管理の方法として、例えば、支援者から役員を派遣することや子会社等から一定の時期に再建状況を報告させること等が考えられます。

ⅲ　支援者の範囲の相当性

　支援者の範囲は、通常、事業関連性の強弱、経営管理監督責任（役員等の派遣の有無）、さらに支援規模、支援能力等の個別事情をもとに関係者間で合理的に決定されているか否かを検討する必要があります。

　したがって、関係者全員が参加していなければならないということではありません。

　ただし、その場合であっても、特定の債権者等が意図的に加わっていない等、決定に当たり恣意的要素が入っていないか注意する必要があります。

ⅳ　支援割合の合理性

　複数の支援者がいる場合、それぞれの支援割合（支援額）については、出資状況、経営参加状況、融資状況等の子会社等との個々の関連性及び支援体力等からみて関係者間で合理的に決定されているか否か検討する必要があります。

　したがって、必ずしもプロラタ方式にて支援額等が決定されていなかったとしても、前述のような事情を考慮し、合理的に決定されている場合には恣意性はないものと考えられます。

Q&Aによる通達解説（9－4－1関係）

事業からの撤退に伴う債権放棄等

Q　当社は、A社（当社と資本関係等はありません）をパートナーとして共同で事業を展開してきましたが、設立以来、当初予定されたよりも業績が伸びず、赤字経営が続いています。

　このたび、当社の事業戦略上この事業を継続する重要性が乏しいと判断されたことから、この事業の撤退について、A社と交渉を進めてきたところ、当社の撤退について次のような条件が提示されました。

　①　当社の株式持分を無償で譲渡すること

　　②　当社の貸付金の全額放棄と新たに債務超過部分相当の資金を
　　　贈与すること（ただし、債権放棄により補填される部分を除く）
　　当社としては、このまま、この事業を継続することにより将来蒙
るであろう損失と比較した場合、提示された条件を受け入れた場合
の損失の方が当社にとって経済的に合理性を有することから、受け
入れたいと考えています。
　　この場合、負担することとなる債権放棄等に伴う損失について、
寄附金の問題は生じないと考えてよろしいでしょうか。

A **今後より大きな損失を蒙ることが社会通念上明らかな場合にお
ける損失負担等は、寄附金に該当しないと考えます。**

　法人が、子会社等の解散、経営権の譲渡等に伴いその子会社等のた
めに債務の引受けその他の損失負担、又は債権放棄等（以下「損失負
担等」といいます）をした場合において、その損失負担等により供与
する経済的利益の額は、その損失負担等が将来その事業からの撤退等
をしなければより大きな損失を蒙ることが社会通念上明らかな場合に
おいてやむを得ず行ったもので当相当な理由がある場合には、寄附金
に該当しないこととされています（法基通９－４－１）。
　この取扱いを適用するためには、その損失負担等することについて
「相当の理由」があり、「経済合理性」を有することが求められており、
その判断に当たっては次の点に留意する必要があります。
　　①　損失負担等の必要性
　　　イ　損失負担等を受ける者は、子会社等に該当すること
　　　ロ　親会社等が負担しない場合には、今後大きな損失を蒙ること
　　　　が社会通念上、明らかであること
　　②　損失負担等の相当性
　　親会社等として、やむを得ず損失負担等をすることについて相当な
理由があること

　本件の場合、現状のまま共同経営による事業を継続させることにより、さらに経営悪化が進み解散等に追い込まれた場合には、当然に解雇に伴う従業員の補償問題、債権者等との調整、商品等に対する保証問題等が発生することは予想されます。

　したがって、仮にその将来において発生するであろう諸問題等の解決のための損失負担等が今回の損失負担等との比較において、より大きなものであろうとするならば、今回の損失負担等には相当の理由があることから、上記通達により寄附金に該当しないものとして取り扱われるものと考えられます。

　また、株式持分の無償による譲渡ですが、第三者間の取引であることから基本的にはその価額決定においては恣意的な要素が入り込まないこと、また、発行法人の財務状態が明らかでなく必ずしも時価を正確に算定することはできませんが、赤字経営が続いていることからすればいわゆる時価もゼロに等しいものと考えられますので、その場合には寄附金課税の問題は生じないことになると考えられます。

Q&Aによる通達解説（9－4－2関係）

1 再建支援のための土地の帳簿価額による買取り

Q　不動産業を営む子会社の再建支援のため、今回その子会社が棚卸資産として保有する不動産（含み損を有する土地）の一部を帳簿価額で買い取ることにしました。

　子会社の再建に当たっては、まず実際（時価）の財産状況を的確に把握し、不要な資産等については計画的、段階的な処理を行い、その結果生ずる損失等については親会社でもあり、大口債権者でもある当社が中心となって利益供与等の支援を行うこととする合理的な再建計画を策定しています。今回の不動産の買取りもその一環として行うものです。

　法人税基本通達9－4－2では、支援の方法として債権放棄等を

含む無利息貸付け等と規定していますが、今回予定している不動産を帳簿価額で買い取ることは認められるのでしょうか。

A　債権放棄等の中には、いわゆる資産の高額買取りによる経済的利益の供与の方法も含まれると考えます。

法人がその子会社等に対して金銭の無償若しくは通常の利率より低い利率での貸付け又は債権放棄等（以下「無利息貸付け等」といいます）をした場合において、その無利息貸付け等が例えば業績不振の子会社等の倒産を防止するためにやむを得ず行われるもので合理的な再建計画に基づくものである場合には、その無利息貸付け等により供与する経済的利益の額は寄附金の額に該当しないものとされています（法基通９－４－２）。

この場合の無利息貸付け等には、資金贈与、経費助成のほか本件の場合のような資産のいわゆる高額買取りによる経済的利益の供与の方法も含まれると解されています。

ただし、この取扱いは前提として、合理的な再建計画の存在が必要とされており、合理的な再建計画であるための要件の一つとして損失負担等（支援額）が合理的に算定されていなければならないこととされています（法基通９－４－２（注））。

したがって、本件の場合のように資産の帳簿価額による譲渡等を行う場合には、単に資産を帳簿価額により買い取るということではなく、まずその時価を明らかにし、帳簿価額との差額を買い取る親会社においては支援損、一方子会社においては譲渡損及びそれに対応する受贈益として捉えた上で、支援額等の合理性、さらには再建計画の合理性について検討する必要がありますので、注意が必要です。

また、税務上、資産の譲渡価額あるいは取得価額は、時価によることを前提としていますから、例えば、本件の場合のように含み損のある不動産を子会社の帳簿価額で買い取ったとしても、その取得価額は

あくまでも時価とする必要がある点に注意が必要です。

2 再建計画に基づく債権放棄が１社のみの場合

Q　当社の関係会社でもある甲社は業績が悪化し、実質的な債務超過の状態に陥っており、このままでは倒産することが必至の状況にあります。甲社が倒産した場合には当社の経営に与える影響も無視できないことから、当社は甲社の主力銀行３行と協議し、次のような再建策を講じることとしました。

　　①　甲社は事業規模を縮小し、今後の事業継続に不可欠なものを除き資産の譲渡を行い、さらに経費削減等に積極的に取り組む。

　　②　甲社は資本金の50％を無償減資する。

　　③　甲社は新たに第三者割当により増資を行い、増資によって得た資金はその全額を主力３行の借入金の一部返済に充てる。

　　④　当社は甲社に対する債権のうち80％を放棄する。

　　⑤　主力３行は③の返済後の残債権のうち当社が保証している部分以外について、翌期以降３年間返済の猶予と金利の減免を行う。

　このように、この協定においては当社のみ債権放棄を行うこととされており、当社の負担がかなり重くなっていますが、このような協定でも合理的なものとして、債権放棄額が寄附金の額に該当しないものと考えてよろしいでしょうか。

A　**債権放棄額を寄附金の額に該当しないものとしても差し支えないものと考えます。**

　一般的に、法人が倒産の危機に瀕している子会社等に対して支援をした場合であっても、その支援は子会社等に対する経済的な利益の供与として寄附金課税の対象となります。

　しかしながら、子会社等に対し経済的な利益の供与をすることにつ

いて、業績不振の子会社等の倒産を防止するためにやむを得ず行われるもので合理的な再建計画に基づくものであるなど、相当な理由があると認められるものであれば、経済合理性があるものとして取り扱われ、その経済的利益の供与の額は寄附金の額に該当しないものとされています（基通９－４－２）。

　この取扱いについては、安易に形式的に適用するのではなく、次の項目についてその実態に即して総合的に検討し、判断・適用することが必要であると考えます。

　①　支援の必要性及び相当性
　　イ　被支援者は子会社等に該当し、業績不振等によりで倒産の危機に陥っているか、
　　ロ　親会社等として、やむを得ず損失負担等することについて、相当の理由があるのか
　②　合理的な再建計画であること

　合理的な再建計画か否かの判断については、㋑支援額の合理性、㋺支援者による再建管理の有無、㋩支援者の範囲の相当性、㊁支援割合の合理性等について個々の事例に応じ、総合的に判断することとされています。

　特に、支援者が複数いる場合には、その支援者の範囲の相当性や支援割合の合理性という点に留意することが必要です。

　本件の場合、甲社の状況等から判断して支援の必要性、相当性は認められるものと考えられます。また、合理的な再建計画か否か、特に支援者の範囲の相当性、支援割合の合理性の判断については、本件のように債権放棄が１社のみであったとしても、同通達の注書きにおいて明らかにされていますが、「例えば、利害の対立する複数の支援者の合意により策定されたものと認められる再建計画は、原則として、合理的なものと取り扱う。」とされており、少なくとも貴社及び利害が相反する銀行３行が合意した再建計画であることから、合理的なも

のと認められると考えます。

　したがって、本件の場合、主力３行との協定に基づき債権放棄した金額は、合理的な再建計画に基づいたものであり、寄附金の額ではなく支援損として損金の額に算入することは認められるものと考えます。

3 子会社の再建支援のために行う無利息貸付け

Q　当社の100％子会社である甲社は不動産賃貸管理業のほか中古物件の販売業を営んでいます。

　近年の販売不振のため多額の負債を抱え込むことになり、実質的な債務超過の状態に陥っており、このままでは倒産しかねない状態です。

　そこで、当社は甲社の大口債権者である乙銀行とも協議し、甲社の再建計画を策定しました。

　その計画の中心となるのは事業の見直しであり、業績不振の中古物件販売事業を廃止し比較的安定した営業基盤の確立している不動産賃貸管理事業を生かしたところで甲社の再建を図ることとし、次に甲社に対して新規に無利息融資を行う予定です。このような状況での、この無利息融資による経済的利益の供与は、税務上、甲社に対する寄附金として取り扱われることになりますか。

A　子会社等の倒産を防止するためにやむを得ず行われるもので合理的な再建計画に基づく経済的期利益の供与であれば寄附金として取り扱われることはないと考えます。

　法人が金銭の貸付けに当たり、たとえその貸付先が子会社や関係会社であっても通常の利息を収受すべきであり、無利息あるいは通常よりも低い利率での貸付けである場合には、そのことについて相当の理由がない限り、通常収受すべき利息相当額を相手方に贈与したものと

して、その経済的利益の供与の額は寄附金の額として取り扱われることになります（法法37⑦、⑧）。

　しかし、法人がその子会社等に対して金銭の低利又は無利息の融資や債権放棄等をした場合に、子会社等の倒産を防止するためにやむを得ず行われるもので合理的な再建計画に基づくものである等相当の理由があると認められるときは、子会社等に対する経済的利益の供与の額は寄附金の額に該当しないこととされています（法基通9－4－2）。

　この通達の適用に当たり、次の点に留意する必要があります。

①　支援の必要性と相当性

　　イ　被支援者は子会社等に該当し、倒産の危機に瀕しているか

　　ロ　親会社として、やむを得ず損失負担等をすることについて相当な理由があるのか

②　合理的な再建計画に基づくものであること

　合理的再建計画かどうかについては、①支援額の合理性、②支援者による再建管理の有無、③支援者の範囲の相当性及び④支援割合の合理性等を個々の実情に応じて総合的に判断されることになります（同通達の（注））。

　具体的には、次のように取り扱われています。

①　支援額の合理性……要支援額（総額）が、被支援者の財務内容、営業状況の見通し等から的確に算定されているか。また、被支援者の自己努力を加味したものとなっているか。

②　支援者による再建管理の有無……支援者が被支援者の再建状況を把握し、例えば、再建計画の進行に従い、計画よりも順調に再建が進んだような場合には計画期間の経過前でも支援を打ち切る（逆の場合には、追加支援を行うための計画の見直しを行う）などの手当てがされることとなっているか。

③　支援者の範囲の相当性……被支援者との事業関連性の強弱、支援規模、支援能力等からみて、支援者の範囲が相当であるか（こ

れらの要素から同様の立場にある者が、支援者になったりなっていなかったりしていないか)。

④　支援割合の合理性……出資状況、経営参加状況、融資状況等の事業関連性の強弱や、支援能力からみて支援割合が合理的に決定されているか。

したがって、本件においては、上記項目について検討を行った上で、策定された再建計画に合理性があると認められるのであれば、甲社への経済的利益の供与は、寄附金には該当しないものとして取り扱われるものと考えます。

なお、甲社とは完全支配関係にあることから、仮に無利息貸付けが寄附金に該当する場合には、グループ法人税制（法法37②、25の２）の適用があることに留意する必要があります。

4　債務超過の状態にない子会社に対する再建のための債権放棄

Q　当社は、ここ数年業績不振が続いている子会社である甲社の再建の方法として、甲社に対する貸付債権の一部について債権放棄することを予定しています。

甲社は債務超過の状態ではありませんが、再建するためには必要なものと考えています。このような場合であっても債権放棄による経済的利益の供与については寄附金として取り扱うことになりますか。

A　**営業状態や債権放棄に至った事情等からみて経済合理性を有すると認められる場合においては、寄附金に該当しないものとして取り扱うことができると考えます。**

一般的に、法人が有している金銭債権について弁済を受けないまま消滅させる債権放棄は、債務者に対する「経済的利益の供与」として寄附金課税の対象となりますが、業績不振の子会社等の倒産を防止す

るためにやむを得ず行われるもので合理的な再建計画に基づく債権放棄等、その利益供与することについて経済合理性がある場合には、寄附金に該当しないものとして取り扱うことができるとされています（法基通9−4−2）。

　この取扱いの適用においては、まず子会社等の倒産を防止するため、つまり子会社等が倒産の危機に瀕しているか否かの判断（支援の必要性）が必要になります。

　「倒産」については、明確な定義付けがなされていませんが、一般的には、その経済主体が経済的に破綻している状態、例えば債務超過の状態にあり、資金繰りが逼迫しているような場合が考えられます。

　しかし、債務超過の状態にない場合であっても、子会社等の営業状態や債権放棄に至った事情等からみて経済合理性を有すると認められる場合、例えば次のような場合には、債権放棄等による経済的利益の供与は寄附金に該当せず、その額は、寄附金の額に該当しないものとして法人税法上損金算入が認められるものと考えます。

① 　営業を行うために必要な登録、認可、許可等の条件として法令等において一定の財産的基礎を満たすこととされている業種にあっては、仮に赤字決算等のままでは登録等が取り消されることで、営業継続が不可能となることから、これを回避するために財務体質の改善を行う必要がある場合

② 　営業譲渡等による子会社等の整理等に際して、譲受者側等から赤字の圧縮を強く求められている場合

　したがって、本件の場合には、甲社に対する「支援の必要性」について明確にしておく必要があると考えます。

5 当期において債務超過となる子会社に対する金利減免

Q　当社の子会社である甲社は、当期において大口取引先である乙社の倒産により多額の貸倒れが生じたため大幅な欠損となる見込みで

す。

　甲社からの報告によれば、他の取引先に対する債権の中にも不良
債権となるものが多額に含まれるとのことであり、これらが貸倒れ
になると当期だけでなく来期以降についても経常的に欠損になる見
込みです。そのため、甲社の現在の財務内容をこのまま放置した場
合には倒産することは避けられない状態です。

　そこで、このままでは当社の甲社に対する貸付金等金銭債権の回
収不能などにより、多額の損失を蒙る可能性があることから、急遽、
甲社の倒産を防ぐために具体的な再建計画を策定し、再建策の一つ
として貸付金利の減免を予定しています。しかし、子会社は前期ま
では債務超過とはなっていませんが、このような場合にも貸付金利
の減免による経済的利益の供与は、寄附金として取り扱われること
になるのでしょうか。

A　**前期末において債務超過の状態になっていない場合でも、当期
において倒産の危機にあり、その倒産防止のために策定された合
理的な再建計画に基づいて行われる貸付金利の減免については、
寄附金として取り扱わないことができると考えます。**

　法人がその子会社等に対して金銭の低利又は無利息の融資や債権放
棄等をした場合に、その無利息貸付け等が子会社等の倒産を防止する
ためにやむを得ず行われるもので合理的な再建計画に基づくものであ
る等相当の理由があると認められるときは、子会社等に対する経済的
利益の供与の額は寄附金の額に該当しないこととされています（法基
通9－4－2）。

　この取扱いの適用においては、倒産の危機に瀕している子会社に対
して「子会社等の倒産を防止するため」に必要であること、すなわち
「支援の必要性」の判断が重要な要素となりますが、子会社の倒産に
関しては具体的な定義がなされていません。

　一般的に倒産の危機にあるといわれるのは、債務超過の状況が数年継続し、かつ、近い将来においても債務超過の状態が解消される状態にない場合等の経営状態が実質的に破綻している状態が考えられます。

　しかし、黒字倒産ということもあり得ることから、必ずしも債務超過の状態の継続が条件となるということではないと考えられます。

　子会社等が既に債務超過の状態に陥り、倒産の危機に瀕している場合はもちろんのこと、本件のような現状からして、今後何の対策も講じない場合には債務超過に陥り、極めて子会社（甲社）の倒産の可能性が高く、かつ、その場合には親会社（貴社）としてより大きな損失を蒙ることが避けられないと認められる場合には、親会社としてやむを得ず支援することにも経済合理性はあるものと考えます。

　したがって、本件の場合、その貸付金利の減免がその倒産を防止するために策定された合理的な再建計両に基づき行う支援である場合には、金利の減免による経済的利益の供与は、寄附金として取り扱われないものと考えます。

6　会計上の累積欠損金を基礎とした要支援額の算定

Q　当社の子会社である甲社は業績不振が続いており、親会社である当社において再建計画を策定しているところです。一般的には要支援額の算定は、再建期間前から繰り越された欠損金額と再建期間において実現する損失額の合計額から自己努力による利益額（損失のマイナス）を控除した金額を基礎として算定することになると考えられますが、その要支援額の算定に当たっては単に、会計上の累積欠損金額を基礎としてよいのでしょうか。

A　**要支援額は、会計上の累積欠損金額を含めた経営危機の原因となる損失の総額を基礎として算定することになりますが、過剰支援とならないように注意することが必要であると考えます。**

　法人がその子会社等に対して金銭の低利又は無利息の融資や債権放棄等をした場合に、子会社等の倒産を防止するためにやむを得ず行われるもので合理的な再建計画に基づくものである等相当の理由があると認められるときは、子会社等に対する経済的利益の供与の額は寄附金の額に該当しないこととされています（法基通９－４－２）。

　また、合理的再建計画かどうかについては、①支援額の合理性、②支援者による再建管理の有無、③支援者の範囲の相当性、及び④支援割合の合理性等を個々の実情に応じて総合的に判断されることになります（同通達の（注））が、その支援額については、まず、子会社等の自己努力が必要であり、その後の親会社等の支援は必要最低限の支援でなければならないこととされています。

　一般的に、業績不振の子会社等が経営危機の原因となる損失には、その発生時期の違いから、支援開始時においては、①既に累積欠損金となって顕在化しているもの（本業の経営悪化による損失、不良債権の償却及び有価証券等の評価損の計上等によるもの）、②含み損として顕在化していないもの（不良債権又は有価証券の含み損等）があると考えられます。

　これらの損失は、経営危機の原因になっているという点において異なるところはなく、また、再建計画の最終目標は、これらの損失を根本的に解消して被支援者を健全な状態に回帰させることにあることからすれば、要支援額の算定においては、表面化した累積欠損金を含め、経営危機の原因となっている損失、つまり「資産の含み損」をも含めた損失の額を基礎として行われるべきであると考えられます。

　したがって、合理的な再建計画における要支援額を計算するに際して、累積欠損金額を計算の基礎に置くことによって計算の合理性が損なわれるとはいえないと考えますが、その場合には、累積欠損金額の全額解消が必要なのか、支援後において子会社等の事業活動から生じる収益によって改善される部分があるとするならば考慮しなくてもよ

いのか等、過剰支援とならないように留意する必要があります。

7 支援割合の合理性の判断基準

Q 当社は、子会社である甲社が業績不振によって倒産の危機にあることから、法人税基本通達９－４－２（子会社等を再建する場合の無利息貸付け等）に定められている合理的な再建計画を策定しているところです。

再建計画の合理性の判断の一つに「支援割合の合理性」が求められていますが、支援者が複数いる場合には具体的にはどのような検討を行えばよいでしょうか。

A 「支援割合の合理性」については、被支援会社に対する出資状況、経営参加状況、融資状況等の事業関連性の強弱や、支援能力からみて支援割合が合理的に決定されているかについて検討することが必要であると考えます。

法人がその子会社等に対して金銭の低利又は無利息の融資や債権放棄等をした場合に、子会社等の倒産を防止するためにやむを得ず行われるもので合理的な再建計画に基づくものである等相当の理由があると認められるときは、子会社等に対する経済的利益の供与の額は寄附金の額に該当しないこととされています（法基通９－４－２）。

また、合理的再建計画であるか否かを判断する基準として法人税基本通達９－４－２（注）では、①支援額の合理性、②支援者による再建管理の有無、③支援者の範囲の相当性、及び④支援割合の合理性等が示されており、個々の実情に応じて総合的に判断することとされています。

その一つに④支援割合の合理性がありますが、次のような場合には合理性を有するものと考えられます。

ただし、その選択に当たっては自由に選択できるということではな

く、あくまでも支援割合は関係者間の協議によって決定されることをもってその合理性、ひいては再建計画全体の相当性が担保されていますので、その点について留意する必要があります。

① 融資残高比率に応じた割合（いわゆるプロラタ方式）による場合

② 損失負担（支援）総額を、出資状況、融資残高比率及び役員派遣割合等の事業関連性を総合的に勘案し、各支援者に配分する場合

③ メインとなる支援者（出資責任、融資責任、経営責任等のある者）がその責任に応じ、できる限りの支援を行い、他の支援者については、融資残高等の事業関連性を総合的に勘案し、責任を求めるといった場合

④ 親会社としては、優先的に大部分の損失負担をし、経営責任を果たさなければ一般の取引先の同意が得られず再建計画が成立しないため、やむを得ず親会社が損失負担をして、再建を果たそうとする場合（ただし、この場合には、他の関係者と協議しないまま独自に債権放棄や損失負担等をしたことについて合理的な再建計画と認定されない可能性が高くなることから、親会社としての経営、管理監督責任の面（③）からの主張の有無について検討する必要があります）

8 親会社が再建支援として毎期行う債権の一部放棄

Q 当社の100％子会社である甲社は、前々期から大口の貸倒れが続いたため、債務超過の状態に陥り通常の運転資金の確保が困難な状況にあります。そのため、このままの状態を放置した場合には倒産する可能性が高いことから、当社において甲社の再建計画を策定することとしました。

　この再建計画は、当社の貸付金の金利を減免することを中心に甲

社が毎期欠損を生じないことを前提として策定されていますが、仮に金利減免後も欠損が生じる場合には、その欠損に相当する金額については当社の甲社に対する貸付金の債権放棄を行う計画となっています。

　このような事情がある場合において、甲社の再建のために貸付金の一部放棄を今後において毎期行うこととなったとしても、当社が行う債権放棄による経済的利益の供与は、合理的再建計画に基づくものであり、寄附金の額に該当しないものとして認められますか。

Ａ　**毎期欠損を発生させないことが倒産を防止するために必要な条件であり、債権放棄が合理的な再建計画に基づくものである場合には、金利の減免及び債権放棄による経済的利益の供与は支援損として損金の額への算入が認められ、寄附金の額には該当しないものと考えます。**

　法人がその子会社等に対して金銭の低利又は無利息の融資や債権放棄等をした場合に、子会社等の倒産を防止するためにやむを得ず行われるもので合理的な再建計画に基づくものである等相当の理由があると認められるときは、子会社等に対する経済的利益の供与の額は寄附金の額に該当しないこととされています（法基通9－4－2）。

　この取扱いの適用に当たり、次の点に留意する必要があると考えます。

①　支援の必要性及び相当性

　イ　被支援者は子会社等に該当し、倒産の危機に瀕しているのか

　ロ　親会社等として、やむを得ず損失負担等することについて、相当の理由があるのか

②　合理的再建計画に基づくものか

　本件における「支援の必要性」について判断した場合、「毎期欠損を生じさせられないこと」が、倒産を防止するために必要な条件とさ

れていることについて明らかではありませんが、仮に甲社の取引関係者等から取引継続の条件として、「毎期欠損を生じさせないこと」が提示されているような場合においては、そのことについて「支援の必要性」はあると考えられます。

　また、合理的な再建計画の判断基準の一つに「再建計画の管理」があり、子会社等の状況の変化を把握し、更なる追加支援の可否等を判断することが求められています。

　本件のように子会社等の再建のために債権の一部を放棄することは、子会社の倒産を防止するために行う低金利又は無利息での金銭の貸付けと同じ再建支援の一方法であり、貸倒処理を目的としたものではないこと及び再建計画を毎期見直すことにより、過剰な支援とならないように管理され、子会社の経営状況と金利減免効果を検討しながら欠損金額の範囲内で債権の一部を放棄することは、合理的な損失負担と考えられることから、その債権放棄には「相当性」があるものと考えます。

　したがって、毎期欠損を発生させないことが倒産を防止するために必要な条件となっている場合には、子会社に対する貸付債権の一部を毎期放棄することによる経済的利益の供与も支援損として損金の額に算入され、寄附金の額には該当しないものと考えます。

9　再建計画の策定中に行う無利息融資

Q　当社の子会社である甲社は、取引先の倒産により不良債権が増加し、倒産の危機にあることが判明しました。そこで、当社と甲社のメインバンクである乙銀行は、甲社の財務内容等の見直しを行い、再建計画を策定することとしました。

　再建計画の骨子はできたものの、現時点では乙銀行と協議中のため、具体的な再建計画はまだ策定できていません。このような中で、甲社では当面の資金を確保する必要があることから、当社及び乙銀

行で緊急の融資を無利息等で行うこととしましたが、当社及び乙銀行が行う無利息貸付けによる経済的利益の供与は甲社に対する寄附金として取り扱われるのでしょうか。

A **再建計画の骨子が明らかであり、その再建計画を策定中であることが確認される中での倒産防止のための緊急融資になりますから、無利息での融資による経済的利益の供与は、寄附金に該当しないものとして取り扱って差し支えないものと考えます。**

法人がその子会社等に対して金銭の低利又は無利息の融資や債権放棄等をした場合に、子会社等の倒産を防止するためにやむを得ず行われるもので合理的な再建計画に基づくものである等相当の理由があると認められるときは、子会社等に対する経済的利益の供与の額は寄附金の額に該当しないこととされています（法基通９－４－２）。

子会社の経営再建について、具体的な検討がなされないままに無利息貸付け等を行う場合には、そのことについて相当な理由があると認められない限り、通常、経済的な利益の供与と認められるものについては寄附金に該当するものと考えます。

しかし、その無利息の貸付けが子会社の倒産を防止するために必要なものであり、親会社のみならず他の債権者と合意の上で行われたものである場合には、具体的な再建計画が策定される前であっても再建計画の骨子が明らかになった時点で、緊急に無利息あるいは低金利での融資等を行わなければならないことについて相当の理由があるものと考えます。

したがって、本件の場合、緊急で行われた無利息貸付け等は、子会社の倒産を防止するために行うことが必要であった、いわゆる「つなぎ融資」として正常な取引条件での取引と考えられることから、無利息による経済的利益の供与は税務上も寄附金に該当しないものとして取り扱って差し支えないと考えます。

10 完全支配関係がある子会社への無利息貸付け

Q　当社の100％子会社である甲社は、深刻な業績不振により金融機関から新たな融資を受けることが難しく、このままでは資金ショートを起こしかねない状態です。そこで、急遽、当社は当面の運転資金を無利息で貸し付けることとしました。

　この無利息貸付けについては、税務上どのように取り扱われますか。

A　**原則として、無利息貸付けについて「相当な理由」がない場合には、無利息貸付けにより供与することとなる経済的利益の額は寄附金の額に該当することになります。ただし、完全支配関係がある法人間において寄附があった場合には、寄附をした側の寄附金の額については全額損金の額に算入されません。また、寄附を受けた側の受贈益の額については全額益金の額に算入されません。**

1　無利息貸付けの原則的取扱い

〈債権者側（貸付法人）〉

　法人が他の者に対して無利息で金銭を貸し付けた場合には、原則として債務者に対して通常収受すべき利息相当額については経済的利益の供与があったものとされ寄附金の額として取り扱われますが、子会社等に対しても整理・再建のために必要なものとして行われる無利息貸付けについても「相当な理由」がない限り、同様の取扱いとなります（法法37⑦、⑧、法基通９－４－１、９－４－２）。

　　　（借方）　寄附金　　×××　　（貸方）　受取利息　×××

〈債務者側〉

　債務者においては、債権者に対して通常支払うべき利息相当額の経済的利益の供与を受けたものと認められ、受贈益として取り扱われますが、受贈益は支払利息と相殺されるため、所得金額に影響はありません。

　　（借方）　支払利息　×××　　（貸方）　受贈益　　×××

　2　完全支配関係がある法人間の無利息貸付け

　法人による完全支配関係にある法人間において、無利息貸付けが行われた場合であっても上記1と区別する理由もなく、同様に無利息貸付について「相当の理由」がない場合には、通常収受すべき利息相当額の経済的利益の供与については、寄附金、受贈益の問題が生じます。

〈債権者側（貸付法人）〉

　法人による完全支配関係がある法人間において寄附があった場合には寄附を受けた側の受贈益の額に対応する寄附金の額については、その全額が損金の額に算入されません（法法37②）。

〈債務者側〉

　寄附した側の寄附金の額に対応する受贈益の額については、その全額が益金の額に算入されません（法法25の2①）。

　また、この場合、債務者側においては、上記1と同様に支払利息の金額を損金の額に算入するとともに同額を受贈益として益金の額に算入することになりますが、債権者側（貸付法人）において、その供与した経済的利益の額が寄附金の額に該当する場合には、寄附金の額に対応する受贈益の額については、益金の額に算入しないこととされます（法基通4-2-6）。

　したがって、完全支配関係にある法人間においては、受贈益について益金の額に算入しないこととされることから、債務者は支払利息が損金算入される金額相当の所得金額が減少することになります。

11 完全支配関係がある子会社再建のための債権放棄

Q　当社の100％子会社である甲社は、当社の製造工程で使用する主要部品の製造を行っていますが、数年前から原材料等の高騰等もあり実質的に債務超過の状況に陥っています。甲社がこのまま倒産等

した場合には、当社への部品供給が止まり当社は多大な損害を蒙ることは明らかです。

　そのため、当社は急遽、当社の経営への影響を最小化するための検討を行いました。そこで、今回、甲社に対する貸付金の放棄を要とする合理的な再建計画を策定しましたが、この場合、債権放棄を行ったことによる損失は寄附金の額となるのでしょうか。

A　**債権放棄が子会社の倒産を防止するためにやむを得ず行うもので、合理的な再建計画に基づくものである場合には、債権放棄により供与する経済的利益の額は寄附金の額に該当しないものと考えます（ただし、甲社は、債務免除益の額について益金の額に算入することになります）。**

　法人がその子会社等に対して金銭の低利又は無利息の融資や債権放棄等をした場合に、子会社等の倒産を防止するためにやむを得ず行われるもので合理的な再建計画に基づくものであるなど相当の理由があると認められるときは、子会社等に対する経済的利益の供与の額は寄附金の額に該当しないこととされています（法基通９－４－２）。

　したがって、経営危機に陥っている子会社等の倒産防止のために債権放棄を行った場合において、それが合理的な再建計画に基づいたものであるときには債権放棄による経済的利益の供与の額については寄附金の額とは取り扱われません。

　合理的な再建計画か否かの判定においては、次の点に留意する必要がありますが、個々の事例に応じ、総合的に判断することになります。

　①　支援額の合理性、②支援者による再建管理の有無、③支援者の範囲の相当性、④支援割合の合理性等

　特に、100％子会社の再建計画については、③及び④について、すなわち他の債権者とのバランスについてその相当性、合理性について注意が必要となります。

　なお、合理的な再建計画に基づくものではないと認められる場合には、債権放棄による損失の額は寄附金の額とされますが、甲社は貴社との間に完全支配関係がありますのでグループ法人税制の適用を受け、両法人間における寄附金の額については、寄附した側においては、寄附を受けた側の受贈益の額に対応する寄附金の額が損金の額に算入されないこととなり（法法37②）、寄附を受けた側においては、寄附した側の寄附金の額に対応する受贈益の額が益金の額に算入されないこととなります（法法25の2①）。

　しかし、貴社の債権放棄が寄附金に該当しないこととされた場合には、甲社において生ずる債務免除益の額については、一義的には課税対象となります。その場合には、繰越欠損金の損金算入制度（法法59②）の適用について検討する必要があると考えます。

Ⅲ　第二会社方式

1　概　要

■第二会社方式のイメージ

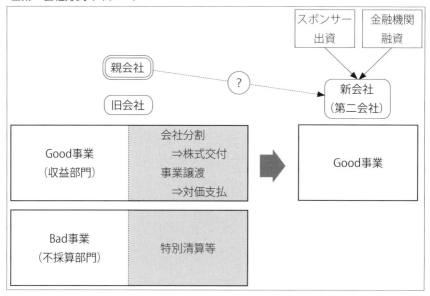

　企業が、業績不振により経営危機に陥った場合は、当初は次の途を模
索します。
　①　自力再生
　②　金融支援等あるいは新スポンサーからの支援による再生を目指す
　　のか
　これらの途が閉ざされた場合には、最終判断として次の選択を迫られ

ることになります。

　③　整理・撤退を行う

　この場合において、債権者側としては当然、不良債権に係る貸倒損失等の最少化を意識することになります。

　第二会社方式は、事業の継続（雇用の維持等）を図りつつ、債務者側にとっては債務の弁済（債務の最少化）、債権者側にとっては債権の回収（貸倒損失等の最少化）を目指す企業再生スキームとして用いられています。

　一般的にその手法は、財務内容が悪化している企業の事業内容の見直しを行い、事業継続の見込みのある収益性の高い事業と不採算事業（前者を「Good事業」、後者を「Bad事業」といいます）に分け、Good事業のみを会社分割あるいは事業譲渡などにより、新会社あるいは受け皿会社（「第二会社」といいます）に分離承継させるとともに、Bad事業や債務が残った既存の会社（「旧会社」といいます）は、その後、特別清算手続等を用いて整理するという手法で行われています。

(注) この場合の会社分割は、債務の弁済を考慮し、分社型分割の方法が多いようです。

　また、通常、旧会社はGood事業の切り出し後において、事業譲渡で得た対価あるいは会社分割で取得した第二会社の株式を新スポンサーへ譲渡し、その対価をもって債務の弁済資金に充てることとなります。

2　旧会社における解散に伴う欠損金の損金算入

　法人が解散した場合において残余財産がないと見込まれるときは、その清算中に終了する事業年度（更生手続開始の決定及び再生手続開始の決定等があった場合の欠損金の損金算入（法法59①〜③）の規定の適用を受ける事業年度を除きます）の所得の金額の計算上、繰越欠損金（期限切れ欠損金を含む設立当初からの欠損金）は、青色欠損金額等の控除

後の所得の金額を限度として損金の額に算入することができます（法法59④）（詳細については、第7章Ⅲ「**4**　解散法人の残余財産がないと見込まれる場合（法法59④）」参照）。

3 第二会社と旧会社との間に同一性がある場合の問題点

　前述Ⅱ**5**において法人税基本通達9－4－1「子会社等を整理する場合の損失負担等」について解説しているように、旧会社（旧子会社）が経営不振等から倒産の危機に瀕し、その事業からの撤退を余儀なくされた場合、安易に親会社が株主有限責任の原理を主張し、その経営責任、従業員等に対する社会的責任等について回避することは社会的に困難な状況下にある場合等において、親会社等が行う債権放棄等経済的利益の供与等ついては寄附金以外の損金としての取り扱うことを認めており、その損失等は「撤退損」ともいわれています。

　したがって、第二会社の経営主体が親会社から第三者へ移転するような場合には両社に同一性はなく実質的な経営権の譲渡と認められることから、親会社等における旧会社（旧子会社）に対する損失負担等については法人税基本通達9－4－1（子会社等を整理する場合の損失負担等）の適用が考えられます。

　しかし、事業を承継した第二会社が新たな子会社である等両社に同一性があると認められる場合には、旧会社（旧子会社）の事業からの撤退、実質的な経営権の譲渡とは認められず、同通達を適用することは難しく、親会社等において生じる旧会社（旧子会社）に対する損失負担等経済的利益の供与は寄附金として認定される恐れがあると考えます。

（注） このような場合には、第二会社方式ではなく、前述Ⅱ**6**にて解説している法人税基本通達9－4－2（子会社等を再建する場合の無利息貸付け等）の適用を検討すべきであると考えます。

ポイント

1　第二会社との同一性の判断は、持ち株関係だけに限らない

　旧会社と第二会社との間に、持ち株関係、商号、役員構成、事業内容及び事業形態等について総合的に勘案して、その同一性の有無について判断すべきであると考えます。

2　事業譲渡は、原則として、消費税法上、課税資産の譲渡に該当する

　第二会社への事業承継が事業譲渡で行われた場合には、消費税法上の課税資産の譲渡等に該当する取引が存在する場合もあるので注意が必要です。

　会社分割で行う場合には、消費税法上の譲渡等には該当しないため、全体が課税対象外取引となります。

3　事業分割は、原則として、非適格分割に該当する

　第二会社への事業分割が分社型分割で行われた場合、一般的に分割法人の整理あるいは取得した分割承継法人の株式の譲渡が見込まれることから、組織再編税制上、非適格分割として取り扱われることになります（法法２十二の十一、法令４の３⑧）。その場合、旧会社の資産又は負債は移転時の時価により譲渡したものとみなされる（法法62①）ことになるので、税務処理について留意する必要があります

4　グループ法人税制の適用に留意する必要がある

　第二会社方式が100％グループ内の法人間で行われ、譲渡損益が税務上認識される場合には、グループ法人税制の適用の有無について留意する必要があります（法法61の11①）（詳細ついては、第５章「Ⅱ　完全支配関係にある法人間の寄附金、受贈益」参照）。

災害の場合の得意先等に 対する売掛債権の免除等

1 概　要

　法人税法上、法人がその得意先に対して有する売掛金等の債権の免除あるいは低利息による融資等を行った場合の経済的利益の供与については、そのことについて合理的な理由がなければ、原則として相手方に対する寄附金あるいは交際費等として取り扱われることになります（法法37⑦ほか）。

　しかし、法人が災害を受けた得意先等取引先に対して、復旧期間内に行う復旧支援（売掛金等債権の免除、低金利による融資等）は取引条件の修正あるいは取引先が再開できない場合に蒙ることが明らかに予想される損失の回避等と考えられることから、売掛金等債権の免除等又は低利融資等による経済的利益の供与については、寄附金の額又は交際費等には該当しないものとして取り扱うこととされています（法基通9－4－6の2、9－4－6の3、措通61の4(1)―10の2）。

　また、この取扱いは、新型コロナウイルス感染症等により資金繰りが困難となった得意先等を支援するために行う場合も同様とされています。

2 売掛債権の免除等（法基通9－4－6の2、措通61 の4(1)－10の2）

　法人が、災害を受けた得意先等取引先（以下「取引先」といいます）に対してその復旧を支援することを目的として災害発生後相当の期間

（災害を受けた得意先が通常の営業活動を再開するための復旧過程にある期間をいう。以下9－4－6の3において同じ）内に売掛金、未収請負金、貸付金その他これらに準ずる債権の全部又は一部を免除した場合には、その免除したことによる損失の額は、寄附金の額又は交際費等に該当しないものとして取り扱うこととされています。

　既に契約で定められたリース料、貸付利息、割賦販売に係る賦払金等で災害発生後に授受するものの全部又は一部の免除を行うなど契約で定められた従前の取引条件を変更する場合及び災害後に新たに行う取引につき従前の取引条件を変更する場合も、同様とされています。

（注）　1　「得意先等の取引先」には、得意先、仕入先、下請工場、特約店、代理店等のほか、商社等を通じた取引であっても価格交渉等を直接行っている場合の商品納入先など、実質的な取引関係にあると認められる者が含まれます。

　　　　2　この取扱いは、新型インフルエンザ等対策特別措置法の規定の適用を受ける同2条1号に規定する新型インフルエンザ等が発生し、入国制限又は外出自粛の要請など自己の責めに帰すことのできない事情が生じたことにより、売上の減少等に伴い資金繰りが困難となった取引先に対する支援として行う債権の免除又は取引条件の変更についても、同様とされます。

ポイント

1　何らかの取引関係があれば、親子会社間でも認められる

　「得意先等の取引先」には、実質的な取引関係にあると求められる者も含まれることから、たとえ親子会社間であっても、何らかの取引関係にあれば、その売掛債権等の全部又は一部の免除も認められます。

　また、業界団体のほか融資を受けている金融機関等も含まれることとされています。

2　復旧支援目的に限定されるが、被災した法人の全てを対象としなくてもよい

　売掛債権の免除等が、取引先の復旧過程における復旧支援を目的として

行われるものに限定されますが、復旧支援は、それを行うか否かは個々の
法人の判断によらざるを得ないことから、必ずしも被災した法人に対し、
その取引先の全てが復旧支援を行うことを前提条件とはされていません。
したがって、その支援が一部の法人のみによってなされたとしても差し支
えないとされています（「逐条解説」1025頁）。

3　その債務免除は、災害発生後の相当期間内に行われたものに限る

　この取扱いは、被災した取引先が通常の営業活動を再開する過程にある
期間内での売掛債権の免除等を対象としており、例えば、仮店舗により営
業している期間は含まれますが、営業拠点にて復旧はしたが被災等により
債務超過の状態が継続しているような状態における売掛債権の免除等はこ
の取扱いの対象外とされています（「逐条解説」1025頁）。

　このような場合の再建支援における損失負担等については、負担するこ
とについて経済合理性が認められる場合もあることから、法人税基本通達
９－４－１（子会社等を整理する場合の損失負担等）の適用の有無につい
て検討してみる必要があると考えます。

4　売掛債権の免除は書面を前提とする

　原則として、債務免除の方法等については明示されていませんが、免除
の事実を明確にする上でも、書面により明らかにしておくべきであると考
えます。その場合は必ずしも公正証書による必要はないと考えます。

3　低利又は無利息による融資（法基通９－４－６の３）

　法人が、災害を受けた取引先に対して低利又は無利息による融資をし
た場合において、その融資が取引先の復旧を支援することを目的として
災害発生後相当の期間内に行われたものであるときは、その融資は正常
な取引条件に従って行われたものとして取り扱うこととされています。

ポイント

1　取引先の復旧支援目的に限定され、その内容は合理性のあるものに限る

　被災した取引先に対する低利又は無利息による融資は、その支援を通じて自らが蒙る損失を回避するために行われるものであり、経済合理性を有するものとみることができることから、寄附金の問題は生じないこととしているものと考えます。

（注）既存の貸付金の利子を減免したときの損失は、寄附金以外の費用として取り扱うこととされています。

　したがって、その融資は、被災した取引先の救済を図るためのものでなければならず、かつ、その内容は取引先の被災の程度、取引の状況を勘案し、融資期間及び融資額等について合理性を有するものなければならないとされています。

2　災害発生後相当の期間内に限定される

　「相当の期間内」とは、1と同様に、災害を受けた取引先が通常の営業活動を再開するための復旧過程にある期間内とされています。

3　事業関連性の希薄な子会社等に対しては、法人税基本通達9－4－2の検討が必要である

　原則として、たとえ被災した子会社等に対する無利息又は低利による融資であっても、その子会社等との事業関連性が希薄な場合には、その融資が必ずしも自己が蒙る損失の回避のためのものとは認められず、その経済的利益の供与は、寄附金として取り扱われることとなります。

　しかし、復旧期間外又は取引関係の希薄な子会社等に対する低利融資等であっても、その融資について経済合理性が認められる場合もあることから、法人税基本通達9－4－2（子会社等を再建する場合の無利息貸付け等）の適用の有無について検討する必要があると考えます。

4　新型コロナウイルス感染症の発生及び感染拡大への対応

　災害の場合の取引先に対する売掛債権の免除の取扱いと同様に、新型コロナウイルス感染症により入国制限又は外出自粛の要請など自己の責めに帰すことができない事情が生じたことにより、売上の減少等に伴い資金繰りが困難となった取引先に対する支援として行う低利又は無利息による融資についても、この取扱いの適用が認められることとされています（法基通9－4－6の3（注））。

第5章

不良債権等の処理とグループ法人税制

I

完全支配関係にある法人間の資産（金銭債権）の譲渡取引等

●グループ法人税制の創設の経緯等

　平成22年度税制改正において、近年の企業経営がグループ経営を強化し、グループ法人として一体的な経営が進展している状況を踏まえ、企業グループを対象とした法制度や会計制度が定着しつつある中、法人税制においてもそのような実態に対応させ、課税の中立性や公平性を確保すべく、100%グループ内の関係（完全支配関係）のある法人を対象に「グループ法人税制」が創設されています。

> **参　考**
>
> 　グループ法人税制の創設の背景として「近年、グループを構成する法人においては、一体的な経営が進展しており、法人税制においても、このグループ法人の実態に即した取扱いが求められることとなってきました。……このため、広く、グループ法人の全体を対象として、各法人の所得の金額や税額の計算等においてグループの一体性を反映した取扱いをするべく、平成22年度改正において、さまざまな改正が行われることとなりました」と解説されています（朝長英樹編著『詳解グループ法人税制』法令出版）。

　不良債権等の処理において、グループ法人税制の適用について留意しなければならない規定は、大きく次の3点になると考えます。

　①　完全支配関係にある法人間の資産の譲渡取引等（法法61の

11①）
② 完全支配関係にある法人間の寄附金、受贈益（法法37②、25の2①）
③ 完全支配関係にある子会社の解散・清算を巡るグループ法人税制
　イ　残余財産が確定した場合の繰越欠損金額の引継ぎ等（法法57②）
　ロ　100％グループ法人内の他の法人の株式の評価損の損金不算入（法法33⑤）

　金銭債権等資産のうち一定の要件に該当する資産（譲渡損益調整資産）の譲渡が、完全支配関係（法法2十二の七の六）にある法人間において行われた場合には、次のグループ法人税制の規定が適用されることになります。
　① **譲渡損益の繰延べ**……その譲渡益又は譲渡損は同額の譲渡損益調整勘定繰入損又は同繰入益を計上することにより繰り延べる。
　② **譲渡損益の実現**……繰り延べられた譲渡益又は譲渡損については、譲受法人において、その資産の譲渡等の戻入事由が生じたときに、一定の金額を戻し入れる。
　なお、グループ法人税制については、国税庁より「平成22年度税制改正に係る法人税質疑応答事例（グループ法人税制関係）」（情報）（平成22年8月10日法人課税課情報第4号ほか）が公表されています。
（注）この制度は、適正な「時価」による譲渡を前提としている（法法22の2④）ことから、不良債権の譲渡について完全支配関係にある法人間で時価と乖離した価額による譲渡が行われた場合には、譲渡損益調整資産の損益繰延制度等だけではなく、グループ法人税制における「寄附金・受贈益」制度、すなわち、寄附金の損金不算入制度や受贈益の益金不算入制度の適用の有無も考慮して処理を行う必要がありますが、両制度の対象法人が異なることに注意が必要です。

ポイント

1　グループ内で行う債権譲渡の妥当性

　グループ内での債権譲渡、特に不良債権の譲渡については、本章で解説していますが、税務上、譲渡に仮装した不良債権の移転、あるいは単なる含み損の顕在化等の疑義が生じないよう、譲渡の事実及び 譲渡価額の適正さ等を含め、その譲渡の妥当性について留意する必要があると考えます。

2　適用は、完全支配関係にある内国法人間の取引に限られる

　グループ法人税制は、完全支配関係がある内国法人である普通法人又は協同組合間の取引について適用することとされています。しかし、この「完全支配関係」は外国法人や個人が介在する完全支配関係であっても、取引の両当事者が内国法人である普通法人又は協同組合であればこの制度の適用対象となります。また、グループ内の普通法人又は協同組合等以外の内国法人や外国法人が取引の一方である場合には適用されません。

3　完全支配関係の判定は取引時に行う

　この制度は、完全支配関係の有無をその事業年度終了の時などで判定するものではなく、譲渡損益調整資産を譲渡した時において完全支配関係がある場合に適用されます。

4　適格組織再編税制（簿価譲渡）とは趣旨が異なる

　適格組織再編税制の場合には、原則として、対象となる資産等について簿価による引継ぎ、あるいは簿価による譲渡等を行うことにより、その資産等の含み損益を実現させずに譲渡法人から譲受法人に移転することになりますが（例外的に、完全支配関係にある内国法人間の「非適格合併」の場合には、合併法人に含み損益が移転します）、グループ法人税制におい

ては、あくまでも譲渡法人における資産の含み損益の実現時期を繰り延べているにすぎないことに注意する必要があります。

1 譲渡損益の繰延べ

① 概要

　内国法人（普通法人又は協同組合等に限ります）がその有する譲渡損益調整資産を他の内国法人（その内国法人との間に完全支配関係がある普通法人又は協同組合に限ります）に譲渡した場合には、その譲渡損益調整資産に係る譲渡利益額（その譲渡に係る収益の額が原価の額を超える場合におけるその超える部分の金額をいいます）又は譲渡損失額（その譲渡に係る原価の額が収益の額を超える場合におけるその超える部分の金額をいいます）に相当する金額は、その譲渡した事業年度（その譲渡が適格合併に該当しない合併による合併法人への移転である場合には、最後事業年度）の所得の金額の計算上、損金の額又は益金の額に算入することとされています（法法61の11①）。

ポイント

1　譲渡損益調整資産は、税務上の帳簿価額で判断する

　この譲渡損益の繰延べの対象となる「譲渡損益調整資産」とは固定資産、土地（土地の上に存する権利を含み、固定資産に該当するものを除きます）、有価証券、金銭債権及び繰延資産をいい、その帳簿価額が1,000万円未満のもの（売買目的有価証券を除きます）は除かれており（法令122の12①）、この場合の帳簿価額とは税務上の帳簿価額をいいます。

2　金銭債権の帳簿価額は、一の債務者ごとに判断する

　譲渡損益調整資産には、金銭債権が含まれますが、帳簿価額の判断はそ

の譲渡した金銭債権の一の債務者ごとに区分した後の帳簿価額とされています（法規27の13の2、27の15①）。

② 譲渡損益調整勘定への繰入れ

通常、金銭債権等の譲渡が行われた場合には、その譲渡損益額は「譲渡に係る収益の額」から「譲渡に係る原価の額」を控除して計算し、認識することになりますが、その譲渡（譲渡損益調整資産の譲渡に限ります）が完全支配関係にある法人間で行われた場合には、その譲渡損益の額は認識されず、所得の金額の計算上、申告調整により、譲渡利益額は調整勘定繰入損として、譲渡損失額は調整勘定繰入益として繰り延べることとされています。

なお、調整勘定繰入損により繰り入れられた調整勘定は「負債」に、調整勘定繰入益により繰り入れられた調整勘定は「資産」にそれぞれ含むこととされています（法令122の12⑭）。

この場合、譲受法人は何ら申告調整をする必要はありません。

譲渡損益調整資産に該当する不良債権を譲渡した場合の具体的な調整は次のようになります。

【具体的な調整例】

例：譲渡債権：簿価 1,000　時価　700

・会計仕訳

| 現金預金 | 700 | / | 債　権 | 1,000 |
| 譲渡損 | 300 | / | | |

・税務上の処理

会計上、計上した譲渡損300を取消し、譲渡損益調整勘定に繰り入れる処理を行います。

| 譲渡損益調整勘定 | 300 | / | 譲渡損益調整勘定繰入益 | 300 |

➡　申告調整：譲渡損　300の繰延べ（加算・留保）

（参　考）

例：譲渡益が生ずる場合：簿価　1,000　時価　1,200

・会計仕訳

現金預金	1,200	債　権	1,000
		譲渡益	200

・税務上の処理

会計上、計上した譲渡益200を取り消し、譲渡損益調整勘定に繰り入れる処理を行います。

譲渡損益調整勘定繰入損　200　／　譲渡損益調整勘定　200

⇒申告調整：譲渡益 200の繰延べ（減算・留保）

ポイント

1　譲渡は時価取引が前提である

　この制度の対象となる譲渡損益は、「譲渡に係る収益の額」から「譲渡に係る原価の額」を控除して計算することとされており、この場合の「譲渡に係る収益の額」とは、原則として譲渡損益調整資産の引渡しの時の価額、いわゆる時価取引が前提になります（法法22の2④）。

2　譲渡に伴う手数料等は、原価の額に含まない

　「譲渡に係る原価の額」とは、譲渡損益調整資産の譲渡直前の帳簿価額をいうとされており、不動産売買や有価証券の譲渡に係る手数料等、いわゆる付随費用は含まれないこととされています（法基通12の4－1－2）。

　したがって、譲渡法人が負担するこれら譲渡に係る手数料等は、原則として譲渡時の損金の額に算入されることとなります。

2 譲渡損益の実現（譲渡利益額及び譲渡損失額の戻入れ）

① 概要

　譲渡法人において上記**1**①の取扱いによって繰り延べられた譲渡損益額は、次に掲げる戻入れ事由が生じた場合には、譲渡損益に相当する金額の一定金額を、戻入れ事由が生じた日の属するその譲受法人の事業年度終了の日の属するその譲渡法人の事業年度の所得の金額の計算上、益金の額又は損金の額に算入しなければならないこととされています（法法61の11②〜⑥、法令122の12④）。

　　①　譲受法人が譲渡損益調整資産を譲渡等した場合

　　②　完全支配関係を有しないこととなった場合

（注） この場合、その譲渡損益調整資産に係る譲渡損益の戻入れ事由によってその計上金額や計上時期が異なることに注意する必要があります。

② 譲受法人が譲渡損益調整資産を譲渡等した場合

　内国法人（譲渡法人）が譲渡損益調整資産に係る譲渡利益額又は譲渡損失額につき上記①の適用を受けた場合において、その譲渡を受けた法人（「譲受法人」といいます）においてその譲渡損益調整資産の譲渡、償却、評価換え、貸倒れ、除却その他の事由が生じたときは、その譲渡損益調整資産に係る譲渡利益額又は譲渡損失額に相当する金額につき、一定の金額を、その事由が生じた日の属するその内国法人の事業年度の所得の金額の計算上、益金の額又は損金の額に算入することとされています（法法61の11②、法令122の12④）。

　したがって、譲渡損益調整資産である金銭債権の譲渡については、譲受法人において、戻入れ事由である譲渡や貸倒れ等の事由等が生じたときには、その譲渡法人において繰り延べられている譲渡損益調整額の全部あるいは一定の金額を戻入れすることになります。

❶ 譲受法人により譲渡損益調整資産の譲渡が行われた場合

　譲受法人において、その譲渡損益調整資産の譲渡（再譲渡）が行われた場合には、その繰り延べられている譲渡損益調整額の全額を、譲受法人において譲渡を行った日の属する譲受法人の事業年度終了の日の属する譲渡法人の事業年度の所得の金額の計算上、益金の額又は損金の額に算入しなければならないこととされています（法令122の12④一イ）。

(注) この場合、譲受法人の譲渡損益調整資産の「譲渡」には、いわゆる第三者への譲渡に限らず、他の完全支配関係がある法人への譲渡も含むこととされています（前掲、国税庁　平成22年8月10日付法人税質疑応答事例（情報)))。

　したがって、当初の譲渡法人は譲渡損益の戻入れ処理を行い、完全支配関係がある法人へ再譲渡した当初の譲渡法人は、自己が新規に譲渡したものとして、再譲渡により生じた譲渡損益の繰延処理を行うことになります。

　譲受法人により譲渡損益調整資産である不良債権が100％グループ外の内国法人へ譲渡された場合の具体的な調整は次のようになります。

【具体的な調整例】

　例：譲渡損が生じていた場合：簿価1,000　時価700

　　＜旧譲渡法人＞

　　・会計仕訳　　仕訳なし

　　・税務上の処理

　　譲受法人の再譲渡に伴い、譲渡損益の実現（譲渡損益調整勘定の戻入れ）の処理を行います。

　　　譲渡損益調整勘定戻入額　300　　／　　譲渡損益調整勘定　300

　　　➡　申告調整：譲渡損300の認識（減算・留保）

（参　考）

　例：譲渡益が生じていた場合：簿価1,000　時価1,200

　　＜旧譲渡法人＞

　　・会計仕訳　　仕訳なし

　　・税務上の処理

・譲受法人の再譲渡に伴い、譲渡損益の実現（譲渡損益調整勘定の戻入れ）の処理を行います。

譲渡損益調整勘定　　200　　　　　譲渡損益調整勘定戻入額　　200

⇒申告調整：譲渡益200の認識（加算・留保）

(注) いずれの場合においても、新譲渡法人（旧譲受人）は、会計上、自己の取得価額に基づき通常の譲渡損益を認識することになりますが、その限りにおいて、何ら税務調整は必要ありません。

❷　譲渡した金銭債権の一部が貸倒れとなった場合の戻入れ計算

　譲渡法人が譲渡した譲渡損益調整資産である金銭債権について、譲受法人においてその債権の一部が貸倒れとなった場合（法基通9－6－1の適用により法的に消滅した場合等）の譲渡法人における譲渡損益の実現額は、例えば、その金銭債権に係る譲渡損益調整額に譲受法人のその金銭債権の取得価額のうちにその貸倒れによる損失額の占める割合を乗じて計算する等、合理的な方法により計算した金額とされています（法基通12の4－3－4）。

(注) この場合、債権金額（券面額）に満たない価額で取得した債権の一部について、法人税基本通達9－6－1の事実が生じたことにより貸倒れとして損金の額に算入される金額は、この事実が生じた後においてなお有することとなる債権金額が取得価額を下回る場合の、その下回る部分の金額となります（法基通12の4－3－4（注））。

　したがって、その切捨て後の債権金額が譲受法人の取得価額を下回らない場合には、その譲受法人において貸倒れによる損失の額が生じないことになり、譲渡損益調整額の戻入れを行う必要はないことになります。

【具体的な調整例】

① （債権金額　1,000　譲渡価額（時価）　600　切捨て額　200）の場合

・譲受法人の取得価額　600 ＜ 切捨て後の債権金額　800（1,000－200）

・譲受法人において貸倒損失が生じないことから、譲渡法人における戻入

　　処理は必要ないことになります。

② （債権金額1,000　譲渡価額（時価 800 切捨て額 600）の場合
　・譲受法人の取得価額800　＞　切捨て後の債権金額　400（1,000－600）
　・譲受法人における貸倒損失額　400（800－400）
　・譲渡法人における譲渡損益調整額の戻入れ額

$$譲渡損益調整額200（1,000-800）\times \frac{一部切捨てによる貸倒損失額　400}{譲受法人の取得価額　800}$$

　　＝　100
　＜税務上の処理＞
　・譲渡法人　譲渡損益調整勘定戻入額　100　／　譲渡損益調整勘定　100
　・譲受法人　貸倒損失　400　／　貸付金　400

❸　譲受法人において金銭債権が全額回収された場合

　譲渡損益調整資産である金銭債権について、その譲渡を受けた法人である譲受法人においてその金銭債権の全額が回収された場合には、戻入れ事由である「その他これらに類する事由」に該当することとされています（法令122の12④一イ、法基通12の4－3－1（1））。

　すなわち、譲渡損益調整資産が金銭債権である場合には、譲受法人による譲渡、貸倒れ等の他に、譲受法人においてその全額が回収されたときにはその金銭債権が消滅することから、その金銭債権の全額回収が戻入れ事由に該当することとされています。

(注) この場合、譲受法人における金銭債権の全額回収が要件とされていることから、その一部の回収があっても、その譲渡損益調整額の戻入れは必要ないことになります。

❹　債権の取得差額に係る調整差損益を計上した場合の戻入れ計算

　譲受法人において、その取得した金銭債権について取得差額に係る調整差損益の計上の取扱い（法基通2－1－34）を適用している場合には、譲渡法人においては、譲渡損益調整資産に係る譲渡損益調整額について

の戻入れ事由が生じたことになるので戻入れ計算が必要となります（法基通12の4－3－1）。

　具体的な計算方法は、例えば、次に掲げる譲渡法人の事業年度の区分に応じ、それぞれ次により計算した金額とする等、合理的な方法により計算した金額とされています（法基通12の4－3－3）。

①　その金銭債権を譲渡した事業年度……その金銭債権に係る譲渡損益調整額にその譲渡した日からその金銭債権の最終の支払期日までの期間のうちにその譲渡した日からその事業年度終了の日までの期間の占める割合を乗じて計算した金額

②　その金銭債権の最終の支払期日の属する事業年度……その事業年度開始の時における期首譲渡損益調整額

③　①及び②以外の事業年度……その金銭債権に係る譲渡損益調整額にその譲渡した日からその金銭債権の最終の支払期日までの期間のうちにその事業年度の期間の占める割合を乗じて計算した金額

参　考　譲受法人における債権の取得差額に係る調整差損益

　金銭債権をその債権金額に満たない価額で取得した場合又は債権金額を超える金額で取得した場合において、その債権金額とその取得に要した金額との差額に相当する金額（実質的な贈与と認められる部分の金額を除き「取得差額」といいます）の全部又は一部が金利の調整により生じたものと認められるときは、その金銭債権に係る支払期日までの期間の経過に応じ、利息法又は定額法に基づきその取得差額の範囲内において金利の調整により生じた部分の金額（「調整差額」といいます）を益金の額又は損金の額に算入することとされています（法基通2－1－34）。

　したがって、金銭債権をその債権金額に満たない金額又は超える金額で譲受法人に譲渡した場合には、次の処理が行われます。

①　譲渡法人においては、売却価額と帳簿価額との差額が譲渡損

益調整額として処理をされる。

②　譲受法人においては、その取得差額についていわゆるアキュムレーション（益金計上）又はアモチゼーション（損金計上）が行われる。

(注) この通達の取扱いは、あくまでも金利の調整により生じた「取得差額」部分を対象としたものであり、例えば、不良債権を債権金額よりも低い価額で取得するような、債務者の信用リスク等を反映して価額決定が行われる取引には、適用されないことに注意する必要があります。

③ 完全支配関係を有しないこととなった場合

内国法人が譲渡損益調整資産に係る譲渡利益額又は譲渡損失額につき上記①の適用を受けた場合において、その譲渡法人がその譲受法人との間に完全支配関係を有しないこととなったときは、その譲渡損益調整資産に係る譲渡損益調整額（その有しないこととなった日の前日の属する事業年度前の各事業年度の所得の金額の計算上、益金の額又は損金の額に算入された金額を除きます）を、その有しないこととなった日の前日の属する譲渡法人の事業年度の所得の金額の計算上、益金の額又は損金の額に算入することとされています（法法61の11③）。

ただし、次の事由により完全支配関係を有しなくなった場合は、除かれることとされています。

①　譲渡法人が完全支配関係にある内国法人との適格合併により解散する場合

②　譲受法人が完全支配関係にある内国法人との適格合併により解散する場合

(注) 譲渡法人又は譲受法人の残余財産が確定し、法人が消滅した場合にも、譲渡法人と譲受法人との間に「完全支配関係を有しないこととなった場合」に該当します。この場合の「完全支配関係を有しないこととなった日」とは「残余財産の確

定の日の翌日」と考えられています。したがって、譲渡法人は残余財産の確定の日の属する事業年度において期首譲渡損益調整額を益金の額又は損金の額に算入することになります。

3 譲渡損益調整資産である金銭債権の低額譲渡等と寄附金課税

1 概要

　完全支配関係にある法人間において、譲渡損益調整資産の譲渡取引が行われた場合であっても、その譲渡取引は資産の引渡しの時における価額、すなわち時価で行われるべきであると考えられることから（法法22の2④）、実際に行われた取引価額と時価との差額は、一義的に寄附金の額・受贈益の額となります。

　この場合には、通常の譲渡損益調整資産の譲渡が行われた場合の取扱いである次の①の他に、後掲「Ⅱ　完全支配関係にある法人間の寄附金、受贈益」にて解説している次の②、③の適用を受けることになります。さらに、次の①又は②の適用（寄附修正事由）を受けた場合には、④の適用を受けることになります。

　①　**譲渡損益の繰延べ**（法法61の11①）

　②　**寄附金の支出側の法人では、寄附金の額の全額損金不算入**（法法37②）

　　　……受贈益の益金不算入の規定を適用しないとした場合にその他の内国法人の各事業年度の所得の金額の計算上益金の額に算入される受贈益の額に対応するものに限ります。

　③　**受贈側の法人では、受贈益の全額益金不算入**（法法25の2①）

　　　……寄附金の損金不算入の規定を適用しないとした場合にその他の内国法人の各事業年度の所得の金額の計算上損金の額に算入される寄附金の額に対応するものに限ります。

　④　**株主における寄附修正**（法令119の3⑥、119の4①）

……子法人（法人との間に完全支配関係がある法人）がこの取扱いの適用を受ける場合（寄附修正事由の発生）には、親法人はその子法人の株式の帳簿価額を修正するとともに、その修正に際して自己の利益積立金を増加させ又は減少させる（法令9①七）こととされています。

② 低額譲渡等が行われた場合の税務調整

完全支配関係にある法人間において、譲渡損益調整資産の低額譲渡等が行われた場合には、譲渡損益調整資産の譲渡損益調整制度だけではなく、寄附金損金不算入制度と受贈益の益金不算入制度も考慮して処理をする必要があります。

また、子法人が親法人から贈与を受けた場合には、子会社株式について増額の簿価修正を行う必要があります。

完全支配関係にある法人間において、譲渡損益調整資産（帳簿価額1,000万円以上の金銭債権等）の低額譲渡や高額譲渡に該当する取引が行われた場合の具体的な税務調整は、次のようになります。

【具体的な事例】

前提：親法人による完全支配関係にある子法人との取引

① **低額譲渡が行われた場合（簿価1,000　時価1,200　譲渡価額1,000）**

（譲渡法人）	（譲受法人）
・会計仕訳	
現預金 1,000 ／ 資　産 1,000	資　産 1,000 ／ 現預金 1,000
・税務仕訳	
現預金 1,000 ／ 資　産 1,000	資　産 1,200 ／ 現預金 1,000
寄附金 200 ／ 譲渡益 200	／ 受贈益 200
子会社株式 200／利益積立金 200	
譲渡損益調整勘定繰入損 200 ／	
譲渡損益調整勘定 200	
⇒申告調整：	➡申告調整：

譲渡益200の益金算入（加算・流出）　　受贈益200の益金算入（加算・留保）

寄附金200の損金算入（減算・流出）　　受贈益200の益金不算入（減算・流出）

寄附金200の損金不算入（加算・流出）

＊税務上の譲渡益を取り消し譲渡

　損益調整勘定の繰入損の計上

　　譲渡益200の繰延べ（減算・留保）

＊親会社からの贈与を受けたこと

　による子会社株式の増額修正

　　子会社株式200（利益積立金・増）

② **高額譲渡が行われた場合（簿価1,000　時価1,200　譲渡価額1,500）**

（譲渡法人）　　　　　　　　　　　　（譲受法人）

・会計仕訳

現預金　1,500　／　資産　　1,000　　資　産　1,500　／　現預金 1,500

　　　　　　　／　譲渡益　　500

・税務仕訳

現預金　1,500　／　資産　　1,000　　資　産　1,200　／　現預金 1,500

　　　　　　　／　譲渡益　　200　　寄附金　　300

　　　　　　　／　受贈益　　300

利益積立金 300／子会社株式 300

譲渡損益調整　／譲渡損益調整勘定

勘定繰入損 200／　　　　　　200

⇒申告調整　　　　　　　　　　　　➡申告調整

　譲渡益300の益金不算入（減算・流出）　寄附金300の損金算入（減算・留保）

　受贈益300の益金算入　（加算・流出）　寄附金300の損金不算入（加算・流出）

　受贈益300の益金不算入（減算・流出）

　＊税務上の譲渡益を取り消し譲渡

　　損益調整勘定の繰入損の計上

　　　譲渡益200の繰延べ（減算・留保）

　＊子会社は親会社に対して贈与をした

　　ことによる子会社株式の減額修正

　　　子会社株式300（利益積立金・減）

4　譲渡法人と譲受法人間の通知義務

　譲渡損益調整資産を譲渡した場合には、その譲渡の後、遅滞なく、譲渡法人と譲受法人がお互いに次のような一定の通知を行う必要があります（法令122の14⑮〜⑰）。

1　譲渡法人から譲受法人への通知

　譲渡法人がその有する譲渡損益調整資産を譲受法人に譲渡した場合には、その譲渡後、遅滞なく、その譲受法人に対して次の事項を通知しなければならないこととされています（法令122の12⑰）。

① 　その譲渡した資産が譲渡損益調整資産該当資産である旨

② 　減価償却資産及び均等償却を行う繰延資産について簡便法を適用する場合にはその旨

2　譲受法人から譲渡法人への通知

❶　①の通知を受けた後の通知

　①の通知を受けた譲受法人（非適格合併により譲渡損益調整資産該当資産の移転を受けたものを除きます）は、次の場合の区分に応じ、それぞれに掲げる事実を、その通知を受けた後、遅滞なく、その通知をした譲渡法人（その譲渡法人が適格合併により解散した場合には、その適格合併に係る合併法人）に通知しなければならないこととされています（法令122の12⑱）。

① 　譲渡損益調整資産該当資産が譲受法人において売買目的有価証券に該当する場合……その旨

② 　譲渡損益調整資産該当資産が、譲受法人において減価償却資産又は均等償却を行う繰延資産に該当する場合において、譲渡法人においてその資産につき簡便法で計算しようとする旨の通知（上記①②の通知）を受けた場合……その減価償却資産について適用する耐用

　年数又はその繰延資産の支出の効果の及ぶ期間

❷　譲渡損益の戻入れ事由が生じた場合の通知

　譲受法人は、その譲渡損益調整資産について譲渡損益の戻入れ事由（譲渡法人から、減価償却資産及び繰延資産について簡便法の適用を受けようとする旨の通知を受けていた場合を除きます）が生じたときは、次の事実をその事実が生じた事業年度終了後、遅滞なく、その譲渡損益調整資産の譲渡をした内国法人（譲渡法人）に通知しなければならないこととされています（法令122の12⑲）。

　　①　譲渡損益の戻入れ事由が生じた旨

　　②　譲渡法人で原則法を適用している減価償却資産の減価償却費・繰延資産の償却の場合には、損金の額に算入された償却費の額

　　③　その事由が生じた日

　なお、上記①、②のいずれも、その譲渡法人が適格合併により解散した後は、譲渡法人とみなされた合併法人に対して同様の通知をしなければならないこととされています（法法61の11⑤、法令122の12⑲）。

(注) 譲渡法人から譲り受けた金銭債権が貸し倒れた場合には、譲受法人はその旨を譲渡法人に通知しなければならないことになります。

⁵ ┃ 譲受債権に係る税務上の取扱い（譲受法人における収益計上等）

　金銭債権の譲渡が行われた場合、税務上、前述第3章Ⅱ **1** **2** で解説したようにその譲渡価額は適正な時価で行われることを前提としています。

　時価の算定においては、次の①、②などを考慮し決定されると考えますが、その結果、一般的にはその譲受価額はいわゆる債権金額（券面額）と異なる価額で取得する場合が多いと考えます。

　　①　債権の支払日までの金利を調整する場合

　　②　債務者の返済能力、信用リスク等を反映する場合

　その場合、金銭債権の譲受法人が、その取得差額（取得価額と債権金額との差額）について、次の税務上の問題が生じることとなります。

　イ　どのタイミングで収益を認識すべきか

　ロ　取得差額部分について債権放棄をした場合、寄附金課税の対象になるのか

① 取得価額と債権回収額の差額処理（収益認識）

❶ 金利調整差額である場合

　債権の取得差額が金利の調整により生じた差額（調整差額）である場合には、その金銭債権に係る支払期日までの期間の経過に応じ調整を行う、いわゆるアキュムレーション（益金計上）又はアモチゼーション（損金算入）により損益を認識することとされています（法基通2－1－34）。

（債権の取得差額に係る調整差損益の計上）

2－1－34　　金銭債権をその債権金額に満たない価額で取得した場合又は債権金額を超える価額で取得した場合において、その債権金額とその取得に要した価額との差額に相当する金額（実質的な贈与と認められる部分の金額を除く。以下2－1－34において「取得差額」という。）の全部又は一部が金利の調整により生じたものと認められるときは、当該金銭債権に係る支払期日までの期間の経過に応じ、利息法又は定額法に基づき当該取得差額の範囲内において金利の調整により生じた部分の金額（以下2－1－34において「調整差額」という。）を益金の額又は損金の額に算入する。

　　ただし、調整差額と算定することが困難である場合又は当該金銭債権につき2－1－33の(6)イ及び（注）《償還有価証券の範囲》に掲げる事実がある場合には、この限りでない。

（注）1　本文の取扱いは、本文の金銭債権に該当するもの全てにつき同様の調整方法による計算を行わなければならないことに留意する。

　　　2　2－1－32の(3)《償還有価証券に係る調整差損益の計上》は、調整差額の計算を行う場合の取扱いに準用する。

　　　3　金融及び保険業を営む法人以外の法人が取得した金銭債権につい

　　　ては、当該金銭債権に係る支払期日（1 年以内の一定の期間ごとに
　　　到来するものに限る。）が到来する都度その支払期日が到来した債権
　　　金額に応じて調整差額を益金の額又は損金の額に算入することがで
　　　きる。
　　4　利息法とは、調整差額を元本額の残高に対する利回りが一定とな
　　　るように支払期日までの各期間に配分する方法をいい、定額法とは、
　　　調整差額を支払期日までの各期間の日数に応じて当該各期間に均等
　　　に配分する方法をいう。

ポイント

●この取扱いは金利調整差額に限定される

　税務上のこの取扱いは、金融商品会計の処理（金融商品会計基準14、
金融商品会軽実務指針105・294）を踏まえて明らかにされたものですが、
本通達の取扱いについては、「あくまで金利の調整により生じた取得差額
部分につきその算定が可能であるものが対象とされており、債務者の信用
リスクを反映して不良債権を債権金額よりも低い価額で取得した場合に
は、適用されないことに留意する必要がある。」（「逐条解説」239頁）と
解説されています。

❷　信用リスク等の考慮による差額である場合

　不良債権を債権金額以下で取得した場合には、その取得差額について
回収の都度、収益を認識する必要はなく、債務者からの回収額がその取
得価額を超えた場合に初めてその超える金額を益金の額として認識する
ことに留意する必要があります。

2　取得差額相当額について債権放棄をした場合

　譲受法人が適正な価額（時価）により金銭債権を取得し、その後、取
得差額相当額を債権放棄した場合、放棄をした債権は法律的に消滅する

ことになりますが、譲受法人においては消滅した債権の損失が計上されることはなく、また、取得差額相当額をその段階で収益として認識することもないことから、寄附金課税の問題は生じないと考えます（譲受法人に対して、譲渡法人から「真正な譲渡」が行われたことを前提とします）。

　ただし、債務者側においては法律的に債務が消滅することから、債務免除益が計上されることになると考えます。

完全支配関係にある法人間の寄附金、受贈益

1 概　要

　法人税法上、内国法人間における資産の譲渡取引がいわゆる低額譲渡あるいは高額譲渡のように時価と乖離した取引価額で行われた場合には、原則として、時価との差額のうち実質的に贈与等をしたと認められる金額について寄附側の法人において寄附金の損金算入限度額を超える部分の金額が損金不算入（法法37①、⑦、⑧）となり、受贈側の法人において受贈益の額が全額益金算入（法法22②）となります。

　完全支配関係にある法人間において資産の譲渡取引が行われた場合であっても、その譲渡取引は譲渡時の時価で行われるべきであると考えられることから、実際に行われた取引価額と時価との差額のうち実質的に贈与等をしたと認められる金額は、一義的に寄附金の額・受贈益の額となります。

　しかし、グループ法人税制のもとでは、それらの額がそのまま損金不算入・益金算入となるのではなく、それぞれ次のような取扱いとなります。

① 寄附金の額の全額損金不算入

　内国法人が各事業年度においてその内国法人との間に完全支配関係（法人による完全支配関係に限ります）がある他の内国法人に対して支出した寄附金の額（受贈益の益金不算入の規定を適用しないとした場合にその他の内国法人の各事業年度の所得の金額の計算上益金の額に算入

される受贈益の額に対応するものに限ります）は、その内国法人の各事業年度の所得の金額の計算上、損金の額に算入しないこととされています（法法37②）。

（注）この場合、損金算入限度額の計算は行われず、その全額が損金不算入とされます。

2　受贈益の額の益金不算入

　内国法人が各事業年度においてその内国法人との間に完全支配関係（法人による完全支配関係に限ります）がある他の内国法人から受けた受贈益の額（寄附金の損金不算入の規定を適用しないとした場合にその他の内国法人の各事業年度の所得の金額の計算上損金の額に算入される寄附金の額に対応するものに限ります）は、その内国法人の各事業年度の所得の金額の計算上、益金の額に算入しないこととされています（法法25の２①）。

　なお、資産の譲渡又は経済的な利益の供与を受けた場合において、その譲渡又は供与の対価の額がその資産のその譲渡の時における価額又はその経済的な利益のその供与の時における価額に比して低いときは、その対価の額とその価額との差額のうち実質的に贈与又は無償の供与を受けたと認められる金額は、受贈益の額に含まれます（法法25の２③）。

　この制度は、グループ内部の取引については課税関係を生じさせないとする全体の整理の中で、このグループ内の寄附金についても、トータルとして課税関係を生じさせないこととしているものです。

　ただし、この制度を利用した場合には、株式の価値の移動が容易となり、事後的にその株式を売却した場合に、売却損益の額に事実と乖離が生じてしまうことになります。

　したがって、これを防止するために、この制度を適用する場合（寄附修正事由が発生する場合）には、その寄附あるいは受贈により純資産が

増減することとなる子法人の株式の帳簿価額を修正させるために、次の取扱いが規定されています。

③　株主における寄附（簿価）修正

　法人との間に完全支配関係がある他の法人（子法人）の株式について寄附修正事由が生じる場合には、子法人における受贈益の額及び寄附金の額に相当する金額を利益積立金額に加減算し（法令9①七）、その寄附修正事由が生じた時の直前のその株式の帳簿価額にその金額を加減算することとされています（法令119の3⑥、119の4①）。

　寄附修正事由とは、子法人が他の内国法人に対して上記①の適用がある寄附金の額を支出したこと又は子法人が他の内国法人から上記②の適用がある受贈益の額を受けたことをいいます（法令9①七）。

＜子法人株式の帳簿価額及び利益積立金の加算額＞

$$
\begin{array}{l}
\text{子法人株式の帳簿価額} \\
\text{及び利益積立金の} \\
\text{増加額（注）}
\end{array}
=
\begin{array}{l}
\text{子法人において} \\
\text{全額益金不算入と} \\
\text{された金額}
\end{array}
\times
\begin{array}{l}
\text{子法人株式} \\
\text{の持分割合}
\end{array}
$$

$$
-
\begin{array}{l}
\text{子法人において} \\
\text{全額損金不算入と} \\
\text{された金額}
\end{array}
\times
\begin{array}{l}
\text{子法人株式} \\
\text{の持分割合}
\end{array}
$$

（注）プラスの場合は増加、マイナスの場合は減少となります。

---

2 対象となる完全支配関係

①　法人による完全支配関係

　発行済株式数の保有関係の判断基準となる「一の者」には法人又は個人の両方を含むこととされていることから（法法2十二の七の六、法令四の二②）、完全支配関係には「法人による完全支配関係」と「個人に

よる完全支配関係」、さらには両者が併存している場合もあります。

　この制度は、法文上、内国法人が各事業年度において当該内国法人との間に完全支配関係（法人による完全支配関係に限ります）がある場合に適用すると規定されています（法法25の2、37②）。

　「法人による完全支配関係」に限定した理由は、「個人による完全支配関係」がある場合にこの制度の適用を認めた場合には、その個人（親族）が支配する兄弟会社等の間で無償で資産を贈与させることにより、結果として経済的価値の移転が無税で行われることとなり、個人株主の相続税対策等として寄附取引が利用されてしまうことを回避するためとされています。

(注) 完全支配関係の有無の判定は、それぞれの寄附金支出の時点とされています。

② 　個人が介在する完全支配関係

　この制度の適用に当たっては、「法人による完全支配関係」がある場合に限ることとされていますが、「個人による完全支配関係」があれば全て除外するのではありません。

　「個人による完全支配関係」と「法人による完全支配関係」が併存する場合、具体的には、一の個人が発行済み株式の100％を保有する法人（A）が2つの100％子法人（B及びC）を有する場合、BC間の関係は、「個人による完全支配関係」があるだけではなく「法人（A）による完全支配関係」もあることになります。

　この場合には、法人（B）と法人（C）間の取引についても、この制度の適用があるものとされています（法基通9−4−2の5）。

③ 　公益法人等が介在する完全支配関係

　この制度は、「法人による完全支配関係」がある内国法人間の取引に限り適用されることとされていますが、この場合の「法人」の法的性格については何ら制限されてはいません。

　したがって、「法人による完全支配関係」を判定する上で、その中に公益法人あるいは外国法人が介在していたとしても、適用要件とされる「法人による完全支配関係」の要件は満たすものと考えます。

3　寄附金及び受贈益の範囲

　この制度の対象となる寄附金は、その範囲や寄附金に該当するか否か等の考え方において、完全支配関係外の法人間の寄附金と何ら異なることはなく、寄附金の概念を変更するものはないといわれています。

　したがって、金銭の贈与、無償又は低廉による資産の譲渡、無利息や低利息による貸付等の全てが該当することになります。

　ただし、この制度の対象となる寄附金及び受贈益とはそれぞれ表裏一体のものとなっていなければならないこととされており、それぞれ次のように規定されています。

①　対象となる寄附金

　この制度の対象となる寄附金は、受贈益の益金不算入の規定（法法25の２）を適用しないこととした場合に、寄附を受けたその内国法人の所得の金額の計算上益金の額に算入される受贈益の額に対応するものに限定されています（法法37②、法基通９－４－２の６）。

②　対象となる受贈益

　この制度の対象となる受贈益は、寄附金の損金不算入の規定（法法37②）を適用しないとした場合に、寄附をしたその内国法人の所得の金額の計算上損金の額に算入される寄附金の額に対応するものに限定されています（法法25の２①）。

❶　完全支配関係がある公益法人等からの寄附金等

　この制度の対象となる寄附金と受贈益については、表裏一体のものと

されており、それぞれ寄附金の損金不算入及び受贈益の益金不算入の規定の適用を受けないとした場合に、それぞれ益金の額に算入される受贈益に対応する寄附金及び損金の額に算入される寄附金に対応する受贈益に限定されています。

　したがって、完全支配関係にある法人のうち、寄附金を支出した法人が公益法人等であり、その非収益事業に係る資産から支出しているような場合には、公益法人等において損金の額に算入することができないため、その受贈益の額は「寄附金の額に対応する」ものには該当しないことになります（法基通4－2－4）。

(注)　この場合、寄附金を受けた法人が公益法人等であり、その受贈益の額が法人税が課されない非収益事業に属するものとして区分経理されているときには、その受贈益の額を益金の額に算入することができないため、その寄附金の額は「受贈益の額に対応するもの」には該当しないこととされています（法基通9－4－2の6）。

❷　子会社等の整理・再建に係る損失負担等

　法人がその子会社等の解散、経営権の譲渡等に伴う損失負担等や再建のための無利息貸付け、あるいは債権放棄等による経済的利益の供与については、そのことに相当の理由があり、合理的であると認められる場合には、寄附金には該当しないものとして認められています（法基通9－4－1、9－4－2）。

　また、これらの場合の子会社等においては、その受けた経済的利益の額等については受贈益として認識することになります。

　この取扱いは、寄附金が全額損金不算入、受贈益が全額益金不算入となる完全支配関係にある子法人に対する損失負担等であっても変わりません。

　したがって、完全支配関係にある子法人等の整理、再建等に伴って親会社が損失負担等した場合において、その負担することについて相当の理由等がある場合には、その損失負担等は寄附金に該当しないこととさ

れることから、この制度、つまり寄附金の全額損金不算入（法法37②）の制度、及びその受贈益の額は「寄附金の額に対応するもの」に該当しないことから受贈益の全額益金不算入（法法25の２）の制度の適用はないものとして取り扱われることになります（法基通４－２－５）。

❸　無利息貸付け等を受けた場合

　完全支配関係がある法人から金銭の無利息貸付け又は役務の無償提供などの経済的利益の供与を受けた場合には、支払利息又は役務提供の対価の額を損金の額に算入するとともに同額を受贈益の額として益金の額に算入することになりますが、その経済的利益を供与した側においてその経済的利益の額が寄附金の額に該当するときには、寄附金の額に対応する受贈益の額について益金の額に算入しないこととされています（法基通４－２－６）。

ポイント

1　寄附金の額が生じないものには適用されない

　この制度は、寄附金課税と受贈益課税が表裏一体となっているものについて適用されることから、例えば、法人税基本通達９－６－１による債務免除、あるいは、法人税基本通達９－４－１又は９－４－２による債権放棄等による免除益等については、債権放棄等をした側において寄附金の額が生じていないことから、受けた側における受贈益等については、この制度による全額益金不算入の適用はないことに留意する必要があります。

2　債務者は所得金額が減少する

　通常、完全支配関係がない法人間において無利息による金銭の貸付等が行われた場合には、債務者では支払利息と受贈益が両建計上されるものの相殺されるため、所得金額に影響はありませんが、完全支配関係にある法人間においては、受贈益については益金の額に算入しないこととされるこ

とから、債務者は支払利息として損金算入される金額相当の所得金額が減少することになります。

＜債権者＞
　寄附金（全額損金不算入）×××／受取利息（益金算入）　　×××
＜債務者＞
　支払利息（損金算入）　　×××／受贈益（全額益金不算入）×××

3　100％子会社に対する債権放棄等

　完全支配関係にある子会社に対し債権放棄をする場合には、債権者である親会社においては、例えば法人税基本通達9－6－1による貸倒損失、あるいは同通達9－4－1又は9－4－2による子会社の整理、再建のための債権放棄等による損失として、税務上の無税処理について検討するものと考えられますが、債務免除等を受ける子会社における免除益課税等についても税負担等を意識した検討が必要であると考えます。

4 寄附金の増額更正と受贈益の減額更正

　法人による完全支配関係がある親子法人間において、親法人による子法人への資金の無利息あるいは低利息による貸付け等が行われた場合、後日、税務調査により子法人に対する経済的利益の供与として計算された利息相当額の寄附金課税が行われることがあります。

　このような場合、親法人への寄附金の全額損金不算入（法法37②）の処理と、子法人における利息相当額の受贈益の益金不算入（法法25の2）の処理が同時に行えるか、求めることができるかが問題となると考えます。

　内国法人との間に完全支配関係がある他の内国法人に対して支出した寄附金の額あるいは受けた受贈益の額に係るこの規定は、それぞれ、「損金の額に算入しない」（法法37②）あるいは「益金の額に算入しない」（法法25の2）と表現されているだけであり、殊更改めてその適用に当たり特に一定の経理要件や申告要件が付されていないことから、強制適用される制度であると考えます。

　したがって、当然に親法人が受けた寄附金の認定課税の処理がこの制度に基づき、全額損金不算入とされるものである限り、その表裏一体の処理として子法人に対する受贈益の全額益金不算入処理は行われるべきであると考えます。

完全支配関係にある子会社の解散、清算をめぐるグループ法人税制

　債権者が法的手続等により債務免除を行った後、あるいは子会社等の整理等のための支援等を行った後、債務者あるいは子会社が解散、清算することがあります。

　その場合には、債権者が株主である場合には、通常の貸倒損失や支援損等の他に、株式の評価損あるいは消却損が生ずることになりますが、債権者と債務者が完全支配関係のある場合には、次のグループ法人税制が適用されることに留意する必要があると考えます。

1　子会社株式の評価損及び消却損の損金不算入

①　完全支配関係がある他の内国法人（子会社）が次のイからハに掲げるいずれかに該当する場合には、その他の内国法人の株式について、評価損の計上は認められないこととされています（法法33⑤、法令68の3①）。

　イ　清算中である場合

　ロ　解散(合併による解散を除きます)をすることが見込まれる場合

　ハ　その内国法人との間に完全支配関係がある他の内国法人との間で適格合併を行うことが見込まれる場合

②　親法人と間に完全支配関係がある子法人が解散し、残余財産の分配を受けないことが確定した場合、親法人はその子法人株式の消却に伴う損失の損金算入は認められないこととされています（法法61の2⑰）。

2　繰越欠損金額の引継ぎ

　完全支配関係がある子法人が解散し、残余財産が確定した場合において、その子法人（清算法人）が有する未処理欠損金額（残余財産の確定の日の翌日前10年以内に開始した各事業年度において生じた欠損金額のうち、まだ使用していないもの）を引き継ぎ、親会社の未処理欠損金額とみなすこととされています（法法57②）。

ポイント

1　親会社が解散した場合には、子会社に適用はない

　未処理欠損金額の引継ぎは、その親会社による完全支配関係又は当事者間の完全支配の関係がある法人相互の関係に限られており、例えば、親会社が解散して残余財産が確定した場合において、子会社がその親会社の株式を保有していたとしても、親会社の未処理欠損金額を子会社に引き継ぐことはできないこととされています（平22.10.6国税庁質疑応答「グループ法人税制その他の資本に関係する取引等に係る税制関係」問6）。

2　仮に、残余財産の分配があっても認められる

　本規定においては、「残余財産が確定した場合」という条件が明示されていますが、「残余財産がないと見込まれる」としており、つまり、残余財産の分配の有無を条件とはしておらず、したがって、仮に、残余財産の分配があっても認められるものと考えます。

3　清算法人の繰越欠損金額の帰属年度

　清算法人の繰越欠損金額を清算法人の株主法人に引き継ぐ場合、その繰越欠損金額は、原則として、清算法人の繰越欠損金額の発生事業年度の開始日が属する清算法人の株主法人の事業年度において生じた欠損金額とみ

なすこととされています（法法57②）。

　ただし、清算法人の株主法人のその残余財産の確定の日の翌日の属する事業年度開始の日以後に開始した清算法人の欠損金額については、その残余財産の確定の日の翌日の属する事業年度の前事業年度において生じた欠損金額とみなすこととされています（法法57②かっこ書）。

■イメージ：清算法人の繰越欠損金額の帰属年度

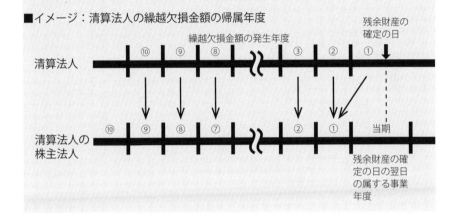

第6章

役員又は使用人等に対する債権放棄等

Ⅰ　概　要

　法人が役員（取締役等）に対し、株主総会又は取締役会の承認（会社法356①二、365）のもと、あるいは使用人ための福利厚生制度の一貫として、一定の利率による金銭の貸付けを行う、又は法人の役員又は使用人がした行為等により他人に与えた損害について法人がその損害賠償金を支出した場合に求償権が生じる、あるいは役員又は使用人による不正行為により法人に損害を与えた場合に損害賠償請求権が生ずるなど、法人と役員又は使用人との間に直接債権者・債務者の関係が生じる場合があります。

　このように、法人が役員又は使用人に対して有することとなる債権について、貸倒れ等の事実が生じた場合の取扱いは、一般の貸倒処理と異なることはなく、法人税基本通達９－６－１《金銭債権の全部又は一部の切捨てをした場合の貸倒れ》あるいは９－６－２《回収不能の金銭債権の貸倒れ》によりその適否は判断されることになります。

　しかし、一般の貸倒処理と異なる点は、法人が役員又は使用人に対して有する債権を放棄し又は免除した場合等、貸倒損失として認められない場合には、その放棄し又は免除した債権の額に相当する金額は、その役員又は使用人に対する給与として取り扱われることです（所法28、所基通36－15、36－33、法基通９－２－９、９－７－17ほか）。

　さらに、その場合、役員に対する部分は損金不算入とされることになります（法法34①二、法基通９－２－９、９－２－11）。

Ⅱ　具体的な取扱い

1　法人が支出した損害賠償金に係る求償権

① 法人（債権者）側における処理

　法人の役員又は使用人のした行為等によって他人に与えた損害について、法人がその損害賠償金を支出した場合には、その損害賠償金の対象となった行為等が次に該当する場合には、その支出した損害賠償金に相当する金額はその役員又は使用人に対する債権、つまり求償権として資産に計上すべきものとされています（法基通9－7－16(2)）。

　　①　法人の業務の遂行に関連しないものである場合
　　②　法人の業務の遂行に関連するものであるが故意又は重過失に基づくものである場合

　しかし、法人が計上した債権について、その役員又は使用人の支払能力等からみて求償できない事情にあるため、その全部又は一部に相当する金額を貸倒れとして損金経理した場合（損害賠償金相当額を債権として計上しないで損金の額に算入した場合を含む）には、それを認めることとしています（法基通9－7－17）。

　ただし、その貸倒れ等とした金額のうちその役員又は使用人の支払能力からみて回収が確実であると認められる部分の金額については、その役員又は使用人に対する給与とすることとされています（法基通9－7－17、所基通36－33）。

ポイント

1　元役員等については、給与課税はされない

　法人と役員又は使用人との委任契約等あるいは雇用契約等が切れている場合、つまり元役員又は元使用人に対する債権放棄等について貸倒処理が認められない場合には、給与として認定されることはない（贈与として寄附金の額に該当する）ものと考えます（元役員等は一時所得として認識すべきであると考えます（所法34、所基通34－1 (5)）。

2　役員給与とされたものは、臨時的なものとして全額損金不算入となる

　会社が負担した損害賠償金が上記の取扱いにより役員給与とされた場合には、その経済的利益の供与は定期のものではなく、臨時的なものであることから、法人税法上は、法人税基本通達9－2－9《債務の免除による利益その他の経済的な利益》(4) にいう「役員等に対して有する債権を放棄し又は免除した場合（貸倒れに該当する場合を除きます）におけるその放棄し又は免除した債権の額に相当する金額、及び同9－2－11《継続的に供与される経済的利益の意義》の取扱いにより、定期同額給与とは認められず、法人の所得の金額の計算上、損金不算入となることに留意する必要があります（法法34①）。

② 役員又は使用人（債務者）側における処理

　法人が役員に対する損害賠償請求権に係る債権相当額を貸倒損失として損金の額に算入した場合、一義的に債務者である役員は債務免除益に係る経済的利益を認識する必要があります。

　しかし、役員給与として認識すべき債権の放棄又は免除により受ける経済的利益から、「貸倒れに該当する場合を除く」ことが明らかにされています（法基通9－2－9(4)、所基通36－33）。

　したがって、その債権の放棄等により役員が受ける経済的利益はない

ものとされることから、役員給与として認識する必要はないことになります（法基通９－２－９の取扱いは、役員に対する取扱いとされていますが、使用人に対する場合にも同様であると考えます）。

2 役員等の不正行為等による損失に係る損害賠償請求権

① 不法行為等による損失と損害賠償請求権の計上時期

　法人の役員又は使用人による横領等不正行為が行われたことによって、会社に損害を与えた場合、法人が被った損害については法人の資産を減少させたものとして損失の額を認識し、同時にその損害に相当する金額の民事上の損害賠償請求権を取得することから益金の額を認識すべきであると考えます（同時両建説）（法法22②、③）。

　例えば、従業員が売掛金（売上として計上すべきもの）を横領した場合においては、売上計上漏れ（益金）、横領による損失（損金）と同時に損害賠償請求権の発生（益金）が生じることになります。

　ただし、通常の注意を払っても把握できないような従業員等の行為による損害賠償については、その損害賠償金の額について実際に支払いを受けた日の属する事業年度の益金の額に算入することを認める取扱い（法基通２－１－43「損害賠償金等の帰属の時期」）の適用を認め、損害賠償金が現実に回収されたときに益金とすることが認められています（「逐条解説」260頁）。

> **参　考** 損失の発生と同時に同額の損害賠償請求権の計上が必要（大阪高判平13.7.26）、同趣旨の判決（東京高判昭43.12.13）
>
> 　「法人税は原則として発生主義のうち権利確定主義を採っているものと解され、横領により損失が発生したとしてもこれと同額の損害賠償請求権を取得することになるため、原則として所得金額に変動が生じないことになる。……横領が発生した各年度において回収

　　不能が明らかであったとはいえないから、従業員に対する損害賠償
　　請求権を各年度の所得に加算しなければならない。」

② 損害賠償請求権の貸倒れ

　法人が未収金等として計上した損害賠償請求権に基づいて回収努力を
行うも回収不能等となった場合には、その法人の有する他の金銭債権と
特に異なる取扱いをすべき理由はないことから、一般の貸倒処理と同様
に法人税基本通達９－６－１《金銭債権の全部又は一部の切捨てをした
場合の貸倒れ》あるいは９－６－２《回収不能の金銭債権の貸倒れ》に
より貸倒処理の適否について判断されることになります。

　なお、上記「**1**　法人が支出した損害賠償金に係る求償権」にて解説
しましたが、その貸倒れとした金額のうち、その役員又は使用人の支払
能力からみて回収が可能であると認められる場合には、給与とされるこ
とになります。

> **参　考**　**実現不能が明らかになったときに損失処理すべき**（最
> 判昭43.10.17）
>
> 　「従業員の横領により取得した損害賠償請求権が債務者の無資力
> その他の事由によって実現不能であることが明白になったときに初
> めて、損金として処理すべきであるものと解される。」

Ⅲ 債務者（個人）における債務免除益課税の特例

　債務者がその有する債務について免除を受けた場合には、その免除を受けたことによる経済的な利益、すなわち債務免除益を認識しなければならないことになります（所法36①、所基通36－15）。

　しかし、著しく債務超過の状態に陥り、資力を喪失して債務を弁済することが著しく困難な場合には、その債務の免除により受ける経済的な利益は形式的なものであり、これを課税所得として捉えることは実情にそぐわないという考え方から（武田昌輔編著『コンメンタール所得税法』注釈（第一法規））、居住者（債務者たる個人）が、破産法252条1項（免責許可の決定の要件等）に規定する免責許可の決定又は再生計画認可の決定があった場合その他資力を喪失して債務を弁済することが著しく困難である場合にその有する債務の免除を受けたときは、その免除により受ける経済的な利益の額については、その者の各種所得の金額の計算上、総収入金額に算入しないこととされています（所法44の2①）。

　また、この「その資力を喪失して債務を弁済することが著しく困難である場合」とは、個々のケースに応じて判断することとなりますが、破産法の規定による破産手続開始の申立て又は民事再生法の規定による再生手続開始の申立てをしたならば、破産法の規定による免責許可の決定又は民事再生法の規定による再生計画認可の決定がされると認められるような場合をいうこととされています（所基通44の2－1）。

（注）この制度は、確定申告書にこの制度の適用を受ける旨、その適用により総収入金額に算入されない金額及び一定の事項の記載がある場合に限り、適用することとされているので、注意する必要があります（所法44の2③）。

第7章

債務者における債務免除益等への対応

I 概要等

1 概　要

　債権者が会社更生や私的整理等により債務者の再生等を図るため、債権放棄等（DESを含みます）や同様に債務者の役員等が私財提供等を行った場合には、債務者が受ける金銭債務の法的な消滅に伴う債務免除益（あるいは債務消滅益）や受贈益等経済的利益の供与の額等については、企業の再生等を図るための債務免除等により生じる債務免除益等であっても、所得金額の計算上、益金の額に算入されることになります（法法22②）。

　この場合、債務者がその債務免除益等に見合う損金や欠損金の繰越控除の対象となる、いわゆる青色欠損金等がないときには、そのまま債務免除益課税等が行われることになり、新たな税負担が生じることにより、債務免除等の目的である企業の再生、再建計画等の実行に支障をきたす恐れがあります。

　そこで、債権者による債務免除等が行われた場合の債務者における新たな税負担の軽減及び、整理あるいは再生計画等の円滑な実行等を考慮し、債務者が法人の場合にはその有する繰越欠損金について次の特例措置が講じられます。

　①　欠損金の損金算入限度額の特例（法法57⑪二）

　②　会社更生等による債務免除があった場合の欠損金の損金算入等

　　イ　更生手続開始の決定があった場合（法法59①）

　　ロ　再生手続開始の決定等があった場合（法法59②、③）

　ハ　解散した場合において、残余財産がないと見込まれる場合（法
　　法59④）

> **参　考**　連結納税制度からグループ通算制度への移行に伴う
> 改正
>
> 　従来の連結納税制度に代わり、令和4年4月1日以後に開始する
> 事業年度の所得に対する法人税について適用されるグループ通算制
> 度が創設されたことに伴い、　上記①及び②に関する法令等の改正
> 及び整備等が行われており、令和4年4月1日から施行されていま
> す。
> 　本書では、改正後（令和4年7月1日現在）の法令等に基づき、
> 主にグループ通算制度適用法人以外の法人を対象として解説してい
> ます。

2　債務者に対する法的手続と事業年度の変更

　法的手続等に基づき、債権者による債務免除等が行われた場合、債務
者において対応する債務免除益等については当然にそれらの事実の生じ
た日の属する事業年度の収益として認識すべきですが、法的手続によっ
ては次のように債務者の定款上の事業年度とは異なる事業年度に変更さ
れる場合もあることに留意する必要があると考えます。

1　**更生手続開始の決定があった場合（会社更生法232②、法法13
　①、法基通14－3－1）**
　①　通常の事業年度開始の日～更生手続開始の決定の日
　②　更生手続開始の決定の日の翌日～更生計画認可の決定の日
　　（ただし、認可の決定の時までの期間が1年を超える場合には、開
　　始の決定の日の翌日から1年ごとに区分した各期間、また、認可の

　　決定の時までに更生手続が終了したときは、その終了の日）

③　上記②以後は、定款に定める通常の事業年度

② 破産手続開始の決定があった場合（法法14一、法基通1－2－4）

　法人は、破産手続開始の決定により、解散することとされています（会社法471五等）。

①　通常の事業年度開始の日～解散の日

②　解散の日の翌日～通常（定款上）の事業年度

　　（ただし、残余財産が事業年度の中途で確定した場合には、その事業年度開始の日から確定の日までの期間が一の事業年度とみなされます（法法14二十一））

（注） 破産開始の決定により解散した株式会社で破産手続が終了していないものは、通常の清算会社の範囲に含まれないことから、いわゆる清算事業年度（解散の日の翌日から1年ごとの期間）の規定は適用されないこととされています（会社法475一）。

③ 再生手続開始の決定があった場合

　再生手続開始の決定があった場合の事業年度については、会社更生法のように法人税法の特例等がないことから、民事再生法の規定による再生手続開始の決定等により事業年度が変わることはないとされています。

参　考　**株式会社等が解散等をした場合における税務上の事業年度**

　株式会社等が事業年度の途中で解散（合併による解散を除きます）した場合における税務上の事業年度は、下記のとおりとされています（法法13①、法基通1－2－9）。

①　通常の事業開始の日～解散の日まで　（解散事業年度）

②　解散の日の翌日～1年ごとの期間（清算事業年度）

　なお、清算中の法人の残余財産が事業年度の中途において確定した場合には、その事業年度開始の日からその確定の日までの期間を一事業年度とみなすこととしています（法法14二十一）。

 **欠損金の繰越控除**

1 原　則

　確定申告書を提出した法人が、各事業年度開始の日前10年以内に開始した事業年度で、青色申告書を提出した事業年度に生じた欠損金額、いわゆる青色欠損金額及び青色申告書を提出しなかった事業年度に生じた災害損失欠損金額（両欠損金額とも既にこの規定により前事業年度以前において損金の額に算入された金額及び欠損金の繰戻しによる還付の基礎とされた金額を除き、以下「青色欠損金等」といいます）がある場合には、各事業年度の所得の金額（注）の計算上その欠損金額に相当する金額が損金の額に算入されます。ただし、中小法人等以外の法人は、各事業年度の所得金額の50％に相当する金額が損金算入限度額とされます（法法57①、57⑪、58①）。

(注)「各事業年度の所得の金額」とは、上記の欠損金の繰越控除の規定（法法57①）を適用せず、かつ、会社更生等による債務免除等があった場合の欠損金の損金算入の規定（法法59③、④）、及び残余財産の確定に係る事業税の損金算入の規定（法法62の5⑤）を適用しないものとして計算した場合における所得の金額をいいます。

ポイント

1　連続して確定申告書を提出している法人に限定適用される

　この規定により、欠損金の繰越控除が認められる法人は、欠損金額の生じた事業年度について確定申告書を提出し、かつ、その後において連続し

て確定申告書（期限後申告書を含みます）を提出している法人に限定され
ています（法法57⑩）。

　また、確定申告書については、いわゆる青色申告書又は白色申告書の区
別はありませんが、欠損金額の生じた事業年度において青色申告書を提出
していればその欠損金額が対象となり、仮にその後の事業年度において白
色申告書である確定申告書を提出したとしても継続して確定申告書を提出
している場合には、認められることになります。

2　繰越控除の対象は、税務上の欠損金額に限られる

　青色欠損金等の繰越控除は、法人の会計計算上の欠損金額ではなく、税
務計算上の欠損金額に限られます。

3　繰越欠損金の損金算入の順序は最も古いものから順次行う

　この規定による欠損金額の損金算入は、その事業年度に繰り越された欠
損金額が２以上の事業年度において生じたものからなる場合には、そのう
ち最も古い事業年度において生じた欠損金額に相当する金額から順次損金
算入を行うものとされています（法基通12－１－１）。

4　法人税法59条１、２、４項の規定との重複適用は認められない

　会社更生等による債務免除があった場合に損金算入される金額からなる
欠損金額は、この規定の対象となる青色欠損金額等からは切り捨てられま
す。

　会社更生等により債務免除があった場合には、債務免除等の額など一定
の金額を限度として、設立当初からの各事業年度において生じた欠損金額、
すなわち繰越欠損金額のうち、これまで損金算入等の対象となっていない
金額を損金算入の対象としており（法法59）、その金額には上記１の繰越
控除の対象となる青色欠損金額等も含まれることとされています（法令
116の2、117、117の5）。

　このため、法人税法57条1項の規定による欠損金の繰越控除の適用に当

たっては、同法59条の規定により損金の額に算入される欠損金の控除との重複適用を避けるため、同法57条1項の繰越控除の対象となる青色欠損金額等のうち、同法59条の規定（法法59①、②、④）により損金の額に算入される金額から成るものとして計算される金額はないものとされています（法法57⑤、法令112⑫）。

2 特　例

更生手続開始の決定など次の事実が生じた法人については、これらの事実の区分に応じそれぞれ次の事業年度である場合には、その損金算入限度額は欠損金控除前の所得金額の100％相当額とされています（法法57⑪二）。

なお、各事業年度終了の時において中小法人等に該当するものは、この特例制度の対象から除かれています（法法57①一）。

①　更生手続開始の決定があったこと……その更生手続開始の決定の日から更生計画認可の決定の日以後7年を経過する日までの期間内の日の属する各事業年度

(注) ただし、更生期間内にその更生手続開始の決定に係る次の事実が生じた場合には、その更生手続開始の決定の日から次の事実が生じた日までの期間内の日の属する事業年度とされています（法法57⑪二イ、法令113の2②）。

　　イ　その更生手続開始の決定を取り消す決定の確定
　　ロ　その更生手続開始の決定に係る更生手続廃止の決定の確定
　　ハ　その更生手続開始の決定に係る更生計画不認可の決定の確定

②　再生手続開始の決定があったこと……その再生手続開始の決定の日からその再生手続開始の決定に係る再生計画認可の決定の日以後7年を経過する日までの期間内の日の属する各事業年度

(注) ただし、再生期間内にその再生手続開始の決定に係る次の事実が生じた場合には、その再生手続開始の決定の日から次の事実が生じた日までの期

間内の日の属する事業年度とされています（法法57⑪二ロ、法令113の2
③）。

　　イ　その再生手続開始の決定を取り消す決定の確定

　　ロ　その再生手続開始の決定に係る再生手続廃止の決定の確定

　　ハ　その再生手続開始の決定に係る再生計画不認可の決定の確定

　　ニ　その再生手続開始の決定に係る再生計画取消しの決定の確定

③　再生計画認可の決定があったことに準ずる事実（一定の要件を満
たす債務処理に関する計画に基づき債務免除等が行われた場合）
（注）があったこと（法法57⑪二ハ、59②、法令24の2①）……
その事実が生じた日から同日の翌日以後7年を経過する日までの期
間内の日の属する各事業年度

（注）具体的には、債務整理に関する計画につき、次の要件に該当する場合の
私的整理が行われた場合とされています。

　　イ　一般に公表された債務処理を行うための手続についての準則（公正
かつ適正なものと認められるもの）に従って策定されていること

　　ロ　準則に定める資産評定の方法に従って資産評定が行われこの資産評
定に基づく実態貸借対照表が作成されること

　　ハ　これらに基づく債務免除額や2以上の金融機関等が債務免除をする
ことが定められていること　　等

④　特別清算開始の命令、破産手続開始の決定、一定の私的整理（法
令113の2④、同117の3各号、法規26の4③）の事実又はこれに
準ずる事実があったこと……その事実が生じた日から同日の翌日以
後7年を経過する日までの期間内の日の属する各事業年度

（注）法人の設立の日から同日以後7年を経過する日までの期間内の日の属する各
事業年度である場合の一定の普通法人についても、控除限度額は欠損金控除前
の所得金額の100％相当額とされています（法法57⑪三）。

ポイント

●控除限度額の特例は、更生手続開始の決定等があった場合に限定される

青色欠損金の繰越控除に関する特例は、更生手続開始の決定等がなされ

た場合に限定し適用されることから、通常の解散による最終事業年度及び
同清算中の各事業年度については、特例の適用はないことに注意する必要
があります。

会社更生等による債務免除等があった場合の欠損金の損金算入等

　更生手続開始の決定等による債務免除等があった場合において、債務者における新たな税負担を軽減し、整理あるいは再生計画の円滑な実行等を考慮し、次の規定に基づきその事実が生じた事業年度前の各事業年度から繰り越された欠損金額（繰越欠損金額）のうち、一定の金額について損金の額に算入することが認められます。

①　会社更生による債務免除等があった場合（法法59①）

②　民事再生等による債務免除等があった場合

　《資産の評価損益に係る特例の規定の適用を受ける事業年度である場合（法法59②）》

③　民事再生等による債務免除等があった場合

　《資産の評価損益に係る特例の規定の適用を受けない事業年度である場合（法法59③）》

④　解散法人の残余財産がないと見込まれる場合（法法59④）

ポイント

1　青色申告法人に限らず、白色申告法人も対象となる

　この制度は、更生手続開始の決定等一定の事実が生じた場合において、本来の欠損金の繰越制度(法法57)の特例として設けられたものであり、適用対象となる繰越欠損金額は、設立当初からの欠損金額であり、欠損金の繰越控除の対象となる、いわゆる青色欠損金額等(青色欠損金額及び災害損失欠損金額)のみならず青色欠損金等以外の欠損金額、いわゆる期限切れ欠損金額をも含めた全ての欠損金額を対象としています。

したがって、これらの規定の対象となる法人は、青色申告法人に限定されず、白色申告法人も対象となります。

2　適用対象となる繰越欠損金額（青色欠損金額等及び期限切れ欠損金額）については、それぞれの規定により適用の優先順位が異なる

　適用対象となる繰越欠損金額は、上記1のとおり青色欠損金額等と期限切れ欠損金額で構成されていますが、具体的に損金の額に算入される金額の計算に当たっては、それぞれの規定によりどちらの欠損金額が優先的に利用されるのか、その取扱いが異なることとなるので注意する必要があります。

（注） この規定により利用されたものとされた青色欠損金額については、それぞれの規定により適用年度以後の利用及び繰越しに制限が及ぶことに注意する必要があります（法法57⑤）。

■連結納税制度からグループ通算制度への移行に伴う改正

　従来の連結納税制度に代わり、令和4年4月1日以後に開始する事業年度から新たにグループ通算制度が創設されたことに伴い、法人税法59条《会社更生等による債務免除等があった場合の欠損金の損金算入》の改正、整備が行われています。

① 同条2項《民事再生等の場合の欠損金の損金算入》について、グループ通算制度の複雑化を避けるために、法人税法25条3項又は33条4項《民事再生等の場合で資産の評価益又は評価損の益金又は損金算入の特例》の規定の適用を受ける場合を「新2項」とし、受けない場合を「新3項」とする整備　等

② 同条各項における債務免除益、私財提供益及び適用対象とする欠損金額に係る改正点

改正点1 債務免除益

　対象となる「債権を有する者」について、次のとおり改正が行わ

れました。

- ・改正前：「その内国法人との聞に連結完全支配関係がある連結法人を除く。」
- ・改正後：「その内国法人が通算法人である場合（その適用年度終了の日がその内国法人に係る通算親法人の事業年度終了の日である場合に限る。）には、他の通算法人でその適用年度終了の日にその事業年度が終了するものを除く。」

改正点2 私財提供益

　対象となる「その内国法人の役員等」について、次のとおり改正が行われました。

- ・改正前：「……その内国法人との聞に連結完全支配関係がある連結法人を除く。」
- ・改正後：「その内国法人が通算法人である場合（その適用年度終了の日がその内国法人に係る通算親法人の事業年度終了の日である場合に限る。)には、他の通算法人でその適用年度終了の日にその事業年度が終了するものを除く。)」

改正点3 適用対象となる欠損金額

　対象となる適用年度終了の時における「前事業年度以前の事業年度からから繰り越された欠損金額」について、次のとおり改正が行われました。

- ・改正前：「連結事業年度において生じた個別欠損金額及び連結欠損金個別帰属額を含む。」
- ・改正後：削除

※以下、上記の改正点1～3については、「※改1」、「※改2」、「※改3」と略して記載します。

1 会社更生による債務免除等があった場合（法法59①）

　法人について、次に該当することとなった日の属する事業年度（以下「適用年度」といいます）前の各事業年度から繰り越された欠損金額の合計額に相当する金額のうち、それぞれ次の事実によって生ずる債務免除益、私財提供益及び資産評価益の金額の合計額に達するまでの金額は、その適用年度の所得の金額の計算上、損金の額に算入することとされており（法法59①）、青色申告法人に限らず、白色申告法人も対象となります。

① 　法人について更生手続開始の決定があった場合において、次のイ又はロの場合
　イ　その法人が更生債権等を有する者からその債権につき債務の免除を受けた場合
　ロ　その法人の役員等から金銭その他の資産の贈与を受けた場合
② 　その法人について、更生計画認可の決定等があった場合において会社更生法等の規定に従って行う資産の評価換えをした場合
（注）適用年度とは、それぞれ次の事実が生じた日の属する事業年度となります。
　　① 　会社更生法等に規定する更生債権等を有する者から債務免除を受けた日
　　② 　役員等から金銭その他の資産の贈与を受けた日
　　③ 　会社更生法等の規定に従って、評価替えをした日

1 適用対象となる事実並びに債務免除益等

　この制度は、法人について更生手続開始の決定に伴い、それぞれ次に掲げる事実が生じた場合における債務免除益、私財提供益及び資産評価益が適用対象となります。

❶ 債務免除益

　更生手続開始の決定があった時において債権を有する者（その法人が通算法人である場合（その適用年度終了の日がその法人に係る通算親法

人の事業年度終了の日である場合に限ります）には、他の通算法人でその適用年度終了の日にその事業年度が終了するものは除かれます（※改１））からその債権につき債務の免除を受けた場合（その債権が債務の免除以外の事由により消滅した場合でその消滅した債務に係る利益の額が生ずるときを含みます）（法法59①一）

……その債務の免除を受けた金額（その利益の額を含みます）

ポイント

1　対象となる債権は、更生債権等（会社更生法２⑧、更生特例法４⑧ほか）である

　この規定において債務免除の対象となる債権は、具体的には、会社更生法２条８項に規定する更生債権並びに金融機関等の更生手続の特例等に関する法律（以下「更生特例法」といいます）４条８項及び169条８項に規定する更生債権とされています（法令116の３）。

2　届出されなかった更生債権等も対象となる

　「債務の免除を受けた場合」には、会社更生法138条《更生債権等の届出》の届出がされなかった更生債権等について、同法204条１項《更生債権等の免責等》の規定によって、その責任を免れることとなった場合も含まれます。

　ただし、更生計画の定めるところにより同法２条13項に規定する更生債権者等に交付した募集株式若しくは、設立時募集株式又は募集新株予約権の割当てを受ける権利についてその募集株式等の引受けの申込みをしなかったため、これらの権利を失うこととなった場合などは含まれないこととされています（法基通12－３－３）。

　また、更生特例法81条又は248条《更生債権等の届出》の届出がされなかった更生債権等（更生担保権を含みます）に係る債務の免除についても、同様とされています。

3　DESによる債務消滅益も対象となる

この規定における「債務の免除」には、その債権が債務の免除以外の事由により消滅した場合でその消滅した債務に係る利益の額が生じる次に掲げるような場合を含むとされており、いわゆるデット・エクイティ・スワップ（DES）により債権の消滅益が計上される場合も該当することとなります（法法59①、法基通12－3－6）。

① 会社更生法又は更生特例法の規定により法人税法59条1項1号に規定する債権を有する者が、更生計画の定めに従い、法人に対して募集株式若しくは募集新株予約権の払込金額又は出資額若しくは基金の拠出の額の払込みをしたものとみなされた場合

② 会社更生法又は更生特例法の規定により、法人税法59条1項に規定する法人が、更生計画の定めに従い、同項1号に規定する債権を有する者に対してその債権の消滅と引換えに、株式若しくは新株予約権の発行又は出資の受入れ若しくは基金の拠出の割当てをした場合

③ 法人税法59条2項に規定する法人が、同項1号に規定する債権を有する者からその債権の現物出資を受けることにより、その債権を有する者に対して募集株式又は募集新株予約権を発行した場合

❷　私財提供益

更生手続開始の決定があったことに伴いその法人の役員若しくは株主等である者又はこれらであった者（その法人が通算法人である場合（適用年度終了の日がその法人に係る通算親法人の事業年度終了の日である場合に限ります）には他の通算法人でその適用年度終了の日にその事業年度が終了するものは除かれます（※改2））から金銭その他の資産の贈与を受けた場合（法法59①二）

……その贈与を受けた金銭の額及び金銭以外の資産の価額

❸　資産評価益

会社更生法又は更生特例法の規定に従って行う資産の評価換えをした

場合

……その評価換えによりその適用年度の所得の金額の計算上、資産の評価益として益金の額に算入される金額（法法25②）（ただし、資産の評価損として損金の額に算入される金額（法法33③）がある場合には、その益金の額に算入される金額からその損金の額に算入される金額を控除した金額とされますが、評価益の額が評価損の額に満たない場合には、この資産評価益の金額はゼロとなります）

ポイント

●評価益の額から控除する評価損の額は、評価益の額を限度とする

　会社更生法等の規定に従って行う資産の評価替えにより損金の額に算入する評価損の額がある場合には、その額を評価益の額から控除することとされています。その場合、控除すべき評価損の額は、評価益の額を限度とすること、つまり、「評価益の額＜評価損の額」の場合でも、控除後の金額はゼロどまりということになります。

（注）法人税法上、「控除」とは計算結果がマイナスの値となる場合には、ゼロでとどめる場合に用いられます。

② 損金の額に算入される欠損金額

❶ 適用対象となる欠損金額

　この制度の対象となる欠損金額は、適用年度終了の時における前事業年度以前の事業年度から繰り越された欠損金額（※改３）の合計額（以下この項において「繰越欠損金額」といいます）とされています（法令116の２）。

　具体的には、適用年度の確定申告書に添付する別表五（一）の「利益積立金額及び資本金等の額の計算に関する明細書」に「期首現在利益積立金額」の「差引合計額」として記載されるべき金額で、その金額が負（マイナス）である場合の金額とされていますが、その金額が法人税申

告書七（一）の「控除未済欠損金額」に満たない場合には、その控除未済欠損金額をいいます（法基通12－3－2）。

　したがって、通常、繰越欠損金額は、いわゆる設立当初からの欠損金であり、「欠損金の繰越控除の対象となる欠損金（「青色欠損金額等」）」と「青色欠損金額等以外の欠損金（以下「期限切れ欠損金額」といいます）」から構成されていることになります。

> **(注)** 更生手続等に従って資産の評価替え等が行われた際、実在性のない資産が把握された場合には、繰越欠損金額の調整が必要になります（詳細については、後述 **4**「**3** 仮装経理が行われていた場合の繰越欠損金」参照）。

❷　具体的に損金の額に算入される欠損金額

　この規定において、損金の額に算入される欠損金額は、上記❶の繰越欠損金額のうち、その債務の免除を受けた金額、贈与を受けた金銭の額及び金銭以外の資産の価額並びに会社更生法等の規定に従って行う評価替えによる評価益の額（評価損の額を控除した後の金額）の合計額に達するまでの金額とされています（法法59①）。

　具体的には、次のいずれか少ない金額が損金算入限度額になります。

　①　債務免除益（債務消滅益を含みます）及び私財提供益の金額、並びに資産評価益（評価損がある場合にはその金額を控除した金額（ただし、評価益の額が評価損の額に満たない場合にはゼロとなります））の益金算入額合計額

　②　繰越欠損金額

ポイント

1　青色欠損金額等の繰越控除に優先して、繰越欠損金額の控除を行うこととされる

　この規定は青色欠損金額等の繰越控除（法法57①）に優先して繰越欠損金額の控除を行うこととされており、繰越欠損金額のうち、まず期限切れ欠損金額の部分から優先的に利用し、次に青色欠損金額等の部分を利用

したものとされます。

（注） 民事再生等に係る取扱い（後述 **3** ）と異なり、資産の評価損益の有無にかかわらず、期限切れ欠損金額の利用が優先されます。

　また、この規定の適用により利用したものとされた青色欠損金額等の部分は、適用年度における青色欠損金額の繰越控除に利用することは認められず、また、適用年度以後の各事業年度に繰り越すことができないことに留意する必要があります（法法57⑤、法令112⑫）。

2　繰越欠損金の損金算入限度額は、適用年度の所得金額の範囲内とする制限がない

　この制度において損金算入限度額は、債務免除額等と繰越欠損金額のいずれか少ない金額とされています。したがって、適用年度の所得金額の範囲内という制限がないことから、損金算入された繰越欠損金額のうち、適用年度の所得金額を超える部分は、新たな青色欠損金の額を構成することになります。

【具体的な計算例】更生計画認可の決定を受けた場合

　※　期限切れ欠損金額が優先して利用されることになります。

＜前提＞・債務免除益の額　　　　　　　　45,000千円

　　　　・繰越欠損金額　　　　　　　　　35,000千円

　　　　・うち青色欠損金額等の繰越額　　10,000千円

　　　　・欠損金控除前の所得金額　　　　25,000千円

　　　　・資産評定による評価損　　　　　 5,000千円

　　　　・資産評定による評価益　　　　　　　　0円

ⅰ　繰越欠損金額の損金算入（法法59①）

　次のうち最も少ない金額が損金算入額となります。

　a　債務免除益　　45,000千円

（評価損が5,000千円ありますが、評価益はゼロであることから、この計算において評価損は考慮する必要はないことになります。）

　b　繰越欠損金額　35,000千円

　したがって、少ない方の金額である35,000千円（ａ＞ｂ）を損金の額に算入することになります。

（注）この場合、その内訳は繰越欠損金額35,000千円のうち、まず、青色欠損金等以外の欠損金25,000千円（繰越欠損金額35,000千円－青色欠損金額等10,000千円）を先に利用し、次に青色欠損金額等10,000千円を利用したものとされます。

ⅱ　当期の所得金額（欠損金額）

　この結果、当期の所得金額（欠損金額）は、△10,000千円（欠損金控除前の所得金額25,000千円－欠損金の損金算入額35,000千円）となります。

ⅲ　青色欠損金等の翌期繰越額

　翌期に繰り越す青色欠損金等の金額は、10,000千円（前期から繰り越された青色欠損金額等10,000千円－繰越欠損金額の損金算入に利用されたものとされた青色欠損金等の金額10,000千円＋当期に生じた欠損金額10,000千円）となります。

③　適用要件等

　この欠損金の損金算入制度は、確定申告書、修正申告書又は更正請求書に繰越欠損金の損金算入に関する明細を記載した書類（別表七（三）「更生欠損金の損金算入及び民事再生等評価替えが行われる場合の再生等欠損金の損金算入に関する明細書」）及び次の書類の添付がある場合に限り、適用されることとされています（法法59⑥、法規26の６一）。

　①　更生手続開始の決定があったことを証する書類

　……具体的には、更生手続開始の決定があった場合には、裁判所は職権により、更生手続開始の登記を登記所に嘱託することとされている（会社更生法258）ことから、登記簿の謄本又は抄本が考えられます。

　②　次に掲げる事項を記載した書類

　イ　その法人が債務の免除を受けた金額（その法人に対する債権が債務の免除以外の事由により消滅した場合でその消滅した債務に係る利益の額が生ずるときのその利益の額を含みます）並びにそ

　　の贈与を受けた金銭の額及び金銭以外の資産の価額の明細
　ロ　イに規定する免除を受けた債務（イに規定する消滅した債務を
　　含みます）に係る債権が法人税法施行令116条の３（会社更生等
　　の場合の債権の範囲）に規定する更生債権であることの明細
　ハ　その債務の免除を行った者（イに規定する消滅した債務に係る
　　債権を法人税法59条１項１号に規定する時において有していた
　　者を含みます）又は贈与を行った者の氏名又は名称及び住所若し
　　くは居所又は本店若しくは主たる事務所の所在地
　ニ　ハに規定する贈与を行った者がその法人の役員等（法人税法
　　59条１項２号に規定する役員等をいいます）であることの明細
　ホ　その他参考となるべき事項
　　(注) 税務署長は、上記の書類の添付のない確定申告書、修正申告書又は更
　　　生請求書の提出があった場合においても、その書類の添付がなかったこ
　　　とについてやむを得ない事情があると認めるときは、その欠損金の損金
　　　算入の制度を適用することができるとされています（法法59⑦）。

2　民事再生等による債務免除等があった場合において《資産の評価損益に係る特例の規定の適用を受ける事業年度である場合（法法59②）》

　法人について再生手続開始の決定があり、又はその他これに準ずる事
実が生じたことに伴い、その法人が資産の評価損益に関する特例の規定
（法法25③、33④）の適用を受けるときは、その適用を受ける事業年度
（以下「適用年度」といいます）前の各事業年度から繰り越された欠損
金額の合計額に相当する金額のうち、次の①～③の合計額に達するまで
の金額を、適用年度の所得の金額の計算上、損金の額に算入することと
されており（法法59②）、青色申告法人に限らず、白色申告法人も対象
となります。
　①　再生債権等一定の債権を有する者からその債権につき債務の免除

を受けた金額（「債務免除益」）

②　その法人の役員等から金銭その他の資産の贈与を受けた場合における その贈与を受けた金銭の額及び金銭以外の資産の価額（「私財提供益」）

③　資産の評価益として益金の額算入される金額から資産の評価損として損金の額に算入される金額を減算した金額（「資産評価益」）

(注) ただし、その債務免除益、私財提供益及び資産評価益の合計額が、欠損金の繰越控除規定（法法57①）、この規定及び残余財産の確定に係る事業税の損金算入の規定（法法62の5⑤）を適用しないものとして計算した場合における適用年度の所得の金額を超える場合には、その合計額からその超える部分の金額を控除した金額に達するまでの金額に限り、損金の額に算入されることになります。

① 適用対象となる事実

この制度は、法人について再生手続開始の決定等次に掲げる事実が生じた場合において、資産の評価損益に関する特例の規定（法法25③、33④）の適用を受ける場合に適用することとされています（法法59②、法令24の2①）。

①　民事再生法による再生手続開始の決定があったこと

②　民事再生法の規定による再生計画認可の決定があったことに準ずる事実として法人税法施行令24条の2第1項に規定する事実（その債務処理に関する計画が次の要件に該当する場合の私的整理が行われた場合に限ります）（法法25③、33④、法令24の2①）

イ　一般に公表された債務処理を行うための手続についての準則（公正かつ適正なものと認められるもの）に従って策定されていること

ロ　準則に定める資産評定の方法に従って資産評定が行われこの資産評定に基づく実態貸借対照表が作成されること

ハ　これらに基づく債務免除額や2以上の金融機関等が債務免除を

することが定められていること　等

(注) イに掲げる準則として、具体的には私的整理ガイドラインに基づき策定された再建計画、中小企業再生支援スキームに従って策定された再生計画、RCC企業再生スキームに基づき策定された再生計画、ADRに従って策定された事業再生計画、㈱地域経済活性化支援機構が買取決定等を行った債権の債務者に係る事業再生計画及び㈱東日本大震災事業者再生支援機構が買取決定により買い取った債権等の債務者である法人について債務処理に関する計画が該当するものとして取り扱われています（国税庁文書回答）。

② 適用対象となる債務免除益等

この制度の適用対象となる債務免除益、私財提供益及び資産評価益は、上記①に掲げる事実に伴って生じたものであり、次のものとされています。

❶ 債務免除益

対象となる債務免除益は、再生手続開始の決定等上記①に掲げる事実の区分に応じ、それぞれ次に掲げる再生債権等を有する者（その法人が通算法人である場合（その適用年度終了の日がその法人に係る通算親法人の事業年度終了の日である場合に限ります）には、他の通算法人でその適用年度終了の日にその事業年度が終了するものは除かれます（※改1））からその債権につき債務の免除を受けたことによる債務免除益（その債権が債務の免除以外の事由により消滅した場合でその消滅した債務に係る利益の額が生ずるときのその利益の額を含みます）に限られることとされています（法法59②一、法令117の２）。

① 再生手続開始の決定があったこと

……民事再生法に規定（民事再生法84①）する再生債権（再生債務者に対し再生手続開始前の原因に基づいて生じた財産上の請求権であり、同法に規定する共益債権及び一般優先債権（同法122①）でその再生手続開始前の原因に基づいて生じたものを含みま

　　す）

②　民事再生法の規定による再生計画認可の決定があったことに準ず
　　る事実として法人税法施行令24条の２第１項に規定する事実

　　……その事実の発生前の原因に基づいて生じた債権（具体的には、
　　　一定の要件（上記①②に掲げる要件）を満たす私的整理における
　　　債務処理に関する計画に従って債務免除等の対象となる債権が対
　　　象となります）

ポイント

●DESによる債務消滅益等も対象となる

　会社更生の場合と同様に、民事再生等の場合においていわゆるDESが行
われるときには、そのDESによる債務消滅益の額も対象となる債務免除益
に含まれることになります（法法59②一、法基通12－3－6）。

　また、㈱東日本大震災事業者再生支援機構が買取決定により買い取った
債権等の債権者である法人について、債務処理に関する計画が策定された
ことに伴って、同機構から受けたその債権等の債務免除益（債務消滅益を
含みます）も対象とされます（東日本震災税特法17）。

❷　私財提供益

　対象となる私財提供益は、再生手続開始の決定等上記❶に掲げる事実
が生じたことに伴い、その法人の役員若しくは株主等である者又はこれ
らであった者（その法人が通算法人である場合（その適用年度終了の日
がその法人に係る通算親法人の事業年度終了の日である場合に限りま
す）には、他の通算法人でその適用年度終了の日にその事業年度が終了
するものは除かれます（※改２））から受けた私財提供益に限られてお
り（法法59②二）、これに該当しない使用人、取引先などからの私財提
供益については、この規定の適用はないこととされています。

　また、私財提供に含まれる資産の贈与については、法人の債務を減少

させるための役員等による法人の債務を引き受ける行為も含まれると考えられています。

(注) ㈱東日本大震災事業者再生支援機構が買取決定により買い取った債権等の債権者である法人について、債務処理に関する計画が策定されたことに伴って、その法人の役員等から受けた私財提供益も対象とされます（東日本震災税特法17）。

❸　資産評価益

　対象となる資産評価益は、再生計画認可の決定等、上記❶②に掲げる事実が生じたことに伴ってその有する資産の価額について評定を行った場合において、資産の評価益として益金の額に算入される金額（法法25③）から評価損として損金の額に算入される金額（法法33④）を減算した金額がこの規定の適用の対象となります（法法59②三）。

ポイント

1　「評価益の額＜評価損の額」の場合は、マイナスの額となる

　評価損の額が評価益の額よりも大きい場合にはその金額が負（マイナス）となりますが、その場合には、この規定の対象となる金額は、債務免除益の額及び私財提供益の額の合計額からその負（マイナス）の額を控除した金額となることに留意することが必要です（法基通12－3－4）。

　前述「**1**　会社更生による債務免除等があった場合（法法59①）」の取扱いと異なることに注意する必要があります。

(注) 法人税法上、「減算」とは計算結果がマイナスの値となる場合には、マイナスの値となり、「控除」とはゼロでとどめる場合に用いられます。

2　評価損益の計上について税務上の要件を満たさない場合には、この規定の適用は認められない

　その有する資産について一定の評定を行い、その資産の評価損益が生ず

るときであっても、その評価損益に関する明細の確定申告書への記載及び
評価損益関係書類の添付要件を満たさないことにより、評価益の益金算入
（法法25③）又は評価損の損金算入（法法33④）の規定の適用がない場合（宥
恕規定（法法25⑦、33⑧）の適用があるものを除く）には、評価損益の
計上がないものとして、この規定の適用は認められないこととされていま
す（法基通12－3－5）。

③　損金の額に算入される欠損金額

❶　適用対象となる欠損金額

　この制度の対象となる欠損金額は、適用年度終了の時における前事業
年度以前の事業年度から繰り越された欠損金額（※改3）の合計額（以
下この項において「繰越欠損金額」といいます）とされています（法法
59②、法令117）。

　具体的には、適用年度の確定申告書に添付する別表五（一）の「利益
積立金額及び資本金等の額の計算に関する明細書」に「期首現在利益積
立金額」の「差引合計額」として記載されるべき金額で、その金額が負
（マイナス）である場合の金額とされていますが、その金額が法人税申
告書七（一）の「控除未済欠損金額」に満たない場合には、その控除未
済欠損金額をいいます（法基通12－3－2）。

(注) 民事再生手続等に従って資産の評価替え等が行われた際、実在性のない資産
　　が把握された場合には、その金額の調整が必要になります（詳細については、
　　後述 **4**「③仮装経理が行われていた場合の繰越欠損金」を参照してください）。

❷　具体的に損金の額に算入される欠損金額

　この規定により損金の額に算入される欠損金額は、上記❶の繰越欠損
金額のうち、債務免除益、私財提供益及び資産評価益の合計額に達する
までの金額とされています。

　ただし、その債務免除益等の合計額が、欠損金の繰越控除規定（法法
57①）、この規定及び残余財産の確定に係る事業税の損金算入規定（法

法62の5⑤）を適用しないものとして計算した場合における適用年度の所得の金額を超える場合には、その債務免除益等の合計額からその超える部分の金額を控除した金額に達するまでの金額が損金の額に算入される限度となります。

　具体的には、次のうち最も少ない金額が損金算入限度額となります。

　したがって、青色欠損金等以外の欠損金を優先的に控除することになります。

①　債務免除益（債務消滅益を含みます）、私財提供益及び資産評価益（評価益の金額から評価損の金額を減算します（評価損の金額が評価益の金額よりも多い場合にはマイナスとなります））の合計額

②　繰越欠損金額

③　欠損金の繰越控除、この規定及び残余財産の確定に係る事業税の損金算入の規定を適用しないものとして計算した場合における適用年度の所得金額

ポイント

1　青色欠損金額等の繰越控除に優先して、繰越欠損金額の控除を行うこととされる

　この規定は青色欠損金額等の繰越控除（法法57①）に優先して繰越欠損金額の控除を行うこととされており、繰越欠損金額のうち、まず期限切れ欠損金額の部分から優先的に利用し、次に青色欠損金額等の部分を利用したものとされます。

　また、この規定の適用により利用したものとされた青色欠損金額等の部分は、適用年度における青色欠損金額の繰越控除に利用することは認められず、また、適用年度以後の各事業年度に繰り越すことができないことに留意する必要があります（法法57⑤、法令112⑫）。

2　繰越欠損金の損金算入限度額は、適用年度の所得金額を限度とする

　この規定において、損金算入限度額は適用年度の所得金額を限度としていることから、会社更生による取扱い（前記 **1**）と異なり、この規定による損金算入額が適用事業年度の所得金額を超えることはなく、新たな青色欠損金額の等を構成することはないことになります。

【具体的な計算例】

　資産評定による評価損益があることから、青色欠損金以外の欠損金を優先的に控除することになります。

＜前提＞・債務免除益　　　　　　　　　　60,000千円

　　　　・繰越欠損金額　　　　　　　　　50,000千円

　　　　・うち青色欠損金等の繰越額　　　20,000千円

　　　　・欠損金控除前の所得金額　　　　45,000千円

　　　　・資産評定による評価損　　　　　20,000千円

　　　　・資産評定による評価益　　　　　　　　　0円

ⅰ　繰越欠損金額の損金算入（法法59②）

　次のうち最も少ない金額が損金算入限度額となります。

　　a　債務免除益と評価損益の合計　　　40,000千円（60,000千円－20,000千円）

　　※評価損が20,000千円あり、評価益はゼロであることから、評価損益は△20,000千円となります。

　　b　繰越欠損金額　　　　　　　　50,000千円

　　c　欠損金控除前の所得金額　　　45,000千円

　　したがって、少ない方の金額である40,000千円（b＞c＞a）を損金の額に算入することになります。

　　この場合、繰越欠損金額50,000千円のうち、まず、期限切れ欠損金30,000千円（繰越欠損金額50,000千円－青色欠損金等20,000千円）が先に利用されることになります。

ⅱ　青色欠損金等の繰越控除

　再生手続開始の決定があることから、青色欠損金等控除前の所得金額の100％まで控除することができます（法法57⑪二ロ）が、その場合には、次

のうちいずれか少ない方の金額を損金の額に算入することになります。
  a　青色欠損金等の繰越額からそのうち繰越欠損金額の損金算入に利用された金額を控除した金額……10,000千円（40,000千円－30,000千円）
  b　繰越欠損金額の損金算入適用後の所得金額…5,000千円（45,000千円－40,000千円）
  したがって、青色欠損金等の繰越控除額は、5,000千円となります。
ⅲ　当期の所得金額（欠損金額）
  この結果、当期の所得金額（欠損金額）は、0千円（欠損金控除前の所得金額45,000千円－欠損金の損金算入額40,000千円－青色欠損金等の繰越控除額5,000千円）となります。
ⅳ　青色欠損金等の翌期繰越額
  翌期に繰り越す青色欠損金等の金額は、5,000千円（前期から繰り越された青色欠損金等の金額20,000千円－繰越欠損金額の損金算入に利用されたものとされた青色欠損金等の金額10,000千円－青色欠損金等の繰越控除額5,000千円）となります。

④　適用要件（この規定及び後記Ⅲと共通）

　この欠損金の損金算入制度は、確定申告書、修正申告書又は更正請求書に繰越欠損金の損金算入に関する明細を記載した書類(別表七(三)「更生欠損金の損金算入及び民事再生等評価替えが行われる場合の再生等欠損金の損金算入に関する明細書」）及び次の書類の添付がある場合に限り、適用されることとされています（法法59⑥、法規26の6二）。
  ①　法令117の2各号（民事再生等の場合の債権の範囲）又は同117の3各号（再生手続開始の決定に準ずる事実等）に掲げる事実が生じたことを証する書類
    具体的なものとして、次のようなものが考えられます。
  イ　登記簿謄本又は抄本
    再生手続開始の決定等があった場合には、裁判所は職権により再生手続開始等の登記を登記所に嘱託することとされています

　　（民事再生法11、会社法938、破産法257）。

　　ロ　債権者集会での決議の写し

　　　　破産手続開始等の場合には、裁判所からそれらの事実に関する決定書の送付、言渡し等があるので、その謄本、写し等、また、民事再生等があったことに準ずる事実の場合には、行政官庁等のあっせんによる債権者集会等である旨及びその集会での決議の写し等が該当するものと考えられます。

②　次に掲げる事項を記載した書類

　　イ　その法人が債務の免除を受けた金額（その法人に対する債権が債務の免除以外の事由により消滅した場合でその消滅した債務に係る利益の額が生ずるときのその利益の額を含みます）並びにその贈与を受けた金銭の額及び金銭以外の資産の価額の明細

　　ロ　イに規定する免除を受けた債務（イに規定する消滅した債務を含みます）に係る債権が法人税法施行令117条の2各号又は同117条の3に定める債権であることの明細

　　ハ　その債務の免除を行った者（イに規定する消滅した債務に係る債権を法人税法施行令117条の2各号又は同117条の3に掲げる事実が生じた時において有していた者を含みます）又は贈与を行った者の氏名又は名称及び住所若しくは居所又は本店若しくは主たる事務所の所在地

　　ニ　上記ハに規定する贈与を行った者が、法人税法59条2項2号又は同条3項2号に規定する役員等であることの明細

　　ホ　その他参考となるべき事項

（注）税務署長は、上記の書類の添付のない確定申告書、修正申告書又は更正請求書の提出があった場合においても、その書類の添付がなかったことについてやむを得ない事情があると認めるときは、その欠損金の損金算入の制度を適用することができるとされています（法法59⑦）。

3 民事再生等による債務免除等があった場合において《資産の評価損益に係る特例の規定の適用を受けない事業年度である場合（法法59③）》

　法人について再生手続開始の決定があったことその他これに準ずる事実が生じた場合（資産の評価損益に関する特例の規定（法法25③、33④）の適用を受ける場合を除きます）において、次に該当する場合には、それらの事実の生じた日の属する事業年度（以下「適用年度」といいます）前の各事業年度から繰り越された欠損金額の合計額に相当する金額から一定の欠損金等（法法57①、64の7①四に規定する欠損金等）の控除後の金額のうち、それぞれの事実に基づき生じた債務免除益及び私財提供益の合計額に達するまでの金額を適用年度の所得の金額の計算上、損金の額に算入することとされており（法法59③）、青色申告法人に限らず、白色申告法人も対象となります。

　①　再生債権等一定の債権を有する者からその債務の免除を受けた場合

　②　その法人の役員等から金銭その他の資産の贈与を受けた場合

（注）ただし、その債務免除益及び私財提供益の合計額が、この規定及び残余財産の確定に係る事業税の損金算入の規定（法法62の5⑤）を適用しないものとして計算した場合における適用年度の所得の金額（欠損金等の控除後の所得金額）を超える場合には、その合計額からその超える部分の金額を控除した金額に達するまでの金額に限り、損金の額に算入されることになります。

① 適用対象となる事実

　この制度は、法人について再生手続開始の決定等次に掲げる事実が生じた場合（資産の評価損益に関する特例の規定（法法25③、33④）の適用を受ける場合を除きます）において、債務の免除を受けた場合及び金銭その他の資産の贈与を受けたときに適用することとされています（法法59③、法令117の3）。

①　民事再生法による再生手続開始の決定があったこと

②　特別清算開始の命令があったこと

③　破産手続開始の決定があったこと

④　その他上記に準ずる事実（更生手続開始の決定があったこと及び法人税法59条２項に規定する法人税法施行令（法令117の２二）に掲げる事実（前記 **2** 1 に掲げる事実）を除きます）。

ポイント

1　債権者等の私的な協議に基づく債務免除等には適用されない

　再生手続開始の決定に準ずる事実等（更生手続開始の決定があったことは除かれます）として、具体的に次に掲げる事実が示されており（法基通12－3－1）、単なる債権者等の私的な協議に基づく債務免除等には適用されないものと考えられます。

①　法人税施行令117条１号から４号までに掲げる事実以外において法律の定める手続による資産の整理があったこと

②　主務官庁の指示に基づき再建整備のための一連の手続を織り込んだ一定の計画を作成し、これに従って行う資産の整理があったこと

③　上記①及び②以外の資産の整理で、例えば、親子会社間において親会社が子会社に対して有する債権を単に免除するというようなものではなく、債務の免除等が多数の債権者によって協議の上決められる等その決定について恣意性がなく、かつ、その内容に合理性があると認められる資産の整理があったこと

2　特定調停スキームに基づき策定された再建計画に基づく債務免除に対する適用

　法人債務者が特定調停により債権放棄を受けた場合、その特定調停による債権者の債権放棄が、法人税基本通達９－６－１(3)又は９－４－１若しくは９－４－２に該当するときは、①その決定について恣意性がなく、

②合理的な基準による負債整理又は合理的な整理計画若しくは合理的な再建計画に基づく債権放棄等と認められることから、原則として法人税法59条2項の適用があると考えられています（国税庁質疑応答事例「債権放棄を受けた場合の法人税法59条2項の規定の適用の有無の検討（特定調停）」）。

(注) 同様に、中小企業活性化協議会による協議会スキームに従って策定された再生計画、RCC企業再生スキームに基づき策定された再生計画、ADRに従って策定された事業再生計画、㈱地域経済活性化支援機構が買取決定等を行った債権の債務者に係る事業再生計画、㈱東日本大震災事業者再生支援機構が買取決定により買い取った債権等の債務者である法人について債務処理に関する計画が策定されること、及び中小企業の事業再生等に関するガイドライン（再生型私的整理手続）に基づき策定された事業再生計画等により、債務者が債務免除を受けた場合には、法人税基本通達12－3－1(3)に該当するものとして取り扱われています（国税庁文書回答）。

2　適用対象となる債務免除益等

この制度の適用対象となる債務免除益及び私財提供益は、上記1に掲げた事実に伴って生じたものであり、次のものとされています。

❶　債務免除益

対象となる債務免除益は、再生手続開始の決定があった時等において、それぞれ次に掲げる再生債権等を有する者（その法人が通算法人である場合（その適用年度終了の日がその法人に係る通算親法人の事業年度終了の日である場合に限ります）には、他の通算法人でその適用年度終了の日にその事業年度が終了するものは除かれます）から受けたその債権の債務免除益（その債権が債務の免除以外の事由により消滅した場合でその消滅した債務に係る利益の額が生ずるときのその利益の額を含みます）に限られています（法法59③一、法令117の3）。

① 民事再生法による再生手続開始の決定があったこと（法令117の2一）

……民事再生法に規定（民事再生法84①）する再生債権（再生債

務者に対し再生手続開始前の原因に基づいて生じた財産上の請求
権であり、同法に規定する共益債権及び一般優先債権（同法122
①）を含みます）
②　特別清算開始の命令があったこと（法令117の3一）
　……その特別清算開始前の原因に基づいて生じた債権
③　破産手続開始の決定があったこと（法令117の3二）
　……破産法に規定（破産法2⑤）する破産債権等（破産法2条7項
　に規定する財団債権でその破産手続開始前の原因に基づいて生じ
　たものを含みます）
④　その他上記に準ずる事実（更生手続開始の決定があったこと及び
　法人税法59条2項に規定する政令（法令117の2二）に掲げる事
　実（前記 **2** ①②に掲げる事実）を除きます）（法令117の3三）
　……その事実の発生前の原因に基づいて生じた債権

ポイント

●DESによる債務消滅益等も対象となる

　会社更生の場合と同様に、民事再生等の場合においていわゆるDESが行
われるときには、そのDESによる債務消滅益の額も対象となる債務免除益
に含まれることになります（法法59②一、法基通12−3−6）。

　また、㈱東日本大震災事業者再生支援機構が買取決定により買い取った
債権等の債権者である法人について、債務処理に関する計画が策定された
ことに伴って、同機構から受けたその債権等の債務免除益（債務消滅益を
含みます）も対象とされます（東日本震災税特法17）。

❷　私財提供益

　対象となる私財提供益は、再生手続開始の決定等上記①に掲げる事実
が生じたことに伴い、その法人の役員若しくは株主等である者又はこれ
らであった者（その法人が通算法人である場合（その適用年度終了の日

がその内国法人に係る通算親法人の事業年度終了の日である場合に限ります）には、他の通算法人でその適用年度終了の日にその事業年度が終了するものは除かれます）から受けた私財提供益に限られており、これに該当しない使用人、取引先などからの私財提供益については、この規定の適用はないこととされています。

　また、私財提供に含まれる資産の贈与については、法人の債務を減少させるための役員等による法人の債務を引き受ける行為も含まれると考えられています。

　なお、㈱東日本大震災事業者再生支援機構が買取決定により買い取った債権等の債権者である法人について、債務処理に関する計画が策定されたことに伴って、その法人の役員等から受けた私財提供益も対象とされます（東日本震災税特法17）。

③　損金の額に算入される欠損金額
❶　適用対象となる欠損金額

　この制度の対象となる欠損金額は、次の①に掲げる金額から②（適用年度が法人税法64条の７第１項１号から３号まで（欠損金の通算）の規定の適用を受ける事業年度である場合には、③に掲げる金額）を控除した金額が対象とされています（法法59③、法令117の４）。

①　適用年度終了の時における前事業年度以前の事業年度から繰り越された欠損金額の合計額

②　法人税法57条１項（欠損金の繰越し）の規定により適用年度の所得の金額の計算上、損金の額に算入される欠損金額

③　適用年度に係る法人税法64条の７第１項４号に規定する損金算入欠損金額の合計額

　したがって、この制度は適用年度における、いわゆる青色欠損金等の繰越控除（法法57①、64の７①）の適用後の繰越欠損金額が対象となります。

　また、「前事業年度以前の事業年度から繰り越された欠損金額の合計
額」（以下「繰越欠損金額」といいます）とは、適用年度の確定申告書
に添付する別表五（一）の「利益積立金額及び資本金等の額の計算に関
する明細書」に「期首現在利益積立金額」の「差引合計額」として記載
されるべき金額で、その金額が負（マイナス）である場合の金額とされ
ていますが、その金額が法人税申告書七（一）の「控除未済欠損金額」
に満たない場合には、その控除未済欠損金額をいいます（法基通12−
3−2）。

(注) 更生手続等に従って資産の評価替え等が行われた際、実在性のない資産がは
　　握された場合には、その金額の調整が必要になります（詳細については、後述
　　4 「③　仮装経理が行われていた場合の繰越欠損金」参照）。

❷　具体的に損金の額に算入される欠損金額

　この規定により、損金の額に算入される欠損金額は、上記❶の繰越欠
損金額のうち、債務免除益及び私財提供益の額の合計額に達するまでの
金額とされています。

　ただし、その債務免除益等の合計額が、この規定及び残余財産の確定
に係る事業税の損金算入の規定（法法62の5⑤）を適用しないものと
して計算した場合における適用年度の所得の金額（欠損金等の控除後の
所得金額（法法57①、64の7①四））を超える場合には、その債務免除
益等の合計額からその超える部分の金額を控除した金額に達するまでの
金額が損金の額に算入される限度となります。

　具体的には、次のうち最も少ない金額が損金算入限度額となります。

① 　債務免除益（債務消滅益を含みます）と私財提供益の合計額
② 　繰越欠損金額から、適用年度において欠損金の繰越し等の規定（法
　　57条1項及び同64条の7第1項4号）の適用がある欠損金額を控
　　除した金額
③ 　適用年度のこの規定及び残余財産の確定に係る事業税の損金算入

の規定（法法62の5⑤）を適用しないものとして計算した場合における適用年度の所得金額（一般的には、この規定を適用しないで計算した当期の所得金額（法人税申告書別表四の差引計の金額から青色欠損金等の繰越控除額を控除した金額））

ポイント

●青色欠損金等の繰越控除を優先的に行うこととされる

　この規定は、繰越欠損金額のうち、まず青色欠損金等の部分を優先的に利用することとされます。

【具体的な計算例】：民事再生手続開始の決定を受けた場合（青色申告法人）

※　資産評定による評価損益がないことから、青色欠損金等の繰越控除が優先されることになります。

＜前提＞・債務免除益　　　　　　　　60,000千円
　　　　・繰越欠損金額　　　　　　　50,000千円
　　　　・うち青色欠損金等の繰越額　20,000千円
　　　　・欠損金控除前の所得金額　　45,000千円
　　　　・資産評定による評価損益　　なし

（ⅰ）　青色欠損金等の繰越控除（法法57①）

　再生手続開始の決定があることから、青色欠損金等控除前所得金額の100%まで繰越控除することができます（法法57⑪二）。

　したがって、まず、青色欠損金等の繰越控除額として20,000千円を控除することになります。

（ⅱ）　繰越欠損金額の損金算入（法法59③）

　次のうち最も少ない金額が損金算入限度額となります。

　a　債務免除益　　60,000千円

　b　繰越欠損金額から当期の青色欠損金等の繰越控除額を控除した金額
　　30,000千円（50,000千円－20,000千円）

　　c　青色欠損金等の控除後の所得金額　25,000千円（45,000千円－20,000
　　　千円）
　したがって、最も少ない方の金額である25,000千円（ a ＞ b ＞ c ）を損金
の額に算入することになります。
（ⅲ）　当期の所得金額（欠損金額）
　この結果、当期の所得金額（欠損金額）は、 0円（欠損金控除前の所得金
額45,000千円－青色欠損金等の繰越控除額20,000千円－繰越欠損金額の損金
算入額25,000千円）となります。
（ⅳ）　青色欠損金等の翌期繰越額
　翌期に繰り越す青色欠損金等の金額は、 0円（前期から繰り越された青色
欠損金等20,000千円－青色欠損金等の繰越控除額20,000千円）となります。

④　適用要件等
　前記 **2** ④ と同様の取扱いとされています（法法59⑥、法規26の
6 二）。

4　解散法人の残余財産がないと見込まれる場合（法法59④）

　法人が解散した場合において、残余財産がないと見込まれるときは、
次の金額を限度として、適用年度の所得の金額の計算上、損金の額に算
入することとされており（法法59④）、青色申告法人に限らず、白色申
告法人も対象となります。
　①　その清算中に終了する事業年度（前記 **1** から **3** の適用を受ける
　　事業年度を除きます。以下「適用年度」といいます）前の各事業年
　　度において生じた欠損金額に相当する金額を基礎として、
　②　特定の欠損金等（法法57①、64の7 ①四に規定する欠損金等）
　　を控除した金額
（注） ただし、その金額がこの規定及び残余財産の確定に係る事業税の損金算入の
　　規定（法法62の5⑤）を適用しないものとして計算した場合における適用年度

の所得の金額（欠損金等の控除後の所得金額）を超える場合には、その超える部分の金額を控除した金額に達するまでの金額に限り、損金の額に算入されることになります。

① 適用を受けることができる事実等

この制度は、解散した法人について、残余財産がないと見込まれる場合に適用することができるとされています。

その場合、「残余財産がないと見込まれる」かどうかの判定は、法人の清算中に終了する各事業年度終了の時の現況によることとされています（法基通12－3－7）。

(注)「残余財産がないと見込まれる」と判断していわゆる「期限切れ欠損金額」を損金算入した後に、状況が変わって当初の見込みと異なることになっても、過去において行った「期限切れ欠損金額」の損金算入をさかのぼって修正する必要はないこととされています（平22.6.30付課法2－1ほか課共同「法人税基本通達等の一部改正について」（法令解釈通達）の趣旨説明）。

❶ 残余財産がないと見込まれることの意義

解散した法人における「残余財産がないと見込まれるとき」の具体的な判断基準等については、一般的には、解散した法人がその事業年度終了の時において債務超過の状態にあるときは、「残余財産がないと見込まれたとき」に該当することとされています（法基通12－3－8）。

しかし、これに限られるものではなく、解散した法人が「残余財産がないと見込まれる」かどうかは一様でないと考えられることから、例えば、裁判所若しくは公的機関が関与する手続、又は一定の準則に基づき独立した第三者が関与する手続において、法人が債務超過の状態にあることなどをこれらの機関が確認している次のような場合には「残余財産がないと見込まれるとき」に該当することとされています（国税庁情報「平成22年度税制改正に係る法人税質疑応答事例（グループ法人税制その他の資本に関係する取引等に係る税制関係）（情報）」問10 残余財産がないと見込まれることの意義）。

① 清算型の法的整理手続である破産又は特別清算の手続開始の決定又は開始の命令がなされた場合（特別清算の開始の命令が「清算の遂行に著しい支障を来たすべき事情があること」のみを原因としてなされた場合を除きます）

② 再生型の法的整理手続である民事再生又は会社更生の手続開始の決定後、清算手続が行われる場合

③ 公的機関の関与又は一定の準則に基づき独立した第三者が関与して策定された事業再生計画に基づいて清算手続が行われる場合

❷　残余財産がないと見込まれることを説明する書類等の添付

この規定を適用する場合には、その事業年度の確定申告書に残余財産がないと見込まれることを説明する書類を添付することが求められています（法規26の6三）。

(注) 税務署長は、その書類等の添付のない確定申告書、修正申告書又は更正請求書の提出があった場合においても、その書類の添付がなかったことについてやむを得ない事情があると認めるときは、その欠損金の損金算入の制度を適用することができるとされています（法法59⑦）。

この場合、残余財産がないと見込まれることを説明する具体的な書類として、例えば、法人が清算中に終了する各事業年度終了の時の実態貸借対照表（その法人の有する資産及び負債の価額により作成される貸借対照表をいいます）が該当することとされています（法基通12－3－9）。

その際、評価に用いる価額は、その事業年度終了の時における処分価額によることになりますが、その法人の解散が事業譲渡等を前提としたものでその法人の資産が継続して他の法人の事業の用に供される見込みであるときには、その資産が使用収益されるものとしてその事業年度終了の時において譲渡される場合に通常付される価額によることとされています（同通達（注））。

(注) 法人の債務超過の状態について、上記❶における裁判所若しくは公的機関が関与する手続等において確認がなされている場合には、この場合の説明書類は

必ずしも実態貸借対照表による必要はなく、例えば、破産手続開始決定書の写しなど、これらの手続の中で作成された書類によることもできると考えられています（前掲国税庁情報問10）。

② 損金に算入される欠損金額
❶ 適用対象となる欠損金額

この制度の対象となる欠損金額は、次の①に掲げる金額から②（適用年度が法人税法64条の7第1項1号から3号まで（欠損金の通算）の規定の適用を受ける事業年度である場合には、③に掲げる金額）を控除した金額が対象とされています（法法59④、法令117の5）。

①　適用年度終了の時における前事業年度以前の事業年度から繰り越された欠損金額の合計額（※改3）

②　法人税法57条1項（欠損金の繰越し）の規定により適用年度の所得の金額の計算上、損金の額に算入される欠損金額

③　適用年度に係る法人税法64条の7第1項4号に規定する損金算入欠損金額の合計額

したがって、この制度は適用年度におけるいわゆる青色欠損金等の繰越控除（法法57①）の適用後の繰越欠損金額が対象となります。

また、「前事業年度以前の事業年度から繰り越された欠損金額の合計額」（以下「繰越欠損金額」といいます）とは、その事業年度の確定申告書に添付する別表五（一）「利益積立金額及び資本金等の額の計算に関する明細書」に期首現在利益積立金額の合計額として記載されるべき金額で、その金額が負（マイナス）である場合のその金額によることとされていますが、その金額が法人税申告書七（一）の「控除未済欠損金額」に満たない場合には、その控除未済欠損金額をいいます（法基通12−3−2、以下「繰越欠損金額」といいます）。

(注) 適用年度終了の時における資本金等の額が零以下（マイナス）である場合には、「繰り越された欠損金額の合計額」からそのマイナスの資本金等の額を減算することとされており、したがって、繰り越された欠損金額の合計額と資本金等の

額相当額（マイナスの資本金等の額）とを合算した額となります（法令118①一）。

❷　具体的に損金の額に算入される欠損金額

　この規定により、損金の額に算入される金額は、損金算入の対象となる上記❶の適用対象となる欠損金額（青色欠損金等の繰越控除後の繰越欠損金額）のうち、この規定及び最終事業年度の事業税の損金算入（法法62の5⑤）の規定を適用しないものとして計算した場合における適用年度の所得の金額を超えるまでの金額とされています。

　具体的には、次のいずれか少ない金額が損金算入限度額となります。

①　繰越欠損金額から欠損金の繰越しの規定（法法57①、64の7①四）の適用がある欠損金額を控除した金額

②　この規定及び残余財産の確定に係る事業年度の事業税の損金算入の規定（法法62の5⑤）を適用しないものとして計算した場合における適用年度の所得金額（一般的には、法人税申告書別表四の差引計の金額から青色欠損金額等の繰越控除額を控除した金額）

ポイント

●青色欠損金等の繰越控除を優先的に行うこととされる

　この規定は、繰越欠損金額のうち、まず青色欠損金等の部分を優先的に利用することとされます。

　また、この規定により利用されたものとされた青色欠損金等の部分は、適用年度後の各事業年度に繰り越すことができないことに留意する必要があります（法法57⑤、法令112⑫）。

【具体的な計算例】：青色申告法人に財産がないと見込まれる場合（青色申告法人）

※　青色欠損金等の繰越控除が優先されます。

＜前提＞・更生手続開始の決定等に基づかない通常の解散

　　　　・実質債務超過の状態であり、残余財産はないと見込まれる。

　　　・繰越欠損金額　　　　　　　△50,000千円

　　　（資本金等のマイナス　なし）

　　　・青色欠損金等の繰越額　　　30,000千円

　　　・欠損金控除前の所得金額　　40,000千円

　　　・中小法人以外の法人である

① 　青色欠損金等の繰越控除（法法57①）

　中小法人以外の法人で、法的手続等によらない通常の解散であることから、青色欠損金等控除前所得金額の50%までしか繰越控除することができません（法法57）。

　したがって、青色欠損金の繰越控除額として20,000千円（40,000千円×50%）を控除することになります。

② 　繰越欠損金額の損金算入（法法59④）

　次のうち最も少ない金額が損金算入限度額となります。

　イ　繰越欠損金額から当期の青色欠損金等の繰越控除をした金額

　　30,000千円（50,000千円－20,000千円）

　ロ　欠損金控除前の所得金額－当期の青色欠損金等の繰越控除をした金額

　　20,000千円（40,000千円－20,000千円）

　したがって、少ない方の金額である20,000千円（ａ＞ｂ）を損金の額に算入することになります。

③ 　当期の所得金額（欠損金額）

　この結果、当期の所得金額（欠損金額）は、0円（欠損金控除前の所得金額40,000千円－青色欠損金等の繰越控除額20,000千円－繰越欠損金額の損金算入額20,000千円）となります。

④ 　青色欠損金等の翌期繰越額

　翌期に繰り越す青色欠損金等の金額は、0円（前期から繰り越された青色欠損金等30,000千円－青色欠損金等の繰越控除に利用された青色欠損金等20,000千円－繰越欠損金額の損金算入に利用された青色欠損金等10,000千円）となります。

③　仮装経理が行われていた場合の繰越欠損金

　裁判所若しくは公的機関が関与する手続、又は、一定の準則に基づき独立した第三者が関与する手続に従った前述①❶①〜③のような清算手続が行われた場合には、管財人等独立した第三者が財産調査する中で、法人が過去に仮装経理、いわゆる粉飾決算を行っていたこと等に伴う貸借対照表上資産として計上されているものの実際には存在しない資産（架空在庫、架空売掛債権等。以下「実在性のない資産」といいます）があることが判明する場合があります。

　このような実在性のない資産が把握された場合に、税務上、いわゆる期限切れ欠損金額の損金算入措置の適用はどうなるのか、また、一定の法的又は私的整理手続に従った清算が行われる場合のみならず民事再生等の手続に従って会社が存続して再生する場合においても実在性のない資産はどのように取り扱われるのかという点については、国税庁の質疑応答により次のように明らかにされています（前掲国税庁情報「問11　実在性のない資産の取扱い」）。

❶　期限切れ欠損金額の損金算入の可否

　実在性のない資産は実態貸借対照表上ないものとして評価されることから、その評価の結果、その実態貸借対照表上、債務超過の状態にあるときには、「残余財産がないと見込まれる」ことになり、期限切れ欠損金額を損金の額に算入することができることとされています。

❷　実在性のない資産の取扱い

　法人が解散した場合における期限切れ欠損金額の損金算入措置の適用上、実在性のない資産については、過去の帳簿書類などの調査結果に応じて、それぞれ次のとおり取り扱うこととされています。

　(i)　発生原因等が明らかである場合

　　（a）　発生原因が更正期限内の事業年度である場合……修正の経理を行い、確定申告書の提出後、税務署長の更正（注１）を受けることにより繰越欠損金額（青色欠損金額）とされます。

　（b）　発生原因が更正期限を過ぎた事業年度である場合……修正の
　　　経理を行い、確定申告書において期首の利益積立金額から減算
　　　して繰越欠損金額（期限切れ欠損金額）とします。

(ii)　**発生原因等が不明である場合（注2）**

　修正の経理を行い、確定申告書において期首の利益積立金額から減算
して繰越欠損金額（期限切れ欠損金額）とします。

　　　（注1）税務署長は、その事業年度の所得に対する法人税につき、その事実
　　　　　を仮装して経理した法人がその各事業年度後の各事業年度においてそ
　　　　　の事実に係る修正の経理をし、かつ、その修正の経理をした事業年度
　　　　　の確定申告書を提出するまでの間は、更正をしないことができること
　　　　　とされています（法法129①）。
　　　（注2）前述①❶①〜③のような法的整理手続又は一定の私的整理手続等に
　　　　　基づき、資産の実在性の確認が行われた場合の判断に限られるものと
　　　　　考えます。

❸　**民事再生等手続により再生をする場合への適用**

　上記❶及び❷の取扱いは、民事再生や会社更正の手続に従って会社が
存続して再生する場合においても、その実在性がないことの客観性が担
保されていると認められるときには、これと同様の取扱いとすることが
適当であると考えられています（同国税庁情報問11）。

ポイント

1　青色欠損金等の繰越控除が優先されるが、控除限度額に注意を要する

　この制度は、まず、青色欠損金等の繰越控除を優先させますが、その控
除限度額は、法人税法57条11項（控除限度額（所得の金額の50％）の対
象から除かれる特例事業年度）の適用がない場合には、中小法人以外の法
人等については、原則どおり所得の金額の50％が限度となります。

**2　当初の見込み判断と異なることになっても、さかのぼって修正する必
要はない**

　残余財産がないと見込まれるかどうかの判定は、清算中の各事業年度の終了の時の現況により判断することになりますが、後に当初の見込みと異なることになっても、前期以前にさかのぼって欠損金額の損金算入を修正する必要はないとされています。

3　資本金等の額が、マイナスの場合には、対象となる繰越欠損金額が増加する

　適用年度終了の時における資本金等の額がマイナスである場合には、そのマイナスの資本金等の額を欠損金額から減算することとされています。したがって、結果として、そのマイナスの資本金等の金額相当分だけ、対象となる繰越欠損金額が増加することになります。

4　欠損金額の損金算入限度額は、債務免除益等の金額を限度とはしていない

　この規定は、前記 1 から 3 の規定のように、債務免除益等の額を損金算入限度額の 1 要素とするものではなく（すなわち、債務免除等が行われることが欠損金の損金算入の要件とするものではなく）、この規定を適用する前の所得の内容（資産等の売却益等）については言及していない。

【著者略歴】

内 山　裕（うちやま　ゆたか）
税理士

昭和53年7月 東京国税局調査第一部調査審理課
平成 8年7月 東京国税局調査第一部調査審理課主査（再生支援担当）
平成10年7月 東京国税不服審判所審査官退官
平成10年8月 税理士登録
平成15年4月〜平成31年3月 事業再生実務家協会監事
平成19 〜 23年 税務大学校専攻科講師
現在、主に銀行、証券会社等の金融機関、及び消費者金融、サービサー、決済代行サービス等、多量、多額の金銭債権を取り扱う企業の顧問として活動中である。

＜主な著書＞
・『会社税務マニュアル』（共著　ぎょうせい）
・『TAX & LOW 会社税務の実務』（共著　第一法規出版）
・『DHC 不動産税務釈義』（共著　第一法規出版）
・『Q&A リース取引の税務』（共著　新日本法規出版）
・『企業組織再編の法人税務』（共著　大蔵財務協会）
・『法人税実務マスター講座　貸倒れ』（ぎょうせい）

ほうじん ふりょうさいけんしょり ぜいむ たいおう
法人の不良債権処理と税務の対応

2022年8月22日　発行

著　者　　内山　裕 ⓒ
　　　　　うち やま　ゆたか

発行者　　小泉 定裕

発行所　　株式会社 清文社

東京都文京区小石川 1 丁目 3 − 25（小石川大国ビル）
〒112-0002　電話03（4332）1375　FAX03（4332）1376
大阪市北区天神橋 2 丁目北 2 − 6 （大和南森町ビル）
〒530-0041　電話06（6135）4050　FAX06（6135）4059
URL https://www.skattsei.co.jp/

印刷：大村印刷㈱

ISBN978-4-433-71252-5